北京青年政治学院

"十三五"教学科研工作回眸

主 编 徐志立 高 诚

北京理工大学出版社

BEIJING INSTITUTE OF TECHNOLOGY PRESS

图书在版编目（C I P）数据

北京青年政治学院"十三五"教学科研工作回眸 /
徐志立, 高诚主编 . -- 北京：北京理工大学出版社，
2022.2

ISBN 978-7-5763-1031-3

Ⅰ . ①北… Ⅱ . ①徐… ②高… Ⅲ . ①北京青年政治
学院 – 教学研究 Ⅳ . ① G712.0

中国版本图书馆 CIP 数据核字 (2022) 第 030575 号

出版发行／北京理工大学出版社有限责任公司

社　　址／北京市海淀区中关村南大街 5 号

邮　　编／100081

电　　话／（010）68914775（总编室）

　　　　　（010）82562903（教材售后服务热线）

　　　　　（010）68944723（其他图书服务热线）

网　　址／http：//www.bitpress.com.cn

经　　销／全国各地新华书店

印　　刷／保定市中画美凯印刷有限公司

开　　本／787 毫米 ×1092 毫米　1 / 16

印　　张／16.25

字　　数／318 千字

版　　次／2022 年 2 月第 1 版　2022 年 2 月第 1 次印刷

定　　价／80.00 元

责任编辑／江　立

文案编辑／江　立

责任校对／周瑞红

责任印制／施胜娟

"十三五"教学科研工作回眸
编委会

前言

　　"十三五"时期（2016—2020 年）是北京青年政治学院发展的重要时期，学院教育教学与科研工作以立德树人为根本任务，遵循高等职业教育发展规律，准确把握新时期首都经济社会发展面临的新形势、新任务和新要求，以改革寻求突破，以创新驱动发展，克服种种不利因素，顺利完成了《北京青年政治学院第十三个五年发展规划》确定的各项主要目标。

　　五年来，为贯彻党中央、国务院关于高等教育与职业教育改革发展的意见，落实教育部和北京市教委关于高校深化教育教学改革的精神，围绕建设什么样的北京青年政治学院、怎样建设北京青年政治学院这一重大问题，学院认真总结"十二五"发展规划的完成情况，全面把握高职教育发展的新趋势、新特点，科学研判首都经济社会发展对学院发展提出的新要求，坚持顶层设计与基层意见相结合，广泛征求校内外各方面意见，明确学院"一老一小一青年，一文一技国际化"的专业布局，推进学院"一院一策一品""一高一特一新"的办学定位。为适应我国职业教育发展的新形势和首都经济社会发展对高素质技术技能型人才培养提出的新要求，根据中共北京青年政治学院委员会第一次党员代表大会报告中提出的学院改革发展的总目标和总要求以及《中共北京青年政治学院委员会关于推进学院综合改革的意见》，2018 年 6 月中共北京青年政治学院委员会印发《北京青年政治学院推进教育教学改革实施方案》，推进教学机构优化设置，成立七个二级教学单位，分别为青年工作学院、学前教育学院、信息传媒艺术学院、现代管理学院（北京青年中科创新创业学院）、国际学院、马克思主义学院（北京高校思想政治理论课高精尖创新中心北京青年政治学院分中心）、人文素质教育中心等"六院一中心"；同时，为确保二级学院党的建设和教学、科研及群团等各项管理工作规范有序地高效运转，学校进一步健全党、政、工、团的组织管理体系，完善党总支委员会、党政联席会、院长办公会、学术委员会、教学指导委员会等内部管理工作机制。

　　五年来，学院教育教学工作按照《北京青年政治学院第十三个五年发展规划》的要求，积极推进教育教学改革，加强专业、课程、实训基地和师资队伍建设，规范教育教学管理，不断提高教育教学水平，全面提升人才培养质量，各项工作取得了突出的成就。2016 年，在教育部办公厅、民政部办公厅及国家卫生计生委办公厅组织的全国职业院校养老服务类示范专业点遴选中，学校老年服务与管理专业被确定为首批全国职业院校养老服务类示范专业点。2016—2017 年，2 个案例入选全国高职高专校长联席会年会成果展"优秀案例"。2017 年，入选第二批北京市深化创新创业教育改革示范高校。2019 年，教育部发布《关于公布〈高等职业教育创新发展行动计划（2015—2018 年）〉项目认定结果的通知》，学前教育专业被认定为教育部骨干专业，信息传媒艺术生产性实训基地被认定为教育部生产性实训基地，学前教育专业"双师型"教师培养培训基地被认定为教育部"双师型"教师培养培训基地。2017 年，3 项成果荣获北京市教育教学成果奖。2018 年，1 项成果荣获教育部国家级教学成果奖二等奖。2019 年 1 月，学前教育专业获批第一批北京市职业院校特色高水平骨干专业；2020 年 9 月，旅游英语专业获批第二批北京市特色高水平骨干专业，智慧养老学院、融媒体工程师学院、王岳川传统文化教育与推广工作室获批第二批北京市特色高水平实训基地。2017—2020 年，5 位教师被聘为职业院校教学（教育）指导委员会委员，学院成为北京地区入选委员最多的高职院校。学院组织开展"北京青年政治学院第四届教育教学成果奖"评选工作，共评出 7 项教育教学成果奖。2016 年申报北京高等学校教育教学改革 3 个项目并成功立项，2019 年申报北京市职业教育教学改革 4 个项目并成功立项。我院教师获市级信息化教学大赛奖项共计 12 项，市级"创想杯"多媒体教育软件大赛奖项共计 6 项。培养北京市高创计划教学名师 1 名，北京市教学名师 3 名。学校制定《北京青年政治学院"1+X证书制度"试点工作方案》，共有 6 个专业申请 8 个证书试点，31 名教师参加了评价机构组织的师资培训，150 名学生获得相应职业技能等级证书。学生参加各类竞赛并获得奖项 237 项，获奖人数 816 人；在全国职业技能竞赛中获奖 26 项，其中国赛一等奖 3 项、二等奖 6 项、三等奖 17 项；获得北京市职业技能竞赛奖项 128 项，其中一等奖 22 项。学校先后申报实训基地建设项目 23 个，批复预算总额达 3 325 万元，新建 11 个实训室，更新改造 12 个实训室。

五年来，学院科研工作按照《北京青年政治学院第十三个五年发展规划》的要求，坚持以增强科研意识、浓厚学术氛围为基础，以学术骨干和科研团队培育为核心，以科研平台建设为支撑，以科研体制机制创新为保障，以争取重大高端项目、形成标志性成果为突破口，在研究平台建设、科研承接能力、科研成果产出、学术交流合作、科研队伍建设等方面稳步发展，科研综合指标继续保持在同类院校前列。学院加强学术道德建设，改革学术评价办法，强化科研团队建设，规范科研经费使用，先后制订、修订了多项科研管理制度，为科研工作开展提供了政策依据。2017 年，北京市哲学社会科学研究基地——北京青少年教育与发展研究基地一期建设验收工作顺利通过；2018 年 4 月，学院获批共青团中央中国特色社会主义理论体系研究中心研究基地，成为学院科研工作聚焦、提升和促进的重要平台。《北京青年研究》办刊质量和水平不断提高，受到国内诸多学术评价机构和大型数据库的重视，学术影响日益扩大。资助 9 个校级学术创新团队立项，促进学院科研力量和学术资源的优化配置，推动教师科研能力的整体提升。学院先后承担各级各类科研项目 176 项，其中承担省部级及以上项目共计 23 项，包括教育部人文社科项目 2 项、北京市社会科学基金项目 13 项、北京市教委社科重点项目 6 项、共青团中央项目 2 项。在高级别科研项目申报竞争日趋激烈的情况下，学院在北京市社会科学基金项目、北京市教委年度社科重点项目中连续多年取得立项好成绩。学院科研项目经费实际到账额累计达 1 824.276 8 万元，较"十二五"时期增长 29.03%。全院教师发表学术论文共计 942 篇，其中四级及以上论文 229 篇，人大复印报刊资料全文转载论文 9 篇；出版著作类成果（包括专著、编著、译著等）159 部，教材 87 部；公开发表艺术作品 153 幅（件）；提交决策咨询报告 3 份；各级各类获奖科研成果 61 篇。学院科研机构北京东方道德研究所与首都文明办及各区文明办合作，开展"中华优秀传统文化进社区"系列宣讲教育活动；与香港中文大学新亚书院合作，连续成功举办四届"中华美德教育实验师资培训班"。学院共主办学术讲座 60 场；承办了"中国梦"与当代青年发展研讨会、2017 "一带一路"背景下法律国际学术研讨会、传统文化与新时代新青年发展研讨会、2018 青年学与青年工作研讨会、五四精神新时代阐释与青年研究研讨会、家庭家风家教与新时代青少年道德教育、金融服务论坛等大型学术活动。

本书是北京青年政治学院"十三五"时期教育教学与科研工作的回顾。五年来，在学院党委的坚强领导和全体教职工的共同努力下，学院教育教学及科研工作稳步发展，学院的每一次进步、每一点成绩，都凝聚着全校师生的智慧和辛劳。在系统总结学院过去五年教学科研工作成绩和进步的同时，我们也清醒地看到，学院教育教学与科研工作还存在诸多不足，与全国一流高职院校相比仍有较大差距。

今年是"十四五"开局之年，学院发展面临的外部环境更为严峻，改革任务依然艰巨。我们深知，唯有继续努力前行，不断解放思想，坚持改革创新，突出内涵建设，以更加昂扬的斗志、更加务实的作风投入到学院建设中，才能应对时代的挑战。

编　者
2021 年 5 月

目录

第三篇 "一院一策一品"建设

第一篇　教学科研工作总述

第一章 教学工作 ①

一、"十三五"教学成果综述

"十三五"期间,学院教育教学工作坚持以习近平新时代中国特色社会主义思想为指导,深入贯彻《国家职业教育改革实施方案》《教育部关于深化职业教育教学改革全面提高人才培养质量的若干意见》《现代职业教育体系建设规划(2014—2020年)》等文件精神,认真落实北京市和学院"十三五"发展规划要求,主动服务新时期首都城市战略定位和京津冀协同发展战略的需要,以立德树人为根本任务,围绕学院"一老一小一青年,一文一技国际化"的办学定位,推进教育教学改革,加强专业、课程、实训基地和师资队伍建设,规范教育教学管理,不断提高教育教学水平,全面提升人才培养质量,取得了突出的成就。

(一)教育教学改革示范效应凸显

2016年,在教育部办公厅、民政部办公厅及国家卫生计生委办公厅组织的全国职业院校养老服务类示范专业点遴选中,北京青年政治学院老年服务与管理专业被确定为首批全国职业院校养老服务类示范专业点。

为交流展示全国高等职业院校教学改革经验与成果,2016—2017年,全国高职高专校长联席会开展了联席会年会成果展及典型案例征集活动,全国各高职院校推荐作品参加初选,学校有7个典型案例入选展出,经过专家评议、网络评选、现场投票,学校2个案例被评为"优秀案例"(共计评选出20个优秀案例)。教育部职业技术教育中心研究所、中国职业技术教育学会共同主办的《中国职业技术教育》杂志用多个版面推广我院优秀案例,供全国职业院校学习借鉴。

2017年,根据《教育部办公厅关于开展第二批深化创新创业教育改革示范高校认定工作的通知》精神,经过学校申报、专家评审,在申报的43所学校中,评出14所第二批北京市深化创新创业教育改革示范高校,其中入选高职院校5所,我院名列其中。

---

① 本章由徐志立、肖毅、曾红、王利、孔维敏、胡哲编写。

2019 年，教育部发布《教育部关于公布〈高等职业教育创新发展行动计划（2015—2018 年）〉项目认定结果的通知》，我院学前教育专业被认定为教育部骨干专业，信息传媒艺术生产性实训基地被认定为教育部生产性实训基地，学前教育专业"双师型"教师培养培训基地被认定为教育部"双师型"教师培养培训基地。

根据北京市教育大会精神和"双一流"建设项目申报工作要求，学院启动了申报北京市特色高水平职业院校、骨干专业（群）、工程师学院及技术技能大师工作室工作。2019 年 1 月，学前教育专业获批第一批北京市职业院校特色高水平骨干专业；2020 年 9 月，旅游英语专业获批第二批北京市特色高水平骨干专业，智慧养老学院、融媒体工程师学院、王岳川传统文化教育与推广工作室获批第二批北京市特色高水平实训基地。

（二）教育教学成果奖丰硕

学院积极培育优秀教育教学成果项目，2017 年，3 项成果荣获北京市教育教学成果奖，《面向首都出入境服务领域的英语类专业 3C 人才贯通培养模式实践探索》获一等奖，《高职"3D"实践教学模式改革探索与实践》《"成长学堂"：高职新生素质教育"课外课"培养体系创新与实践》获二等奖。经北京市教委推荐，2018 年，教育教学成果——《服务北京"国际交往中心"功能定位的"英语+"高职英语类专业教学改革实践》获教育部 2018 年国家级教学成果奖二等奖，如表 1-1-1 所示。

表 1-1-1　教育教学成果奖

序号	成果名称	成果完成者	奖项
1	面向首都出入境服务领域的英语类专业 3C 人才贯通培养模式实践探索	老青、常红梅、栾丽君、刘晓晶、程云艳、何明华、田雅莉、邓昕雯	北京市一等奖
2	"成长学堂"：高职新生素质教育"课外课"培养体系创新与实践	乔东亮、叶向红、徐志立、李志强、张志明	北京市二等奖
3	高职"3D"实践教学模式改革探索与实践	吕一中、李兰巧、肖毅、张瑞芬、张海丰	北京市二等奖
4	服务北京"国际交往中心"功能定位的"英语+"高职英语类专业教学改革实践	常红梅、老青、于平、高江江、王月会、姜丽、刘素琴、刘晓晶、高新宁、郭威	国家级二等奖

（三）圆满完成北京市课堂教学诊断和现状调研、北京市职业院校教学计划诊断与改进工作

2017 年 4 月，根据北京市教委文件精神，市教委领导带领 13 位专家到我院开展课堂教学诊断与现状调研，分组听取了 53 门课程，观摩了学生书签绘画作品展和

智能硬件创新创业体验活动，参观了各专业实训基地，并召开了教师、学生座谈会。专家认为，学院办学特色鲜明、专业设置符合北京市产业发展需求、教学工作井然有序、教学管理扎实严谨、师资教学水平高、教学质量监控到位，具有示范效应。叶承芳老师讲授的课程——"司法口才技能训练"被评为课堂优秀案例。

根据北京市教委职业院校教学计划诊断与改进文件精神，2019年4月，学院制定了学院工作方案，组织各教学单位根据教学计划诊断评分表对教学管理、教学计划、教材管理等内容进行自我诊断。4月27日，学院组织召开教学计划自我诊断评审会，邀请10余名校外专家对各专业教学计划进行集中诊断，并提出修改意见与建议。经市教委组织专家评审，学院在2019年职业院校教学计划诊断与改进工作中取得平均分第一名的优异成绩。

（四）多名教师受聘教育部职业院校教指委委员

学院5名教师被聘为2017—2020年职业院校教学（教育）指导委员会委员，其中，乔东亮院长被聘为艺术设计类专业教学指导委员会委员，吕一中副院长被聘为文化素质类专业教学指导委员会委员，老青被聘为外语类专业教学指导委员会委员，叶向红副院长被聘为教育部职业院校教育类专业教学指导委员会公共基础课程专门委员会委员，厉育纲副教授被聘为教育部职业院校教育类专业教学指导委员会学前教育专业委员会委员。学院是北京地区入选委员最多的高职院校。

（五）深入推进立德树人工作

以马克思列宁主义、毛泽东思想、邓小平理论、"三个代表"重要思想、科学发展观、习近平新时代中国特色社会主义思想为指导，学校组织制定专业人才培养方案，坚持社会主义办学方向，以立德树人为根本，以理想信念教育为核心，把培育和践行社会主义核心价值观融入教育教学全过程，促进学生德技并修、全面发展，保障在教育教学过程中将"培养什么人、怎样培养人、为谁培养人"的要求落到实处。

围绕法治爱国、工匠精神、道德诚信、理想事业、为学励志、勤奋惜时等方面内容，学校组织各专业梳理每门课程蕴含的思想政治教育元素，组织出版了《德技并修——课程思政进专业进课堂进教材》教辅材料，将思想政治工作贯穿专业、课程和教材体系，将专业精神、职业精神和工匠精神融入人才培养全过程；举办首届北京青年政治学院课程思政技能竞赛，推动习近平新时代中国特色社会主义思想进教材、进课堂、进头脑。

（六）推动实践教学改革创新

学校积极推进产教融合、校企合作办学模式探索和"产教共同体"建构，支持申报和推进8个1+X证书试点建设项目；支持二级学院组织学生开展职业技能鉴定工作，先后资助学生参加教师资格证书等10余项资格证书考试，提高学生取证率；

健全二级学院、校级、市级和国家级四级技能竞赛体系，推动各专业开展"以赛促学、以赛促教、以赛促改、赛训结合"实践教学改革，在"十三五"期间参加全国、北京市职业技能竞赛并获得奖项154项，获奖人数314人；在全国职业技能竞赛中获奖26项，其中，国赛一等奖3项、二等奖6项、三等奖17项；获得北京市职业技能竞赛奖项128项，其中一等奖22项，如表1-1-2所示。

表1-1-2 "十三五"期间学生参加全国及北京市职业技能竞赛获奖情况统计表

年份	国赛				市赛			
	一等奖	二等奖	三等奖	获奖人数	一等奖	二等奖	三等奖	获奖人数
2016	1	0	4	9	1	8	10	28
2017	1	1	4	14	4	9	18	70
2018	0	3	5	15	8	17	17	88
2019	1	2	3	12	9	9	18	75
2020	0	0	1	3	0	0	0	0

注：因新冠疫情影响，2020年未举办北京市职业技能竞赛，全国职业技能竞赛缩小规模，由各省推荐1个代表队参加，我院学前教育专业代表北京市参加全国职业技能竞赛并获奖。

学校立足专业人才培养方案，结合工作岗位实际，强调理论与实践相结合，组织制定专业和公共实训学期方案，形成产教融合、校企合作、工学结合、知行合一的共同育人机制。引企入校参与实训学期教学，相继引入联想集团、中国服务外包天津培训中心、和君商学院、神州数码等知名企业参与公共与专业实训学期教学，利用企业的师资、项目、管理等优质资源开展职业技能训练，提高学生职业技能综合应用能力。开展高职学生交换生培养试点，与天津中德技术大学在实训学期互派计算机网络技术专业高职学生交换培养开展试点，探索两校在人才培养、课程研发和师资培训方面的深度合作，对促进京津冀职业教育协同发展，深化人才培养模式改革，开阔学生的视野，提升教学质量具有重要的意义；学院各专业稳定开展业务合作的单位长期保持在110个左右，对开展实践教学、顶岗实习、毕业设计工作发挥了重要作用。

学校使用"顶岗实习管理系统"，开展基于网络的实习指导，强化毕业实习管理。引导顶岗实习与毕业设计工作同步开展、合并指导，加强毕业设计选题、开题、指导和答辩等工作过程的管理；加强科研诚信教育，确保作品的原创性，并继续利用学术不端行为检测系统对全部毕业设计（论文）进行检测，毕业设计平均文字复制比为10%，较2016届降低4.2个百分点，实现了连续5年降低。

（七）深化实训基地建设

在"十三五"期间，学院组织各二级学院结合专业调研成果，围绕行业对人才培养的需求，先后申报实训基地建设项目23个，批复预算总额3 325万元。新建11

个实训室，更新改造 12 个实训室。2020 年，制定学院《实训基地建设综合改革方案》，根据学院专业建设规划，围绕"学前教育""智慧养老""青少年工作""信息传媒艺术"与"国际旅游教育"五个专业群，以共享型实训室和教学做一体化专业教室建设为基础，以大师工作室、工程师学院等特色专业实训室建设为突破，通过引企驻校、引企入校、校企一体等方式鼓励各专业与龙头企业共建一批资源共享，集高水平实习实训、应用技术开发、社会培训与服务于一体的共享型实训基地或生产型实训基地，探索创新实训基地管理模式，规范实训基地管理制度，深入推进学院实训基地的内涵建设。截至 2020 年，校内实训室 73 间，共有工位 2 794 个，计算机 1 346 台，校内实训基地设备总值 10 582 万元，校内使用 3 111 633 人时，服务社会 15 699 人时。

（八）开展 TAFE 教育模式改革项目试点工作

2018 年 9 月，北京市教委组织了中澳职业教育合作北京 TAFE 教育模式改革项目签约仪式，共有 11 所中高职参加，学院与澳方签署了会计专业和学前教育专业 TAFE 教育模式改革项目合作协议，相关专业认真学习和借鉴澳方的先进经验，推动 TAFE 教育模式改革项目的落地实施。2019 年，会计专业 6 名教师参加中澳 TAFE 教育模式改革项目培训工作，4 名教师获得培训合格证书，面向会计专业开设 4 门 TAFE 模式课程；学前教育专业 8 名教师参加中澳 TAFE 教育模式改革项目培训工作，获得 4 个能力单元证书，开发 2 门课程标准，面向学前教育专业开设 1 门课程。2020 年，学前教育专业 3 名教师参加澳大利亚技术与职业教育 ITAC 国际培训师（TVET Trainer）培训，获得 ITAC 国际培训师（TVET Trainer）资格证书；学前教育专业和会计专业 11 名教师参加了网络师资培训和测评活动，4 名教师获得北京市教委、北京市教育科学研究院和澳大利亚职业教育联盟联合颁发的 TAE 培训与评估四级证书，并借鉴澳大利亚 TAFE 教育模式和专业课程体系，综合应用 TAFE 基于能力的课程设计、评估、教学方法，在 TAFE 试验班开展学前教育专业科目授课，培育优质教育教学改革成果。

（九）完成社会需求能力评估及质量年度报告编制工作

根据国务院教育督导委员会办公室《关于开展全国职业院校评估工作的通知》等文件精神，学院先后在 2016 年、2018 年及 2020 年开展全国职业院校评估工作。评估内容包括办学基础能力、"双师"队伍建设、专业人才培养、学生发展和社会服务能力等 5 个方面，共 20 项指标，主要采用网络数据填报、调查问卷和撰写自评报告方式进行，共完成 3 份《北京青年政治学院适应社会需求能力评估自评报告》，并在学校门户网站公布。

根据教育部《关于编制、发布和报送高等职业教育质量年度报告的通知》等文件要求，在"十三五"期间，学院每年定期启动高等职业教育质量年报编制工作，报告重点围绕促进学生发展、教育教学改革与创新、政策保障、国际合作、服务贡献等方面，认真总结、提炼各学年推动学院教育质量提高的重要举措与成效，挖掘工作特色与亮点，共完成 5 份《北京青年政治学院高等职业教育质量年度报告》，并向社会公开发布。

（十）英语应用能力考试通过率多年位列北京市独立设置高职院校榜首

在"十三五"期间，学校英语教育教学质量稳步提升，英语应用能力考试通过率连续多年远高于北京市平均水平。2016 年 6 月英语 A 级考试北京市平均通过率为 55.32%，学校通过率为 69.22%，通过人数为 751 人；12 月英语 B 级考试北京市平均通过率为 51.68%，学校通过率为 89.36%，通过人数为 966 人，位列北京市独立设置高职院校第一名。2017 年 6 月英语 A 级考试北京市平均通过率为 53.1%，学校通过率为 65.1%，高出北京市平均通过率 12 个百分点，通过人数为 694 人；12 月英语 B 级考试北京市平均通过率为 51.62%，学校通过率为 85.28%，高出北京市平均通过率近 34 个百分点，通过人数为 892 人，位列北京市独立设置高职院校第一名。2018 年 6 月英语 A 级考试北京市平均通过率为 54.03%，学校通过率为 64.42%，通过人数为 668 人；12 月英语 B 级考试北京市平均通过率为 53.25%，学校通过率为 83.5%，通过人数为 739 人。2019 年 6 月英语 A 级考试北京市平均通过率为 53.56%，学校通过率为 64.91%，通过人数为 566 人；12 月英语 B 级考试我校共有 617 名学生参加考试，通过人数为 485 人，通过率达到了 78.61%，位列北京市独立设置高职院校第一名，较第二名高出 5.37 个百分点。北京市平均分 59 分，我校平均分 68.66 分，位于北京市所有参考院校第一名。

（十一）牵头成立集团、联盟，深化产教融合

为推进学前教育的改革与发展，服务首都经济社会建设，推动京津冀协同发展，经北京市教委批准，2018 年 11 月，由北京青年政治学院牵头成立了北京学前教育职业教育集团。集团按照"平等互利、资源共享、合作共赢、共谋发展"的原则，以服务职业院校学前教育专业建设为核心，以促进学前教育专业人才培养质量提升为基础，以"合作交流、资源共享、需求引领、共赢发展"为途径，发挥"政府和行业指导、校园主体、企业参与、教科研引领"作用，加强政府、院校、行业、企业、研究机构之间的全方位合作，重点开展人才培养、专业建设、产教融合、成果孵化、国际交流与合作等方面工作，有效推动专业设置与产业需求对接，课程内容与职业标准对接，教学过程与生产过程对接，毕业证书与职业资格证书对接，职业教育与终身学习对接，形成集团成员良性互动，实现资源集成与共享，使集团成员互惠共赢，共同发展。集团目前共有 80 余家成员单位。

在学院的推动下，2017 年，由英语系牵头，会同出入境服务领域的领军行企、中高职院校以及研究机构等共同发起并成立了"津京冀出入境服务领域产教联盟"。

联盟以英语类专业为纽带，是具有职业教育、技术服务、社会培训与应用技术研究等功能的非营利性的职业教育联合体。联盟的宗旨是整合职业教育资源，构筑交流平台，拓展办学空间，疏通就业渠道，建立起政府主导、行业指导、校企合作、校校联合的现代职业教育办学模式，整体提升英语类专业的职业教育人才培养质量和办学效益。

（十二）推进教育部职业院校教指委工作

为贯彻落实教育部相关教指委教育教学改革项目立项工作通知精神，学院组织开展了教育部教指委教育教学改革项目立项申报工作，经专家评审，2018—2019年，学院5个项目获得教育部职业院校文化素质教指委和教育类专业教指委批准立项，如表1-1-3所示。

表1-1-3　教育部教指委教育教学改革项目立项名单

序号	项目名称	项目负责人	课题来源
1	文学传统与职业院校人文素质教育关系研究	李秀萍	教育部职业院校文化素质教育指导委员会
2	用《史记》谋策智慧培养高职学生文化素质	汪玉川	教育部职业院校文化素质教育指导委员会
3	新媒体时代高职院校培育社会主义核心价值语态研究	张子荣	教育部职业院校文化素质教育指导委员会
4	自媒体环境下青少年网络热点事件叙事研究	陈小英	教育部职业院校文化素质教育指导委员会
5	人文素质教育视域下职业院校公共基础课程改革与实践研究	肖毅	教育部职业院校教育类专业教学指导委员会
6	英语类赛事促进高职人才培养的实践与研究	程云艳	教育部职业院校外语类专业教学指导委员会
7	泛在学习环境下高职院校英语类课程思政教学资源的建设与应用研究	李青	教育部职业院校外语类专业教学指导委员会
8	校企合作高职旅游英语创新人才培养的实践与研究	谢金艳	教育部职业院校外语类专业教学指导委员会

在教育部职业院校文化素质教育指导委员会指导下，学院举办了首届"全国职业院校艺术素养骨干教师培训班"活动，全国13所职业院校的领导与骨干教师报名并参加了培训课程，赴中央美术学院美术馆开展现场教学，参会教师在培训过程

中充分交流并分享开展艺术素养教育的成功经验和典型案例，参与培训的人员获得了宝贵教学经验。承办了"翰墨新时代"——第二届全国职业院校师生书画作品展，教育部文化素质教指委艺术素养教育专门委员会副主任委员、学院副院长吕一中组织专家对来自17个省43所职业院校的515幅作品进行评审，最终113幅作品入选作品展，其中书法作品62幅，绘画作品51幅。我校吕一中、王静、窦楠、王振波、周同、卢梦君（学生）、贾梓珲（学生）等8幅书画作品入选作品展。书画展为继承和弘扬中国传统文化，实施以美育人、以文化人和促进职校书画爱好者交流搭建了平台。主办"教育部职业院校艺术设计类专业教学指导委员会高职艺术设计类专业教学标准立项开题暨培训会"，承担"游戏设计"专业教学标准的一级主持工作，坚持开展以展促教、以展促学。

二、北京市特色高水平项目建设

党的十九届五中全会对"十四五"的规划和2035远景目标的指导思想、遵循原则和主要目标作了全面谋划，提出了高质量的规划、高质量的目标、高质量的要求。如何深入学习贯彻党的十九届五中全会精神，积极扎实推进学院"十四五"规划建设是我们面临的重要课题。2020年10月，中共中央、国务院印发了《深化新时代教育评价改革总体方案》，这是新中国第一个关于教育评价系统改革的文件，也是指导深化新时代教育评价改革的纲领性文件，方案中关于健全职业学校评价，注重产教融合、校企合作等内容与学院正在推进的北京市"特高项目"建设高度契合。

（一）学院推进北京市"特高项目"建设意义和要求

1. 培育战略思维，把特高项目作为学院"十四五"发展的强力引擎

十九届五中全会刚刚闭幕，国家各层面的"十四五"规划全面开启，《国家职业教育改革实施方案》"职教20条"、北京市《关于深化职业教育改革的若干意见》（京10条）相继出台后，职业教育改革发展步入快轨期、机遇期、调整期，恰逢学院推进学历教育与团校剥离改革工作的攻坚期，在这一重要历史交汇点，特高项目建设是推进改革发展的重要引擎和抓手，抓住了、抓稳了、抓好了，就能在"十四五"时期带动学院发展进入快车道、迈上大台阶，跻身全国一流高职院校之列。

2. 画好坐标系，把高质量发展作为重要的检验标准

职教改革项目制推进，是竞争机制，也是淘汰机制。"十四五"时期，面对国家的新形势、新阶段、新理念、新格局，学院在推进职业教育改革时要找到新发展理念，对应新产业需求，构建新专业格局、新实训体系，建立更高的质量标准。我们要绘制三维坐标体系，直接对标国家级特高校标准、行业需求和国际先进经验，今天只是个起点，建设特高项目离建设特高校还有距离，牌匾和证书代表了荣誉，也是沉甸甸的责任。学院各级领导、各部门要破除观念束缚、激发内生动力，狠抓落

实，严格管理，切实提高项目建设质量。

3．秉持北京青年政治学院精神，把改革创新精神融入新时代职业教育发展

学院经过 30 多年的发展，积累了宝贵的经验和财富，在老干部座谈会上，金鉴、蒋效愚等老领导深刻总结了"牢记使命、勇于担当、顽强拼搏、无私奉献、奋力开拓、大胆创新"的北京青年政治学院创业精神。当前，学院站在新的历史潮头，又将进行再次创业。在北京青年政治学院的建设和发展中，每位北京青年政治学院人都不能缺席缺位，学院党委、各级领导干部要一级抓一级，层层压实责任，准确找到发力点，全院教职工要充分发挥主人翁意识，奋力拼搏、砥砺前行，继承和发扬北京青年政治学院精神，为学院高质量发展作出新的更大贡献。

（二）学院北京市"特高项目"建设情况

自 2018 年北京市启动职业院校特色高水平项目的建设工作以来，学院党委高度重视，及时组织召开项目申报工作会，对申报工作进行全面部署，学院领导班子多次听取教务处和二级学院阶段性汇报并进行具体指导。经过"特高项目"团队成员的不懈努力，截至 2020 年，我院共获批 5 个北京市特色高水平建设项目，形成了以 5 个专业群为基础的二级学院"北京市特高项目"战略布局，着力推进学院高质量发展。

在两批建设名单中，学院共有 5 个建设项目入选。其中，第一批建设名单中，学前教育学院的学前教育专业被确定为北京市职业院校特色高水平骨干专业（群）。第二批建设名单中，国际学院的旅游英语专业为北京市职业院校特色高水平骨干专业，现代管理学院的东华软件智慧养老学院、信息传媒艺术学院的融媒体工程师学院（工程师学院）、青年工作学院的王岳川传统文化教育与推广工作室（技术技能大师工作室）3 个项目为北京市职业院校特色高水平实训基地。

为推动特高项目建设，学院召开"北京市特色高水平项目"建设启动大会。对"特高项目"建设设置了三级负责人，即总负责人、执行负责人和子项目负责人，层层压实责任，推动项目落地，力争在"十四五"期间通过"北京市特高项目"建设，涌现一批名师、名课、名教材以及深度产教融合的合作企业，为提升学院整体办学实力打下基础。

学前教育专业通过北京市"特高项目"建设，培养学生在德、智、体三方面卓越发展，经过"濯师德、卓技能、琢技能"等一系列措施，最终形成"花开学前，卓越幼师"的"三 ZHUO"幼师培养品牌。

旅游英语专业通过北京市"特高项目"建设，聚焦出入境服务和跨境旅游服务领域中的共核交融职业岗位群和技术技能岗位，锁定国际化人才培养所需的硬核能力，强化突出"英语 +"特色的软实力。

东华软件智慧养老学院通过北京市"特高项目"建设，创新"一平台、双主体、三递进、四融合"的"1234"人才培养模式。

融媒体工程师学院打造融媒体领域复合型高级技术技能人才的示范基地、技术服务和成果转化中心、社会培训基地和资源共享中心。

王岳川传统文化教育与推广工作室打造"国内一流、职教标准、文化引领、产教融合"的青少年传统文化教育推广人才培养基地。

通过北京市"特高项目"建设,打造学院的"一老一小一青年、一文一技国际化"的专业布局,并从推进"十四五"期间重点任务及"一院一策一品""一高一特一新"整体布局形成鲜明特色,如表1-1-4所示。

表1-1-4 北京青年政治学院获得北京市特色高水平建设项目汇总(截至2020年12月)

序号	二级学院	"特高项目"名称
1	青年工作学院	王岳川传统文化教育与推广工作室
2	学前教育学院	学前教育骨干专业
3	信息传媒艺术学院	融媒体工程师学院
4	现代管理学院 (北京青年中科创新创业学院)	东华软件智慧养老学院
5	国际学院	旅游英语专业

三、"一院一策一品"建设

为落实《国家职业教育改革实施方案》和《北京市关于深化职业教育改革的若干意见》提出的目标和任务,形成符合新时代北京市高职专业人才培养的新模式、新机制,学院开展二级学院"一院一策一品"专项建设,主要领导多次听取"一院一策一品"工作部署和研讨会,各二级学院组织专业带头人和教研室进行广泛研讨,在充分论证的基础上围绕本学院人才培养、专业群建设、教学改革、产教融合、"双师型"队伍建设以及服务国家战略等方面的建设方案做了全面梳理和提炼,建设方案统筹了各二级学院未来3~5年的发展任务,包括发展思路、建设目标、主要措施等。

各二级学院立足本学院办学特色,确立"一个学院,一个发展策略,一个品牌(国家级、市级、企业级)",发挥现有专业优势,融合新专业申报,加强专业群建设。国家级品牌是灵魂,对已有的国家级品牌要加强建设,不断提高影响力;市级品牌是核心,主要是北京市"特高项目"建设,争取每个学院至少拥有一个北京市"特高项目";企业级是基础,主要指实训基地建设,与企业建设稳定的、订单式的培养,实现"上学即上岗,毕业即就业",充分发挥领导班子、团队的力量,围绕建设目标,做出特色、精品。

各二级学院不断创新思路、谋划发展,整合优质资源、打造品牌项目、创新特色资源,推动学校不断进步。学校将通过强有力的政策支持,积极鼓励各二级学院探索符合自身实际和特色的发展路径,为落实《国家职业教育改革实施方案》和

《北京市关于深化职业教育改革的若干意见》提出的目标和任务，打下坚实的基础，形成符合新时代北京市高职专业人才培养的新模式、新机制，已形成的"一院一策一品"建设方案是未来 3~5 年的行动纲领。

四、组建"六院一中心"

（一）指导思想

坚持以习近平新时代中国特色社会主义思想为指导，深入贯彻党的十九大精神，全面贯彻党的教育方针，坚持社会主义办学方向，落实全国高校思想政治工作会议精神，立足首都"四个中心"功能定位和京津冀协同发展战略需要，坚持以立德树人为根本，以服务发展为宗旨，以教学质量为核心，以青年、政治和人文为特色，深化人才培养模式改革，突出现代职业教育特色；优化专业结构，促进人才培养供给侧和产业需求侧结构要素融合；加强课程体系建设，提升学生综合职业能力；健全德技并修、工学结合的育人机制，推动产教融合与校企合作；加强师德师风建设，做新时代"四有"好老师和"四个引路人"；实施人才兴校工程，提升师资队伍水平。全面推进教育教学改革，提升学院办学效益和综合实力。

（二）改革目标

坚持立足需求、集约创新、优化布局、激发活力、提升质量、协同发展的思路，努力把学院建设成开放型、有特色、高水平的青年人大学。

加强基层党的建设和师生思想政治工作，加快专业调整，创建二级学院；打造重点特色专业，力争高水平建设 5 个国内领先的骨干专业；在推进专业融合发展的基础上，每年培育 3~5 个新专业（方向）；优化课程体系，重构教学计划，推进在线开放课程建设，力争在国家级精品在线课程评选中实现突破；实施人才兴校工程，重点培养 3 名在本领域具有一定影响力、在国内同领域位于前列的职业教育名师；培养 5 名专业基础扎实、专业成果突出并在国内有一定影响力的专业带头人；打造 2~3 个市级专业创新团队；培养 20 名市级优秀青年骨干教师；培养 5 名教委资助的特聘专家；建设 1~2 个市级职业教育师资培训基地；探索师资培训基地与教师企业实践基地"双基地"合作培养模式，重点建设 5 个市级技术技能大师工作室，2020 年"双师型"教师占专业教师的比例达 80%；深入推进产教融合，支持行业企业参与人才培养全过程，开展现代学徒制试点；创建北京学前教育职教集团，发挥集团理事长单位的引领示范作用；力争进入北京市重点建设的特色鲜明、世界一流的职业院校行列。

（三）改革任务

1. 优化结构布局，重新组建二级教学单位

取消原教学系（部、分院）建制，组建"六院一中心"。

（1）二级教学单位名称。优化教学机构设置，成立七个二级教学单位，分别为青年工作学院、学前教育学院、信息传媒艺术学院、现代管理学院（北京青年中科创新创业学院）、国际学院、马克思主义学院（北京高校思想政治理论课高精尖创新中心北京青年政治学院分中心）、人文素质教育中心等"六院一中心"，如表 1-1-5 所示。

表 1-1-5　北京青年政治学院组建二级教学单位方案

序号	二级教学单位	专业名称（基础课）
1	青年工作学院	青少年工作与管理
2		社会工作
3		心理咨询
4		文秘
5		法律事务
6	学前教育学院	学前教育（师范）
7		早期教育
8	信息传媒艺术学院	计算机应用技术
9		软件与信息服务
10		新闻采编与制作
11		数字媒体艺术设计
12		美术
13		游戏设计
14		计算机公共课
15	现代管理学院（北京青年中科创新创业学院）	老年服务与管理
16		工商企业管理
17		会计
18		证券与期货
19		电子商务（智慧养老）
20	国际学院	旅游英语（出入境服务与管理）
21		学前教育（中加合作）
22		英语公共课
23	马克思主义学院（北京高校思想政治理论课高精尖创新中心北京青年政治学院分中心）	毛泽东思想和中国特色社会主义理论体系概论、思想道德修养与法律基础、形势与政策
24	人文素质教育中心	大学语文、大学体育、数学

（2）二级学院的组织结构。为确保二级学院党的建设和教学、科研及群团等各项管理工作规范有序的高效运转，根据《中国共产党章程》《中国共产党普通高等学校基层组织工作条例》《中华人民共和国工会法》《中国共产主义青年团章程》及《关于深化高等教育领域简政放权放管结合优化服务改革的若干意见》，按照北京市的实施办法，进一步健全党、政、工、团的组织管理体系，完善党总支委员会、党政联席会、院长办公会、学术委员会、教学指导委员会等内部管理工作机制。

2．固本强基、完善机制，激发基层党组织活力

按照全面从严治党的要求，注重发挥党总支的政治功能，突出把准政治方向、狠抓工作重点、强化人才培养、做好落实监督保障。注重发挥党总支政治核心作用，规范履行党政联席会议事规则，坚持民主集中制原则，履行好"三重一大"职能，抓好各项工作的落实。注重发挥教师和学生党支部的战斗堡垒作用，进一步规范完善各项基层基础工作，提升党支部组织力、凝聚力、影响力、感召力。健全教师党支部在干部、教师、辅导员队伍建设和师德师风、职称评聘、评优考核中发挥主导作用的机制。注重加强群团组织建设，做好统战和退休老同志工作，充分发挥其在本学院工作中的桥梁和纽带作用。维护校园安全稳定工作，做好新闻宣传工作，牢牢把握意识形态话语权。

3．改进人才培养模式，突出现代职业教育特色

坚持知识学习、技能培养与品德修养相统一，面向首都公共管理、公共服务事业、文化创意产业和现代服务业，立足首都"四个中心"功能定位和京津冀一体化发展，培养"人文素养、一技之长、社会责任感"三位一体的高素质技术技能型人才。借鉴德国双元制人才培养模式、澳大利亚TAFE等国际先进的办学模式和标准体系，推进"工学结合、校企合作"育人模式改革，与行业、企业制定一体化人才培养方案，探索现代学徒制试点，突出现代职业教育特色，开展"有趣、有用、有效"的课堂教学，加强和推广信息化教学，坚持以赛促学，形成小班化、模块化、项目式、案例式、混合式学习为主要特色的高职人才培养模式。

4．整合学院优势资源，提升专业建设水平

强化专业建设适应社会的能力，整合优势资源，做精特色专业，做强骨干专业，优化传统专业，拓展新兴专业，进一步突出青年政治特色。力争高水平建设5个国内领先的骨干专业，在全国起到引领和示范作用。在专业建设整体做增量的基础上，根据分类建设的原则，重点建设青少年工作与管理等青年工作类专业，打造特色专业；将学前教育等专业办成骨干专业，并逐步拓展专业领域；优化信息传媒艺术类、管理类等传统专业；拓展游戏化教育、数字传媒动漫等新兴专业；将旅游英语、学前教育（中加合作）等专业建设成国际化特色专业。

5．加强课程体系建设，促进学生综合职业能力提升

推动人才培养目标与产业需求对接，人才培养链和产业链对接，教学内容与职业标准对接,教学过程与生产过程对接,完善以学生为中心、以能力为导向、以课程为主体、与职业资格标准相融合的课程体系,促进学生职业生涯的可持续发展。以促进学生综合职业能力为目标,合理设计综合素质、职业基础、职业能力、综合实践、通识教育等教学模块。推进校企合作开发、课证融合等特色课程建设。顺应网络信息技术发展,引进一批优质网络课程资源,培育 20 门精品在线开放课程,打造 3~5 门市级精品在线开放课程,力争入选国家级精品在线课程,进一步丰富课程教学资源。

6.实施人才兴校工程,提升师资队伍水平

坚持以德立身、以德立学、以德施教,强化以德育人功能,全面实施人才兴校工程,倾力打造政治上合格的名师名家。按照"建设政治素质过硬、业务能力精湛、育人水平高超的高素质教师队伍"的要求,完善以师德师风表现为第一标准的考核评价机制。实施技能引领计划,全面提升教师教学能力和信息化应用水平;实施高端培训计划,全面提升专业带头人"领军"能力;实施企业拜师计划,全面提升教师实践技能;实施规范引领计划,提升兼课和外聘教师的教学技能。重点培养 3 名市级职教名师、5 名市级专业带头人、20 名市级优秀青年骨干教师、5 名市级特聘专家等专业领军人物,打造 2~3 个市级专业创新团队,在促进教育教学改革中发挥积极作用。按照《职业学校教师企业实践规定》做好教师实践规划,建设职业教育师资培训基地,探索职业教育师资培训基地与教师企业实践基地"双基地",合作培养"双师型"教师。

7.深化产教融合,推动中科创新创业学院建设

深入贯彻落实《职业学校校企合作促进办法》(教职成〔2018〕1号),健全和完善校企合作机制,拓展校企合作的深度与广度。实施引企入教,遴选龙头企业开展产教融合试点,与企业共建 5 个市级技术技能大师工作室。深化产教融合,创建北京学前教育职教集团,集合社会资源,提升专业建设水平与社会影响力。推动北京青年中科创新创业学院建设,为在校生开设创新创业课程,组织参加高水平创新创业大赛,遴选优秀项目进行孵化。依托创新创业教育实践联盟,为校友企业和科研院所搭建沟通合作的平台。以北京青年和团干部为服务对象,培育创新创业项目,促使创新创业和产学研合作再上一个台阶。

8.加强人文素质教育,促进学生全面发展

落实立德树人根本任务,组建人文素质教育中心,全面提升人文素养水平。通过课内课外相结合,校内校外相结合,理论实践相结合,培养学生扎实的文化基础、深厚的文化底蕴和人文精神,构建完善的人文素养教育体系,促进学生全面发展。依托公共课平台,加强人文素养模块课程建设;赛训结合,强化人文素养模块通用技能实训;改进教学手段,丰富人文素养类网络教学资源建设。

五、教学研究成果

在"十三五"期间，学院以习近平新时代中国特色社会主义思想为指导，认真贯彻十九届五中全会精神，落实立德树人根本任务，围绕服务国家战略，以及首都四个中心建设、产业转型升级等社会发展需求的主题，紧密对接人才市场和产业发展对职业教育的需求，结合现代职业教育改革与发展中的现实问题，瞄准特色高水平方向进行选题研究。通过教学研究促进学院教学水平整体提高，为学院进一步发展打下了良好的基础。

（一）教学改革与研究成果丰硕

1．第四届院级教育教学成果奖

为深化学院教育教学改革，不断提高教育质量，总结近年来取得的教育教学成果，学院组织开展了"北京青年政治学院第四届教育教学成果奖"评选工作，共评出 7 项教育教学成果奖。

获奖名单如下：

一等奖（1 项）：

旅游英语专业教学改革实践探索

（完成人：老青、栾丽君、刘晓晶、程云艳、何明华）

二等奖（2 项）：

高职影视制作专业实践体系研究与实践

（完成人：黄添水、周敏、金俊荣、路长伟、管波）

基于网络辅助教学的思政课过程化考核与评价教学实施体系

（完成人：祁志钢、薛薇、袁宏松、张子荣）

三等奖（4 项）：

英语类信息化教学资源建设与应用实践

（完成人：程云艳、刘卫红、刘晓晶、马红、老青）

"课证融合"教学模式研究

（完成人：袁光亮、赵静、李红武、梁鸽、董辉）

社团—校外—课堂三位一体的高校思政课实践教学模式构建

（完成人：杨春桃、张国军、祁志钢、周颖、袁宏松）

全国首部高职会计专业慕课/微课版教材：《基础会计与实务》

（完成人：关振宇、张红琴、段凤霞、赵晶）

2．北京市职业教育教学成果奖

培育优秀教育教学成果项目，3 项成果被评为 2018 年北京市职业教育教学成果奖，其中一等奖 1 项、二等奖 2 项。获奖名单如下：

一等奖：

面向首都出入境服务领域的英语类专业 3C 人才贯通培养模式实践探索

（完成人：老青、常红梅、栾丽君、刘晓晶、程云艳、何明华、田雅莉、邓昕雯）

二等奖：

高职"3D"实践教学模式改革探索与实践

（完成人：吕一中、李兰巧、肖毅、张瑞芬、张海丰）

"成长学堂"：高职新生素质教育"课外课"培养体系创新与实践

（完成人：乔东亮、叶向红、徐志立、李志强、张志明）

（二）积极申报建设各类职业教育教学改革项目

1．申报北京市职业教育教学改革项目

2016 年申报北京高等学校教育教学改革 3 个项目并成功立项，2019 年申报北京市职业教育教学改革 4 个项目并成功立项，如表 1-1-6 所示。

表 1-1-6　北京市职业教育教学改革项目

序号	项目名称	主持人	所在单位	参与人	项目类别
1	"互联网＋"背景下高职媒体资产管理专业人才培养模式研究	周敏	传播系	梁岩、宋爽、贺勇、张前程、陈小英、刘涛、师静	市级教改立项项目
2	信息化视角下高职旅游类专业教学资源建设与应用研究	刘卫红	英语系	杨欣、何明华、刘晓晶、老青、唐锦兰、宁一中	市级教改立项项目
3	高职院校思想政治理论课大规模在线开放课程模式创新研究	周颖	社科部	祁志钢、张子荣、张国军、杨春桃、王琪、袁宏松、韩凤荣	市级教改立项项目
4	构建弘扬和培育社会主义核心价值观的高职院校思想政治理论课实践教学体系研究	王琪	马克思主义学院	韩凤荣、崔丽华、祁志钢、周颖、张子荣、杨春桃、曾红、袁宏松	市级教改立项项目
5	服务新农村文化建设，探索"一校一品"职业院校专业教学与社会　服务合作模式的创新与实践	王静	信息传媒艺术学院	贺勇、林巧琴、周同、齐爱琴、张楠、窦楠	市级教改立项项目

序号	项目名称	主持人	所在单位	参与人	项目类别
6	北京老年教育整合模式创新与实践	于泽浩	现代管理学院	张海丰、肖毅、李红武、邬沧萍、李兵、王海涛	市级教改立项项目
7	校企共建"完美世界信息传媒艺术工程师学院"的创新与实践	贺勇	信息传媒艺术学院	王静、李子平、周同、夏磊、齐爱琴、赵丹、陈继伟、王鲲鹏、花楠	市级教改立项项目

2．推进院级教育教学项目管理改革

院级教育教学研究项目立项建设项目分为重点项目和一般项目两类，重点项目根据当年的教学工作重点分为创新创业、管理水平提升、校企合作、"在线开放课程建设"等专项；一般项目由各系部结合专业建设与教学改革需要，通过委托或自主申报方式组织实施，五年来共申报 180 项，并按照院级项目结项认定制度组织结项工作，如表 1-1-7 所示。

表 1-1-7　"十三五"期间院级教育教学建设项目统计

年度	项目数量 / 个	备注
2016	46	5 个重点项目，1 个教材
2017	32	
2018	30	
2019	30	
2020	42	1 个委托
合计	180	

六、专业建设

学院坚持服务地方首都经济社会发展的原则，专业设置主要围绕北京高精尖产业结构、城市建设与管理、生活性服务业品质提升，根据专业招生、就业、人才培养质量等客观指标，通过撤并、调整、优化、增设等措施，及时调整优化专业结构。建成了学前教育、青少年教育、现代管理、信息传媒艺术、旅游英语 5 个专业群，增设了游戏设计、早期教育等 2 个符合社会需要的新专业。学院现有专业 19 个，覆盖 8 个专业大类，其中有 1 个全国职业院校示范专业、3 个市级高职示范性专业，学前教育骨干专业被认定为教育部《高等职业教育创新发展行动计划（2015—2018 年）》

建设项目，2个专业被确定为北京市职业院校特色高水平骨干专业（群）。专业及专业方向代码一览表如表 1–1–8 所示。

表 1–1–8　专业及专业方向代码一览表

所属学院	专业代码	专业名称	专业方向代码	专业方向名称
学前教育学院	670102K	学前教育	670102K_1	师范
	670102K	学前教育	670102K_2	学前教育（3+2）
	670101K	早期教育		
青年工作学院	690103	青少年工作与管理		
	690101	社会工作		
	680503	法律事务		
	680503	法律事务	680503_1	法务速录
	680503	法律事务	680503_2	公司企业法务
	680503	法律事务	680503_3	法检助理
	670301	文秘		
	670301	文秘	670301_1	涉外秘书
	670301	文秘	670301_2	商务秘书
	670301	文秘	670301_3	行政专员
	620804	心理咨询		
现代管理学院	690301	老年服务与管理		
	630302	会计		
	630302	会计	630302_1	会计电算化
	630203	证券与期货		
	630203	证券与期货	630203_1	证券与期货（3+2）
	630801	电子商务		
	630801	电子商务	630801_1	智慧养老
	630601	工商企业管理		
信息传媒艺术学院	650125	美术		
	650125	美术	650125_1	油画
	610202	计算机网络技术		

续表

所属学院	专业代码	专业名称	专业方向代码	专业方向名称
信息传媒艺术学院	650104	数字媒体艺术设计		
	650104	数字媒体艺术设计	650104_1	空间艺术设计
	650104	数字媒体艺术设计	650104_2	平面设计
	610201	计算机应用技术		
	650121	游戏设计		
	610206	软件与信息服务		
	610206	软件与信息服务	610206_1	软件与信息服务（3+2）
	660201	新闻采编与制作		
	660201	新闻采编与制作	660201_1	网络编辑
	660201	新闻采编与制作	660201_2	影视制作
	660201	新闻采编与制作	660201_3	媒体资产管理
国际学院	670204	旅游英语	670204_1	出入境服务与管理
	670204	旅游英语	670204_2	出入境服务与管理（3+2）
	630503	国际商务	630503_1	中加合作
	630302	会计	630302_2	会计（中加合作）
	660201	新闻采编与制作	660201_4	数字动画艺术（中加）
	660201	新闻采编与制作	660201_5	数字传媒（中加合作）
	670102K	学前教育	670102K_3	中加合作

（一）研讨梳理，重点打造特色专业

聚焦首都"一老一小一青年"等民生领域，服务和谐宜居之都建设，重点打造学前教育、青少年工作与管理、老年服务与管理等特色专业。依托北京高职唯一的学前教育师范类专业点和首批全国职业院校养老服务类示范专业点，承担首都学前教育、老年服务等领域紧缺人才培养任务。对接首都"四个中心"定位，开设社会工作、旅游英语、新闻采编与制作、数字媒体艺术设计等专业。

1．专业建设研讨梳理未来发展思路

2016年各专业面向京、津、冀地区，在深入开展暑期调研的基础上，组织开展专业与专业群系列研讨活动。各系部以客观数据为依据，提出"十三五"期间建设与发展思路。青少系、管理系、传播系、计算机系、英语系分别牵头组织召开四个专业群建设研讨会。40多位来自教育部教指委专家、知名高校的教育专家和来自校

企合作单位的行业专家参加会议，为突出学院办学特色、明确专业建设思路提出了有益的意见和建议。

2．暑期专业调研梳理服务团青工作思路

以"青年、政治"特色为主题，组织开展 2017 年暑期专业调研工作，推动团干部培训与学历教育融合发展。立足首都共青团事业发展的特点，结合专业建设现状，各专业设计调研方案、调查问卷与访谈提纲等，通过实地走访、座谈等方式针对高校、企业、社区等不同主体开展调研，对调研情况进行分析，撰写调研报告，提出各专业服务团青工作发展的具体举措、拟开发的团青特色课程和建设思路。

（二）建立专业动态调整机制，不断优化专业结构

对接首都重点发展产业，寻求新的专业生长点，申报早期教育、游戏设计等 2 个新专业。通过开展专业核心竞争力评价，调整专业结构。集中优势资源，做强做精学前教育、旅游英语等特色骨干专业，实现"创品牌""建特色""提质量"的建设目标。

为了掌握专业建设现状，找准专业建设目标与努力方向，实施专业分类管理，提升专业建设水平和人才培养质量，制订专业核心竞争力评价标准与实施方案，组织开展专业核心竞争力评价工作。评价工作分三个阶段推进，第一阶段是专业自评，各专业根据《学院专业核心竞争力评价标准》，从招生就业、教学质量、实践教学条件与成果、教科研成果、师资队伍建设等方面对近三学年专业建设情况进行自评。第二阶段为联合审核阶段，教务处、科研处等相关职能部门联合对各专业自评材料进行审核。第三阶段为汇报答辩阶段，各专业用数据、实例说明本专业与北京市、全国同类专业相比较存在的优势和劣势，以及本专业在行业中的影响力，明确今后发展路径和竞争策略。

（三）优化专业人才培养方案，创新人才培养模式

人才培养方案是落实党和国家关于技术技能人才培养总体要求，组织开展教学活动、安排教学任务的规范性文件，是实施专业人才培养和开展质量评价的基本依据。

1．制订 2019 版专业人才培养方案

全面贯彻落实党的十九大精神，启动 2019 版专业人才培养方案制订工作，新版方案坚持立德树人、对接北京"四个中心"定位和市场人才需求，实现校企深度融合、优化专业课程体系、培养"人文素养、一技之长、社会责任感"三位一体的高素质技术技能型人才。

2．专业人才培养案例喜获佳绩

全国高职高专校长联席会 2016 年典型案例征集活动，从全国高职院校提交的

499 件作品中遴选 253 个典型案例展出，学院有 5 个案例入选。

在全国高职高专校长联席会议 2017 年年会中，学院提交的"艺术创作服务社区建设，专业实践促进成风化人""创新信息类专业人才培养模式，助力学生成就出彩人生"2 个特色案例，均成功入选典型案例并在年会期间集中展出。

（四）专业示范引领作用

1. 牵头制定专业教学标准

青少年工作与管理专业、旅游英语专业、游戏设计专业牵头制定全国专业教学建设标准，已在全国职业院校推广使用。

2. 专业布局与产业契合度调研

受市政府委托，主持完成学前教育专业布局与产业契合度调研，提交的调研报告得到市领导的批阅，为北京市学前专业的发展定位提供了参考依据；在市教委指导下，作为理事长单位牵头成立了北京学前教育职业教育集团，陆续开展了学前教育京津冀发展论坛、学前教育国际合作论坛、学前教育"一带一路"国际技能大赛等项目，形成全国乃至"一带一路"沿线国家的辐射引领作用。

七、师资队伍建设

（一）教师培训情况

为打造"高学历、高素质、高技能"的优秀教学团队，学校针对性地开展了教育部高教司的全国高校教师网络培训、教师信息化教学能力提升培训、"学习指导师"培训、课程标准开发培训、高校教学管理骨干培训等多层次、多类型培训，教师参加各级各类培训平均 6 416 学时 / 年。

（二）教学能力比赛获奖情况

为推动学院教育教学改革创新，提高全体教师教育技术应用能力和信息化教学水平，"十三五"期间我院教师获得市级教师教学能力大赛奖项共 11 项，市级"创想杯"多媒体教育软件大赛 5 项。2016 年，何明华团队的《综合英语——邀请函写作》获市级信息化课堂教学比赛三等奖，张子荣在市级"创想杯"多媒体教育软件大赛 PPT 课件制作项目中获三等奖，李燕萍、刘晓晶、张欢欢等分别在市级"创想杯"多媒体教育软件大赛微课制作项目中获三等奖。2017 年，谢金艳团队的《Unit 6 Getting Around》获信息化教学设计比赛二等奖；袁宏松团队的《弘扬丝路精神，共谋发展之路》获信息化课堂教学比赛二等奖。2018 年，袁宏松团队的《改革创新精神，助力青春远航——新时代大学生职业素养之改革创新精神》荣获教学能力比赛高职组课堂教学比赛项目二等奖；夏磊团队的《电子书设计制作——对象状态》荣获教学能力比赛高职组课堂教学比赛项目二等奖；丁桂莲团队的《纪要的使用与写作》荣获教学能力比赛高职组教学设计比赛项目三等奖；张欢欢团队的《奋进新时代：走中国特色社会主义乡村振兴道路》荣获教学能力比赛高职组课堂教学比赛项目三等奖；刘晓晶团队的《导游情景英语——迎客接团》荣获教学能力比赛高职组课堂教学比赛项目三等奖。2019年，任春玲团队的《书记员工作实务》荣获教学能力比赛高职组课二等奖；杨敏捷团队的《企业主要经济业务的凭证处理》荣获教学能力比赛高职组二等奖。2020年，王红霞团队的《垃圾分类智能系统设计与优化——面向对象技术》荣获教学能力比赛高职组课二等奖。

（三）北京市教学名师

为了发挥教学名师的模范带头作用，深化教育教学改革，促进学院教学水平的提高，"十三五"期间学院培养北京市高创计划教学名师1名，北京市教学名师3名。2016年，袁光亮获北京市高创计划教学名师奖；张红琴获北京市教学名师奖。2017年叶承芳获北京市教学名师奖。2018年江洁获北京市教学名师奖。

八、课程建设

学院根据"十三五"建设规划，以新的人才培养方案为依据，以培养"人文素养、一技之长、社会责任感"三位一体的高素质技术技能型人才为目标，在课程体系建设、课程教学改革等方面取得了一系列成绩。

（一）专业课程体系完善

从社会发展对人才需求的整体要求出发，结合学院专业实际，在充分调研及论证的基础上确定专业课程体系，构建"大平台＋小模块"课程体系，实现综合素质、职业基础、职业能力、综合实践、通识教育五大模块课程。综合素质模块搭建公共知识与技能训练平台，职业基础模块搭建专业群内基础技能类课程平台，职业能力模块强化专业核心技能，开设校企合作、课证融合、创新创业教育等特色课程，综合实践模块集中开展实习实训活动，通识教育模块拓展人文素养与科学素养。

综合素质主要包含教育部规定的思想政治类、语言类、身心发展类、信息技术类、国防教育类、创新创业类、综合实践类课程。职业基础课程主要是为满足本专业主要工作岗位（群）的典型工作任务和完成任务所需要的职业基础知识和技能课程；职业能力课程主要是为满足本专业主要工作岗位（群）的典型工作任务和完成任务所需要的核心能力要求而设置的课程；特色实践课程为校本特色实训类课程，为校企合作开发课程，主要包含实训学期、顶岗实习及毕业设计等特色实践教学环节；通识教育主要为公共选修类课程，包括人文素养、科学素养、职业素养、创新创业教育、竞赛与取证等模块。为学生提供课堂与线上教学两种修读模式，并允许学生通过参与创新创业实践活动获得选修学分。

（二）编制课程标准，落实人才培养目标

开展课程标准编制工作，对 2019 版人才培养方案中的课程开设编制标准，新课程标准体现职业岗位培养新要求，结合课程性质，明确课程知识、能力和素质目标，并将职业岗位所需要的知识，技能和职业素养融入教学，突出职业能力培养，对接最新职业标准、行业标准和岗位规范，更新教学内容，注重先修课程和后续课程之间的衔接，共完成 500 余门课程标准制订工作。

组织开展优质课程标准的评选，共评出 30 门优秀课程标准。

（三）特色课程、在线课程等建设取得新进展

1. 团青特色课程建设落地融合发展战略

根据学院推进融合发展的整体形势和团干部培训的实际需求，启动学院团青特色课程建设工作，分步推进团青特色课程开发，"团青特色课程"建设周期为一年，列入学院教学改革项目管理。要求各系部组建工作团队开展课程建设，并结合课程内容，邀请高校、企业、社区等不同领域的共青团系统专家，为课程设计、内容选择、教学模式、教学资源建设等方面出谋划策。首批团青特色课程由学院委托社工系、管理系、文法系、社科部组建团队实施。第二批团青特色课程由学院委托英语系、传播系、艺术系、青少系、计算机系组建团队实施，如表 1-1-9 所示。

表 1-1-9　团青课程建设名单

序号	课程名称	课程负责人	立项
1	东方道德	祁志钢	第一批
2	青少年权益保护	温慧卿	第一批
3	青年团队管理	王丽静	第一批
4	青年职场心理调适	于新红	第一批
5	青年心理学	顾 凯	第一批
6	跨文化交际	老 青	第二批
7	与媒体面对面	周 敏	第二批
8	少先队实务图像设计应用	王 静	第二批
9	团青干部信息技术实务	张海丰	第二批
10	青年学	赵 飞	第二批

2．在线开放课程建设有序推进

坚持以自主建设为主、引进与自建课程相结合，在引进名校专家学者讲授优质课程的同时，依托 BlackBoard 网络教学平台及学院认定的在线开放课程平台，将适合开展网络辅助教学及混合式教学的公共课程及专业课程建设成可供学生学习、教师进行辅助教学的在线课程。与高等教育出版社"爱课程网"签订在线课程建设合同，搭建在线开放课程建设平台。

启动在线开放课程建设工作，2017 年立项建设十门课程，按照"一系一精品"的原则，打造学院精品在线开放课程。2018 年开展第二批在线开放课程建设工作，立项建设 7 门课程，累计完成 300 余个微课视频与相关教学资源建设，如表 1-1-10 所示。

表 1-1-10　2017 年、2018 年在线开放课程建设项目名单

序号	学院	课程名称	负责人	建设时间	备注
1	学前教育学院	幼儿园教育活动设计与指导	厉育纲	2017 年	
2	信息传媒艺术学院	面向对象程序设计	王红霞	2017 年	
3	信息传媒艺术学院	数字媒体制作	夏磊	2017 年	
4	信息传媒艺术学院	书籍装帧	潘擎	2017 年	
5	信息传媒艺术学院	办公软件应用基础	刘乃瑞	2018 年	
6	现代管理学院	青年团队管理	王丽静	2017 年	
7	现代管理学院	ERP 沙盘模拟创业在线课程项目建设	陆艳	2018 年	
8	人文素质教育中心	大学语文	彭笑远	2018 年	
9	青年工作学院	应用文写作	丁桂莲	2017 年	
10	青年工作学院	青年职场心理调适	于新红	2017 年	
11	青年工作学院	青少年活动设计与指导	待定	2018 年	
12	青年工作学院	社会工作导论	杨峥威	2018 年	
13	青年工作学院	合同法原理与实务	温慧卿	2018 年	
14	马克思主义学院	思想道德修养与法律基础	周颖	2017 年	
15	国际学院	三维动画制作	金兰、陈忠英	2017 年	
16	国际学院	旅游英语口笔译实务（英译汉）	程云艳	2017 年	
17	国际学院	旅游职业英语口笔译实务（汉译英）	谢金艳、老青	2018 年	

2020 年继续推进在线课程建设及课程教学改革探索，总结疫情期间线上教学经验，探索混合式教学模式，重点支持各专业开展 21 门优质在线开放课程建设。

3．引进网络课程丰富人文素质类公选课

引进"尔雅"通识教育网络课程资源，重点选取人文素质类课程，建设中华文化与历史传承、社会与文化、艺术鉴赏与审美体验等6个课程库，包含课程20余门，纳入学生公选课课程体系，共有近20 000名学生选修，实现教师现场讲授与网络在线学习并行的教学模式。

4．深化思政课程和课程思政建设

落实立德树人根本任务，组织各专业梳理每门课程蕴含的思想政治教育元素，组织编写《德技并修——课程思政进专业进课程进教材》课程思政教学辅助用书，结合专业人才培养特点和专业能力素质要求，深入挖掘各门课程教学过程中蕴含的思想政治教育资源，使各类课程与思政课同向同行，把思想政治教育贯穿人才培养全过程。

九、职业技能大赛

在"十三五"期间，学院进一步巩固、优化二级学院、校级、市级和国家级四级技能竞赛体系，通过开展校内"竞赛月活动"，承办北京市职业技能竞赛项目，参加全国职业技能竞赛等高水平比赛活动，推动各专业开展"以赛促学、以赛促教、以赛促改、赛训结合"实践教学改革，提升教师教学改革动力，提高学生学习兴趣，提升学生综合技能水平和就业能力。其间，参加各类竞赛并获得奖项237项，获奖人数达816人，在全国职业技能竞赛中获得国赛一等奖3项，北京市职业技能竞赛获得一等奖22项，各类竞赛成绩较"十二五"提高10%以上，如表1-1-11所示。

表1-1-11　2016—2020年学生参加全国职业技能大赛获奖情况统计表

年份	赛级	序号	奖项	学生姓名	获奖等级	指导教师
2020	国赛	1	学前教育专业教育技能	郝倩钰、赵芳卿、张雨晴	团体三等奖	李哲、厉育纲
2019	国赛	1	英语口语（非专业组）	张娇阳	一等奖	谢金艳
		2	英语口语（专业组）	张楠	二等奖	程云艳
		3	软件测试	杨俊峰、艾欣欣、郭玮	二等奖	王红霞、温绍洁
		4	导游服务	吴嘉寅	三等奖	葛岩
		5	大数据技术与应用	廖博轩、陈睿、张立波	三等奖	齐爱琴、李子平
		6	学前教育专业教育技能	安玮姣、安雨、马天翼	三等奖	郝颖、李春光

续表

年份	赛级	序号	奖项	学生姓名	获奖等级	指导教师
2018	国赛	1	软件测试二等奖	李强、郭琳、胡凯强	二等奖	王红霞、温绍洁
		2	移动互联网应用软件开发	郭飞、李自宇、张旭	二等奖	石刚、丁其鹏
		3	导游服务英语组	吴嘉寅	二等奖	葛岩
		4	学前教育专业教育技能	鲁涵、仇梦彤	二等奖	刘娅顿、李春光
		5	云计算技术与应用	孙帅、丁一、吕静鑫	三等奖	李燕萍、王冠宇
		6	导游服务普通话组	张议文	三等奖	程云艳
		7	英语口语专业组	张楠	三等奖	李青
		8	英语口语非专业组	董莹	三等奖	谢金艳
2017	国赛	1	软件测试	陈爽、张冬雪、侯博睿	一等奖	王红霞、温绍洁
		2	大数据技术与应用	宋建宇、王子息、张依然	二等奖	石刚、齐爱琴
		3	光伏电子工程的设计与实施	凌国鸿、鲍博润、陈英昊	三等奖	张海丰、丁其鹏
2017	国赛	4	云计算技术与应用	张雪涛、陈泽春、孙帅	三等奖	李燕萍、王冠宇
		5	英语口语（专业组）	赵一	三等奖	李青
		6	学前教育专业教育技能	佟亚纯、陈卓	三等奖	郝颖、刘娅顿
2016	国赛	1	嵌入式产品开发	常迪、徐颖	一等奖	李子平、石刚
		2	嵌入式产品装配	鲍博润、章友全	三等奖	李子平、石刚
		3	云计算技术与应用	康瑞、张翠翠、王颖	三等奖	秦勇、李燕萍
		4	导游服务英语组	李瀚文	三等奖	彭洪明
		5	导游服务普通话组	司琪	三等奖	党洁

同时，北京市教委在综合评价专业建设水平和竞赛成绩的基础上，委托我校承办"英语口语""人工智能系统部署与应用""学前教育专业教育技能""京港澳职业院校金融投资大赛"等四项北京市职业技能竞赛。2020年，根据《教育部关于举办2020年全国职业院校技能大赛改革试点赛的通知》（教职成函〔2020〕5号）精神，我院学前教育专业被北京市教育委员会推荐参加全国"学前教育专业技能大赛"并取得三等奖的优秀成绩。在"十三五"期间，为进一步加强技能竞赛管理，以赛促学、以赛促教，有效推动专业建设和教学改革，培养工匠精神，提高学生职业技能和创新能力，鼓励更多的师生参与到技能竞赛工作中，我院发布了《北京青年政治学院学生职业技能竞赛管理办法》，办法明确了竞赛分类、建立了管理机构、明确了工作机制，并对获奖师生进行表彰，极大推动了各类竞赛的健康、有序开展。

十、1+X 证书制度试点工作

（一）1+X 证书建设背景

在以习近平新时代中国特色社会主义思想的指引下，为了贯彻党的十九大精神和全国教育大会精神，全面贯彻落实习近平总书记关于教育的重要论述，推进新时代职业教育改革发展，经中央深改委第五次会议审议，2019年1月国务院印发了《国家职业教育改革实施方案》（以下简称职教20条），把学历证书与职业技能等级证书结合起来，探索实施1+X证书制度，是职教20条的重要改革部署，也是重大创新。职教20条明确提出：深化复合型技术技能人才培养培训模式改革，借鉴国际职业教育培训普遍做法，制订工作方案和具体管理办法，启动1+X证书制度试点工作。1+X证书制度体现了职业教育作为一种类型教育的重要特征，是落实立德树人根本任务、完善职业教育和培训体系、深化产教融合校企合作的一项重要制度设计。实施1+X证书制度试点具有以下三个方面的意义：一是提高人才培养质量的重要举措。更好地服务建设现代化经济体系和实现更高质量更充分就业的需要，是新时代赋予职业教育的新使命。随着新一轮科技革命、产业转型升级的不断加快，职业教育在人才培养的适应性、吻合度、前瞻性上还存在一定差距。学校通过引导以社会化机制建设的职业技能等级证书，加快人才供给侧结构性改革，有利于增强人才培养与产业需求的吻合度，培养复合型技术技能人才，提升就业创业本领。二是深化人才培养培训模式和评价模式改革的重要途径。通过实施1+X证书制度试点，调动社会力量参与职业教育的积极性，引领创新培养培训模式和评价模式，深化教师、教材、教法改革，并将引导院校育训结合、长短结合、内外结合，进一步落实学历教育与职业培训并举并重的法定职责，高质量开展社会培训。三是探索构建国家资历框架的基础性工程。职业技能等级证书是职业技能水平的凭证，也是对学习成果的认定。结合实施1+X证书制度试点，积极推进探索职业教育国家"学分银行"，制度设计与构建国家资历框架相衔接，畅通技术技能人才成长通道。

2019 年，教育部会同有关部门先后印发了《关于在院校实施"学历证书 + 若干职业技能等级证书"制度试点方案》《关于做好首批 1+X 证书制度试点工作的通知》《职业技能等级证书监督管理办法（试行）》《教育部教师工作司关于组织开展 1+X 证书制度试点院校教师培训的通知》等十几个指导性文件。同年，在职业院校、应用型本科高校启动"学历证书 + 若干职业技能等级证书"制度试点工作。"1"为学历证书，"X"为若干职业技能等级证书。学校教育全面贯彻党的教育方针，落实立德树人根本任务，是培养德智体美劳全面发展的高素质劳动者和技术技能人才的主渠道，学历证书全面反映学校教育的人才培养质量，在国家人力资源开发中起着不可或缺的作用。职业技能等级证书是毕业生、社会成员职业技能水平的凭证，反映职业活动和个人职业生涯发展所需要的综合能力。

（二）开展 1+X 证书制度试点工作的建设情况

为推动 1+X 证书制度试点工作，我院发布了《北京青年政治学院"1+X 证书制度"试点工作方案》，制定了工作目标、试点范围、实施方案和经费保障等具体措施，明确将 1+X 证书制度试点与专业建设、课程建设、教师队伍建设等紧密结合，推进"1"和"X"的有机衔接，提升职业教育质量和学生就业能力，通过参加试点工作，深化教师、教材、教法"三教"改革，促进校企合作，产教联合的高职人才培养。截至 2020 年年底，学校共有 6 个专业申请了 8 个证书试点，31 名教师参加了评价机构组织的师资培训，150 名学生获得了相应职业技能等级证书。

1．目标完成情况

学校根据工作方案积极组织各专业根据第一、二、三批次的证书制度试点目录，根据专业建设需要和证书市场认可度申报相关证书的试点工作。经过近一年的建设，已经成功申报 8 个 1+X 证书的试点项目。同时，学校积极将 1+X 证书制度试点与专业建设、课程建设、师资队伍建设紧密结合，推进"1"和"X"有机衔接，提升教育教学质量和学生就业能力，圆满完成全面启动 1+X 证书试点项目既定目标。

2．工作机制保障情况

学校 1+X 证书制度试点工作由学校主管领导领导、教务处统筹部署，二级学院具体开展试点项目，从而形成有效的工作机制。教务处负责学校整体 1+X 证书制度的工作方案制定、激励政策制定、工作进展汇报、工作成果总结等工作。二级学院成立由院长、教学副院长、综合办公室主任、教研室主任、任课教师、教务处和信息办人员组成的试点项目工作小组，按照教育部、北京市教委和社会评价组织的统一安排顺利完成各阶段工作。

3．职业技能等级证书和专业人才培养融合情况

截至 2020 年年底，学校各专业共申请 8 个证书的试点项目，分别是研学旅行策划与管理（EEPM）职业技能等级证书、财务共享服务职业技能等级证书、失智老年人照护职业技能等级证书、老年照护职业技能等级证书、Web 前端开发职业技能等级证书、游戏美术设计职业技能等级证书、业财一体信息化应用职业技能等级证书、幼儿照护职业技能等级证书等。其中，参与试点的 6 个专业根据证书技能鉴定标准和教学大纲进行专业人才培养方案修订，将技能鉴定内容融入课程教学内容，将鉴定标准融入考核标准，最终完成课程改革 26 门，包括导游法规、导游业务、老年照护理论与实务、老年心理与辅导、老年常见病照护、老年康复训练、老年膳食与营养、老年照护理论与实务、老年心理与辅导、老年常见病照护、老年康复训练、失智照护、老年膳食与营养等。

4．试点工作推进三教改革进展情况

学校借助"1+X"制度试点工作积极开展"三教"改革，打造了一支德技精湛的教师队伍，建设一批符合职业特色的精品教材，形成一套课证融合的有效教学方法。在试点期间，学校积极派出教师参加评价机构组织的会议和师资培训活动，31 名教师获得相关证书的考评员证书和培训资格证书，组建了高水平、结构化教学创新团队；通过 1+X 制度试点工作，及时将新工艺、新规范充实进入教材内容，实现课证融合，并引进技能鉴定教材 8 门、鉴定练习题库 8 个；在教学过程中利用专业实训学期开展 1+X 证书专项技能训练，并参照技能鉴定形式开展模拟鉴定活动，推动教学过程、考试形式的改革。

5．考核站点设置与建设情况

目前，学校已设置 8 个证书考核站点，分别是计算机应用技术专业和软件与信息服务专业"Web 前端开发职业技能等级证书"，老年服务与管理专业"失智老年人照护职业技能等级证书"，老年服务与管理专业"老年照护职业技能等级证书"，旅游英语专业"研学旅行策划与管理（EEPM）职业技能等级证书"，会计专业"财务共享服务职业技能等级证书""业财一体信息化应用职业技能等级证书"，游戏设计专业"游戏美术设计职业技能等级证书"，早期教育专业"幼儿照护职业技能等级证书"，如表 1-1-12 所示。

表 1-1-12　1+X 证书制度试点项目

序号	证书	颁证机构	专业
1	Web 前端开发职业技能等级证书	北京新奥时代科技有限责任公司	计算机应用技术 软件与信息服务
2	失智老年人照护职业 技能等级证书	北京中民福祉教育科技 有限责任公司	老年服务与 管理
3	老年照护职业技能等级证书	北京中福长者文化科技有限公司	老年服务与 管理
4	研学旅行策划与管理（EEPM）职业 技能等级证书	亲子猫（北京）国际教育科技 有限公司	旅游英语

序号	证书	颁证机构	专业
5	财务共享服务职业技能等级证书	北京东大正保科技有限公司	会计
6	业财一体信息化应用职业技能等级证书	新道科技股份有限公司	会计
7	游戏美术设计职业技能等级证书	完美世界教育科技(北京)有限公司	游戏设计
8	幼儿照护职业技能等级证书	湖南金职伟业母婴护理有限公司	早期教育

6．实施高质量职业培训情况

2020年，学校利用课堂教学、实训学期等教学活动累计培训学生300余人。

7．教师参与"1+X"师资培训情况

2020年，学校派出31名教师参加评价机构组织的培训活动，参加1+X证书制度研讨会议25人次。

8．参与试点工作的教师激励制度建设情况

2020年，学校在年终对"1+X"等重点改革项目进行专项奖励。同时，研究长效激励机制，以促进本项工作加快开展。

9．统筹规范管理试点经费情况

学校利用实践教学经费全额资助学生"1+X"证书考试，并支持教师参加师资和考评员资格培训工作。

10．证书考核情况

2020年，学校177人参加各类证书考核，通过150人。

11．通过教育部职业技能等级证书信息管理服务平台报送周报情况

首批试点项目以来，教务处收集汇总各证书试点专业建设情况，共准时报送周报23条。

2020年年底，根据《关于征集北京市1+X证书制度试点工作典型案例的通知》，教务处与试点部门积极总结试点工作中工作协调机制、师资培训和激励、考核站点建设等方面的成功做法，按照用事实说话、用数字说话、用典型说话，具备典型代表性、可借鉴、可推广的要求撰写了3条典型案例，分别是信息传媒艺术学院"WEB前端开发1+X证书试点案例"、国际学院"研学旅行与管理EEPM（初级）证书试点案例"和现代管理学院"老年服务与管理专业1+X'三融通'案例"。

十一、北京学前教育职教集团工作

2018年11月10日，由80家学前教育单位组成的北京学前教育职业教育集团在北京青年政治学院成立。北京学前教育职业教育集团按照"平等互利、资源共享、合作共赢、共谋发展"的原则，开展人才培养、专业建设、产教融合、成果孵化、国际交流与合作等工作。

（一）完善集团组织机构，构建完备工作机制

北京学前教育职业教育集团完善机构设置，集团包括教学、科研、师资、产学合作、中职和艺术六个专委会，分领域科学指导成员单位开展各项工作，取得了可喜的成绩。

优化集团理事会管理机制，健全完善各项管理制度，构建科学管理体系。在各成员单位积极参与下，完成全国职业教育集团化办学 2018 年、2019 年办学统计信息填报工作。

（二）深化产教融合，促进人才培养质量提升

积极推进职业院校与企业合作建设实训基地，创建共享型技术技能实训基地，促进院校实训平台与产业升级发展同步；从幼教单位聘请一线优秀教师承担职业院校实践课程教学工作，促进学生实践能力的提升，从本科、高职、中职院校专业教师中推荐教师到幼儿园参加挂职锻炼，持续提高职业院校教师的实践教学能力，加强职业院校与幼儿园教师的交流与互动；打造学前教育专业与北京青年政治学院附属幼儿园产教融合的合作模式，在实践中摸索创新型办园经验，为职教集团提供可输出的办园模式。推广实施《高等职业学校学前教育专业教学标准》，积极参与《中高职衔接学前教育专业教学标准》制订，共同研究人才培养方案，联合开发教材和课程资源，开展产学研协作备课，促进学前教育专业人才培养质量的提升。

深化产教融合，推进人才培养模式改革，努力凝聚区域学前教育优质资源，助力北京创建广覆盖、保基本、有质量的学前教育公共服务体系，全力打造有特色、高水平、示范性职教集团。坚持"民有所呼，我有所应；民有所需，我有所为"的服务民生响应机制，突破中高职壁垒，发挥集团引领作用，2020 年与北京通州新城、朝阳求实、西城职校等中职学校合作开展学前教育专业"3+2"贯通培养研讨，创新中高职一体化五年制培养模式，推进"院—校—园"产教融合发展，支持副中心和中心城区学前教育事业发展，进一步扩大职教集团影响力和辐射力。

（三）开展学前教育研究，引领专业教学改革

深入开展学前教育研究，出版《新时代背景下学前教育发展研究》论文集，《北京学前教育职业教育集团成立大会及新时代背景下学前教育发展系列论坛实录》。开展 2020 年集团课题立项申报与研究工作，共有 25 项课题成功立项；开展"幼儿园阳光体育活动设计"和"幼儿园传统文化教育活动设计"征集活动，共征集 158 项活动设计；召开集团常务理事工作会、幼儿园园长能力建设研讨会。集团研究专门委员会围绕提高幼儿园园长培训项目的有效性,适时组织北京学前教育学术研讨会,发布北京学前教育发展报告以及创建名园长工作室平台等重点任务积极展开工作,为学前教育改革与发展探索新理论、新思路、新对策。

(四)加强赛训结合,促进人才培养质量提升

组织 2019 年北京市学前教育专业高职组、中职组竞赛,共有 26 所中、高职院校 51 支代表队的 153 名选手参加了比赛,规模创近年新高,并围绕技能比赛开展一系列教学改革和探究活动,促进教育教学改革和实训基地建设。加强对入围国赛选手的集训工作,提高国赛成绩。

以"高、新、实"的工作要求,举办 2020 年"首都好幼师"绘本故事演绎大赛,近 30 个家员单位、90 余名选手、70 名指导老师提交了近百份作品。

(五)推进师资队伍建设,打造名师培养平台

开展师资培训,组织教师能力比赛,为学前教育专业人才培养与幼儿园教师学习搭建平台。聚焦院园融合、共话协同育人,举办 2019 年学前教育发展专题研修班;举办 2019 年"才赢天下"学前教育产教融合高峰论坛;按照"四有"好老师和"四个引路人"的标准,组织成员单位参与 2020 年高职院校师德师风专题培训。产学合作专委会和中职专委会发挥"北京市双师型教师培训基地"作用,在集团成员单位开展学前教育专业"双师"教师培训,为提高集团学前教育专业师资队伍的业务能力奠定基础。

(六)加强集团信息化平台建设,促进资源共建共享

加强集团网站和公众号等信息平台建设,积极主动宣传集团成员单位办学模式、课程设置、师生风采;发布国家及北京有关学前教育、职业教育相关政策;加强对学前教育职教集团及成员单位的宣传和推介。

(七)加强国际交流与合作,助推现代职教体系建设

在市教委指导下,举办首届"丝路工匠"国际职业院校学生学前教育国际技能比赛,举办国际职业院校校长论坛,共同推动中外职业教育的发展与合作。推进中澳 TAFE 改革项目,北京青年政治学院、北京市求实职业学校等 9 所院校的学前教育专业将 TAFE 项目课程纳入专业人才培养方案,并试点开设课程,加强交流互鉴。

第二章　科研工作 ①

一、"十三五"科研工作综述

（一）成绩与经验

在"十三五"期间，学院科研工作按照《北京青年政治学院第十三个五年发展规划》《北京青年政治学院"十三五"科研工作发展规划》确定的任务和目标，克服种种困难，在科研管理制度建设、科研承接能力、科研成果产出、学术交流合作等各方面进行了卓有成效的努力，主要科研指标较"十二五"稳中有升，科研贡献度明显提升。

1．科研管理制度逐步完善

学院加强学术道德建设，改革学术评价办法，强化科研团队建设，规范科研经费使用，制定了《北京青年政治学院科研项目经费支出实施细则》，修订了《北京青年政治学院科研奖励办法》和《北京青年政治学院学术委员会章程》，为开展科研工作提供了政策依据。学院科研工作已基本形成管理视野由点到面、管理线条由粗到细的新格局，科研工作管理规范化、制度化水平进一步提高。

2．科研平台建设继续推进

2017年，北京市哲学社会科学研究基地——北京青少年教育与发展研究基地一期建设验收工作顺利通过；2018年4月，学院获批共青团中央中国特色社会主义理论体系研究中心研究基地，成为学院科研工作聚焦、提升和促进的重要平台。《北京青年研究》办刊质量和水平不断提高，受到国内诸多学术评价机构和大型数据库的重视，学术影响日益扩大。资助立项9个校级学术创新团队，促进学院科研力量和学术资源的优化配置，推动了教师科研能力的整体提升。

3．科研项目立项稳中有升

学院科研工作以项目立项作为抓手，不断拓宽项目来源渠道，承担高层次项目的能力显著增强。五年来，学院先后承担各级各类科研项目176项，其中承担省部级及以上项目共计23项，包括教育部人文社科项目2项、北京市社会科学基金项目13

① 本章由高艳蓉、韩仁东编写。

项、北京市教委社科重点项目6项、共青团中央项目2项。在高级别科研项目申报竞争日趋激烈的情况下，学校教育部人文社科项目、北京市教委年度社科重点项目连续多年取得立项好成绩，位居同类型院校首位。学院科研项目经费实际到账额累计达1 824.276 8 万元，较"十二五"时期增长29.03%，如表1-2-1所示。

表1-2-1 "十三五"期间承担各级各类科研项目及经费统计

| 年度 | 合计 | 教育部 | 北京社科基金 | 市教委科研计划 | | | 社科联青年人才 | 横向科研项目 | 共青团中央 | 中国青少年研究会 | 院级项目 | 经费/万元 |
				重点	面上	基地						
2016	69	—	4	1	6	1	—	2			55	396.800 0
2017	37	—	4	1	6		2	4	—	—	20	420.080 0
2018	10	—	2	3	5		—	—	—	—		436.000 0
2019	26	2	2	—	4		—	—	—	—	18	321.396 8
2020	34	—	1	1	4		—	—	2	1	24	250.000 0
合计	176	2	13	6	25	1	2	6	2	1	117	1 824.276 8

4．科研成果质量有较大提升

学院通过《北京青年政治学院科研奖励办法》引导和激励教学科研人员产出高水平科研成果，科研成果质量有较大提升。五年来，全院教师共发表学术论文942篇，其中四级及以上论文229篇，人大复印报刊资料全文转载论文9篇；出版著作类成果（包括专著、编著、译著等）159部、教材87部；发表艺术作品153幅（件）；参与提交决策咨询报告3份；各级各类获奖科研成果61篇，如表1-2-2所示。

表1-2-2 "十三五"期间科研成果、教材、艺术作品等统计

| 年度 | 论文/篇 | | 著作/部 | 教材 | 艺术作品/幅或件 | 合计 |
	总数	核心				
2016	275	55	44	25	49	393
2017	191	49	34	20	23	268
2018	224	49	39	9	18	290
2019	151	49	30	15	38	234
2020	101	27	12	18	25	156
总计	942	229	159	87	153	1 341

5．社会服务能力明显增强

五年来，学院坚持以国家和首都经济社会发展需求为导向，按照《北京青年政

治学院"十三五"社会服务发展规划》确定的任务和目标，以服务和贡献开拓学院发展新空间。2018 年 4 月，学院获批共青团中央中国特色社会主义理论体系研究中心研究基地，与 2013 年获批的北京青少年教育与发展研究基地，共同推动青少年研究领域的拓展和深化，促进青少年成长成才。北京东方道德研究所（简称"东方所"）与首都文明办及各区文明办合作，开展"中华优秀传统文化进社区"系列宣讲教育活动；与香港中文大学新亚书院合作，连续成功举办四届"中华美德教育实验师资培训班"。学院作为中国青年工作院校协会青少年研究专委会承办单位，推动加强青年工作院校间的联系与协作。学院作为北京市志愿者学校，先后组织参与了各级各类志愿服务课题研究、宣讲教育和立法活动。

6. 学术交流活动丰富多彩

学院坚持"内引、外联、扩大、开放"方针，积极开展形式多样的学术活动，一方面鼓励各二级单位组织开展高层次的学术活动，另一方面鼓励广大教师积极参加校外各种学术活动，扩大和加深了与校外学术机构的合作与交流，营造和提升了学院的学术氛围。五年来，学院共主办学术讲座 60 场；先后承办了中国梦与当代青年发展研讨会、2017 年"一带一路"背景下法律国际学术研讨会、传统文化与新时代新青年发展研讨会、2018 青年学与青年工作研讨会、五四精神新时代阐释与青年研究研讨会、家庭家风家教与新时代青少年道德教育，金融服务论坛等大型学术活动。

（二）问题与不足

第一，科学研究与社会服务的意识不够强，氛围还不够浓厚，广大教师对科学研究与社会服务在学校事业发展中所处的重要地位认识不足，科研自觉性与驱动力缺乏。

第二，科研项目总体规模偏小，高层次科研项目特别是国家社科基金项目、教育部人文社科项目等不仅立项数量少，而且申报数量也少，北京市社科基金项目申报后继乏力，横向项目立项数量也不足。

第三，标志性科研成果不多，支撑申报高层次项目的成果有限，到目前为止学校在省部级优秀科研成果奖获奖方面尚未有更大突破，体现学院科研特色的成果有限，转化为社会服务优势的能力还有待进一步提升。

第四，学术交流与合作的深度与广度不足，科研与地方需求结合的紧密度还不够，社会服务的影响力和显示度不够，服务首都经济社会发展能力亟须提升。

第五，缺乏高水平科研团队，领军型学术带头人不足，科研梯队建设不合理，现有科研团队培育缓慢，科研协作意识不强，研究力量比较分散的格局并未有较大改观。

二、科研项目

五年来，学院先后承担各级各类科研项目 176 项，其中承担省部级及以上项目 23 项，包括教育部人文社科项目 2 项、北京市社会科学基金项目 13 项、北京市教育科学规划项目1项、北京市教委科研计划重点项目6项、共青团中央项目2项，学院2016—2020年各级各类课题分别如表1-2-3、表1-2-4、表1-2-5、表1-2-6、表1-2-7所示。

表1-2-3　北京青年政治学院2016年各级各类课题一览表

单位：万元

序号	项目名称	项目类别	负责人	经费	项目编号
2016年北京市社科基金项目					
1	北京志愿服务参与应急管理研究	一般项目	高艳蓉	8	16GLB018
2	明初京畿地区的山西移民研究	一般项目	王绍欣	8	16LSB009
2016年北京市社科基金项目					
3	汉魏六朝宴饮文化研究	一般项目	王玉霞	6	16WXB013
4	低碳电力法律制度研究	一般项目	杨春桃	8	16FXB011
2016年北京市教委科研计划项目					
1	现代性视野中的新时期儿童戏剧研究	重点项目	雷丽平	15	SZ20161162630
2	北京市高校来华留学生管理研究	一般项目	王育珍	5	SM201611626001
3	高职院校专业教育与通识教育的融合研究	一般项目	张瑞芬	5	SM201611626002
4	北京市高职院校财务绩效评价指标体系研究	一般项目	田静	5	SM201611626003
5	法治理念下高校学生班级治理运行现状及策略研究	一般项目	祁志钢	5	SM201611626004
6	新媒体时代青年社会主义核心价值观教育模式创新研究	一般项目	张子荣	5	SM201611626005
7	基于信任提升的虚拟团队沟通策略研究	一般项目	黄昕	5	SM201611626006
2016年北京市教委科研基地—科技创新平台项目					
1	科研基地建设—哲社基地—北京青少年教育与发展研究基地（市级）	基地项目	梁绿琦	30	
2016年横向课题					
1	禁毒高校公益联盟成瘾者心理状况动态调研及干预计划	北京市禁毒教育基地管理中心	杜世友	5	
2	讲家训传美德树家风——2016中华美德教育推广行动	首都精神文明办	任宝菊	10.8	

续表

序号	项目名称	项目类别	负责人	经费	项目编号
2016 年院级项目					
1	学院"十三五"规划的研究与编制	委托项目	刘世保	1	WT201601
2	基于 SWOT 分析方法的北京青年政治学院发展对策研究	委托项目	李志强	1	WT201602
3	高职院校的职能及实现研究——以北京青年政治学院为例	委托项目	韩仁东	1	WT201603
4	优质高职院校建设研究	委托项目	李雯	1	WT201604
5	用基标法对我院与美国同类大学的比较研究	委托项目	邹为民	1	WT201605
6	用基标法对北京青年政治学院与国内一流高职的比较研究	委托项目	王红霞	1	WT201606
7	基于决策分析法的北京青年政治学院"十三五"发展对策研究	委托项目	景海俊	1	WT201607
8	中小企业移动互联网营销策略研究及路径选择	重点项目	马智萍	1.6	MZ201601
9	大数据背景下北京地区高校学生志愿者人力资源管理模式的研究	重点项目	牛奔	2	MZ201602
10	新媒体推动青年"众创空间"构建的机制研究	重点项目	张子荣	2	MZ201603
11	中国书法的美育意蕴研究	重点项目	王振波	2	MZ201604
12	中小学生创新教育课程体系研究	重点项目	李云玮	2	MZ201605
13	杨小凯经济学思想及超边际分析方法应用	重点项目	李楠	2	MZ201606
14	职业年金的商业化研究	博士科研启动项目	李敏	2	BS201601
15	高职图书馆期刊资源建设体系构建	一般项目	张冰	1	MY201601
16	北京地区大学生网络视频应用研究	一般项目	宋爽	1	MY201602
17	大学生犯罪问题研究	一般项目	马晓梅	1	MY201603
18	国家与家庭关系视野下的农村家庭养老问题研究	一般项目	梅丽萍	1	MY201604
19	北京青年政治学院简化行政运行程序问题研究	一般项目	景海俊	1	MY201605

序号	项目名称	项目类别	负责人	经费	项目编号
2016 年院级项目					
20	北京市青年创业财务思维研究——以现代服务业为例	一般项目	杨敏捷	1	MY201606
21	我国邮轮旅游发展模式研究	一般项目	陈鑫	1	MY201607
22	香港金融监管制度对互联网金融发展的启示研究	一般项目	赵晶	1	MY201608
23	我国与"一带一路"沿线国家自贸区建设推进策略研究	一般项目	张国军	1	MY201609
24	高等数学在电子商务中的应用研究	一般项目	何扬	1	MY201610
25	"互联网+"背景下的社区信息化研究	一般项目	谭亮	1	MY201611
26	基于新媒体的数字出版产品开发研究	一般项目	夏磊	1	MY201612
27	我院应届毕业生就业现状与对策分析	一般项目	武成彬	1	MY201613
28	幼儿园绘本延伸活动研究	一般项目	李春光	1	MY201614
29	市属高职院校创新型人才培养研究与实践	一般项目	徐玲玲	1	MY201615
30	高职院校继续教育发展现状与对策研究	一般项目	邢艳	1	MY201616
31	互联网+国际化教育创新途径研究	一般项目	刘彩玲	1	MY201617
32	北京市幼儿园音乐教材使用现状及问题研究	一般项目	刘娅頔	0.8	MY201618
33	微信在高职招生宣传中的应用研究	一般项目	闫卓	1	MY201619
34	消费主义思潮下的高职院校学生思想政治教育研究——以北京青年政治学院为例	一般项目	韩鹏	1	MY201620
35	自主招生模式下高职学生思想政治工作方法研究	一般项目	黄冬冬	1	MY201621
36	宪法层面的中国制度自信研究	一般项目	祁志钢	1	MY201622
37	西方左翼现实社会主义观对我国社会主义建设的启示研究	一般项目	张欢欢	1	MY201623
38	北京市居家社区养老服务模式研究	一般项目	王春晖	1	MY201624
39	北京市社区老年卫生保健体系研究	一般项目	于泽浩	1	MY201625

续表

序号	项目名称	项目类别	负责人	经费	项目编号
2016 年院级项目					
40	北京高职院校校园足球开展情况研究	一般项目	杨斌	1	MY201626
41	室内光环境设计研究	一般项目	林巧琴	1	MY201627
42	基于趣味案例法的高职C语言教学模式研究与实践	一般项目	丁其鹏	1	MY201628
43	基于虚拟化的网络安全技术研究	一般项目	李燕萍	1	MY201629
44	如何成为一名"标题党"——基于数据分析的校园微信公众号标题编辑研究	一般项目	张夕汉	1	MY201630
45	基于VPN的校园网安全研究	一般项目	秦勇	1	MY201631
46	青年创业行为动态规律研究	一般项目	陆艳	1	MY201632
47	反恐北京下的中国国家安全战略研究	青年项目	杨跃辉	1	QN201601
48	高职院校自主招生学生学风特点与管理对策研究	青年项目	田驰正	1	QN201602
49	高职院校新生养成教育问题及对策研究——以北京青年政治学院为例	青年项目	胡鑫晔	1	QN201603
50	高职一年级学生专业认同现状及影响因素研究	青年项目	陈园园	1	QN201604
51	高职院校内部审计全覆盖质量控制研究	青年项目	庄大雨	1	QN201605
52	健美操对大学生审美体验及美育功能研究	青年项目	花楠	1	QN201606
53	对社区治理领域中社会工作机构角色定位的再认识	青年项目	杨峥威	1	QN201607
54	动漫教育在移动平台下的策划与运营	青年项目	单传蓬	1	QN201608
55	媒体与青少年：广告对大学生消费行为的影响分析	青年项目	张素华	1	QN201609

表 1-2-4 北京青年政治学院 2017 年各级各类课题一览表

单位：万元

序号	项目名称	项目类别	负责人	经费	项目编号
2017 年北京市社科基金项目					
1	北京青年发展现状与趋势研究	基地一般项目	周永源	8	17JDSRB007

续表

序号	项目名称	项目类别	负责人	经费	项目编号
	2017 年北京市社科基金项目				
2	北京市青少年校园欺凌问题治理研究	基地一般项目	梅丽萍	8	17JDJYB005
3	明清笔记中的北京书写研究	一般项目	李建英	8	17WXB004
4	新媒体时代青少年核心价值观教育"新三态"研究	一般项目	张子荣	8	17KDB007
	2017 年北京市教委科研计划项目				
1	我国互联网金融供给侧结构性改革研究	重点项目	生蕾	15	SZ20171162630
2	青少年绿色消费行为形成机理及推进策略研究	一般项目	马智萍	5	SM201711626001
3	社会工作督导理论及实务探究	一般项目	赵静	5	SM201711626002
4	北京市居家养老有效供给模式研究	一般项目	于泽浩	5	SM201711626003
5	高校网络意识形态建设工作研究	一般项目	孙海亮	5	SM201711626004
6	第二语言习得与跨文化交际研究	一般项目	马红	5	SM201711626005
	2017 年北京社科联项目				
1	习近平青年教育思想与当代青年价值观培育研究	社会科学界联合会青年社科人才资助项目	田宏杰	4	
2	2022 年北京冬奥会隐形营销行为及对策研究	社会科学界联合会青年社科人才资助项目	牛奔	4	
	2017 年院级项目				
1	"一带一路"背景下高等职业教育对外开放内涵与发展研究	重点项目	冀津	2	MZ201701
2	IP 仙侠玄幻剧对当代青少年价值观的影响研究	重点项目	梁岩	2	MZ201702
3	国际经贸规则重构视角下我国自由贸易试验区先行先试研究	博士科研启动项目	张国军	2	BS201701
4	青少年新媒介素养与创新能力研究	博士科研启动项目	师静	2	BS201702

续表

序号	项目名称	项目类别	负责人	经费	项目编号
2017 年院级项目					
5	青年与媒介：二次元用户消费现象研究	一般项目	张素华	1	MY201701
6	多校区教学管理模式及改进研究	一般项目	李志强	1	MY201702
7	青少年校外创新教育师资培养模式研究	一般项目	王玥	1	MY201703
8	北京与张家口生态产业合作研究——以延庆怀来为例	一般项目	曹毅	1	MY201704
9	高职院校宿舍文化对学生的成长影响研究	一般项目	王毅	1	MY201705
10	高职院校青年学生社团思政功能实现路径探索——以北京青年政治学院为例	一般项目	申淑玮	1	MY201706
11	北京市团干部培训需求情况研究分析	一般项目	黄晓博	1	MY201707
12	"北青榜样"对北京青年政治学院学生培育和践行"敬业"精神的影响研究	一般项目	李军辉	1	MY201708
13	"问题少年"的校园霸凌问题及其干预和治理	一般项目	梅丽萍	1	MY201709
14	新时期书法艺术的美学诉求研究	一般项目	王振波	1	MY201710
15	中国传统元素在现代室内设计中的应用研究	一般项目	赵丹	1	MY201711
16	北京青年政治学院学生思想政治教育亲和力和针对性提升研究	党建和思政专项重点项目	朱玉华	宣传部下拨	SZ201701
17	习近平新闻舆论观对青少年传播效果研究	党建和思政专项重点项目	胡蕊	宣传部下拨	SZ201702
18	新媒体时代高职学生思想政治教育的创新研究	党建和思政专项一般项目	丁晓鹃	宣传部下拨	SY201701

续表

序号	项目名称	项目类别	负责人	经费	项目编号
2017 年院级项目					
19	高校思想政治工作视域下的基层团组织建设研究	党建和思政专项一般项目	景海俊	宣传部下拨	SY201702
20	高校党风廉政建设考核指标体系研究	党建和思政专项一般项目	侯林	宣传部下拨	SY201703
2017 年横向和委托项目					
1	北京青年组织史（2001—2010 年）研究	共青团北京市委员会	谭绍兵	6	HX2017001
2	讲家训传美德树家风——北京市2017 年中华美德教育项目	北京市文明办	任宝菊	9.08	
3	全国科普日活动评估	中国科协青少年科技中心	王玥	15	2017KPIP276
4	成瘾者心理状况调研及干预计划	北京市禁毒教育基地管理中心	杜世友	5	

表 1-2-5 北京青年政治学院 2018 年各级各类课题一览表

单位：万元

序号	项目名称	项目类别	负责人	经费	项目编号
2018 年北京市社科基金项目					
1	虚拟游戏审美经验与青少年审美能力培育研究	基地项目	王静	8	18JDYTB011
2	大众文化语境下北京青少年的文学经典阅读与成长	基地项目	张靖华	8	18JDWXB001
2018 年北京市教委科研计划项目					
1	全面二孩背景下北京市学前教育资源供给体系研究	重点项目	叶向红	20	SZ201811626030
2	习近平总书记关于青年成长成才重要论述研究	重点项目	高诚	20	SZ201811626032
3	家训与中国古代儿童的道德生活	重点项目	王颖	20	SZ201811626031
4	新媒体时代团青干部培训国际化与学历教育融合发展创新研究	教育学	刘彩玲	5	SM201811626001

续表

序号	项目名称	项目类别	负责人	经费	项目编号
2018 年北京市教委科研计划项目					
5	多元文化视角下幼儿园教育质量评价体系研究	教育学	厉育纲	5	SM201811626002
6	基于阅读疗法的青少年阅读引导模式研究	管理学	李校红	5	SM201811626001
7	网络综艺与青少年发展研究	文学	周敏	5	SM201811626002
8	北京市青少年事务社会工作专业人才队伍建设研究	法学	袁光亮	5	SM201811626001
2018 年无院级立项					

表 1-2-6　北京青年政治学院 2019 年各级各类课题一览表

单位：万元

序号	项目名称	项目类别	负责人	经费	项目编号
2019 年教育部人文社科专项					
1	中国智慧和中国方案的理论内涵与世界意义研究	教育部人文社科专项（中国特色社会主义理论体系研究）	张欢欢	5	19JD710006
2	人类命运共同体视角下亚太经济一体化研究	教育部人文社科专项（中国特色社会主义理论体系研究）	张国军	5	19JD710007
2019 年北京市社科基金项目					
1	青年文化视域下的网络文艺生产研究	一般项目	梁岩	8	19YTC045
2	文化的笔墨传承与北京市青少年书法教育研究	基地一般项目	王振波	8	19JDYTB007
2019 年北京市教委科研计划项目					
1	北京市高职生积极心理品质培养研究	一般项目	董辉	5	SM201911626001
2	改革开放以来俄罗斯文学在华译介传播研究	一般项目	贾一村	5	SM201911626002
3	目的语环境下的留学生汉语学习动机动态变化研究	一般项目	朴美玉	5	SM201911626003

续表

序号	项目名称	项目类别	负责人	经费	项目编号
	2019 年北京市教委科研计划项目				
4	网络直播中青年行为分析及应对策略研究	一般项目	张前程	5	SM201911626004
	2019 年院级项目				
1	高职院校学前教育专业学生专业认同调查研究——以北京青年政治学院为例	一般项目	张然	1	MY201901
2	工学结合、校企合作育人模式下现代学徒制实践应用研究——以北京青年政治学院为例	一般项目	胡鑫晔	1	MY201902
3	新型政策房青年群体及其社区文化建设研究	一般项目	胡雪	1	MY201903
4	北京精准扶贫与农村基层党建融合研究	一般项目	杨跃辉	0.6	MY201904
5	供给侧视阈下北京入境旅游发展路径研究	一般项目	赵欣	1	MY201905
6	对外汉语教学法及应用研究	一般项目	吕师瑶	2	MY201906
7	"一带一路"视阈下的北京世界文化遗产景点英文导游词创作实践与研究	一般项目	程云艳	2	MY201907
8	青年创新创业的金融支持政策研究	一般项目	张国芝	2	MY201908
9	大运河（北京段）沿线语言景观建设研究	一般项目	李青	2	MY201909
10	文学欣赏与青少年成长关系研究	一般项目	李秀萍	2	MY201910
11	文化的笔墨传承与青少年书法教育研究	一般项目	王振波	2	MY201911
12	人口老龄化背景下田园生态养老模式发展的路径与政策研究	一般项目	张海丰	2	MY201912
13	北京高职新生学习适应性研究	一般项目	李志强	2	MY201913
14	冬奥背景下青少年社会参与志愿服务研究	委托项目	高艳蓉	5	WT201901
15	礼敬中华传统礼乐文化研究	委托项目	张靖华	5	WT201902
16	高等职业院校思想政治理论课的特质与实践研究	委托项目	祁志钢	5	WT201903
17	高职"立德树人"工作研究	委托项目	周敏	10	WT201904
18	中华礼乐文化与青少年教育研究	委托项目	彭笑远	20	WT201905

表 1-2-7　北京青年政治学院 2020 年各级各类课题一览表

单位：万元

序号	项目名称	项目类别	负责人	经费	项目编号
2020 年北京市社科基金项目					
1	低碳能源法律制度研究	一般项目	杨春桃	6	20FXB011
2020 年北京市教委科研计划项目					
1	《阳明先生文录》嘉靖间刻本集校	重点项目	任文利	20	SZ202011626027
2	新时代劳动教育在职业教育领域的推进策略研究	一般项目	李雯	5	SM202011626001
3	新时代家风文化与青年社会主义核心价值观培育研究	一般项目	王琪	5	SM202011626002
4	北京市高职生终身学习能力提升研究	一般项目	邢艳	5	SM202011626003
5	新时代京津冀红色旅游资源开发与青年思想政治教育实效性研究	一般项目	陈鑫	5	SM202011626004
2020 年院级项目					
1	北京市困境儿童的社会支持研究	重点项目	赵静	1	MZ202001
2	高职教育改革背景下的融媒体人才培养模式研究	重点项目	师静	1	MZ202002
3	城市失能老年人照料资源整合工作与服务机制研究	重点项目	于泽浩	1	MZ202003
4	绿色能源法律制度研究	博士启动	杨春桃	1	BS202001
5	北京地方政府隐性债务风险的防范研究	博士启动	韩文琰	1	BS202002
6	首都公办高职院校对青年大学生社会责任感培育研究	青年专项	王毅	0.5	QN202001
7	习近平生态文明思想融入思想政治理论课教学实践研究	一般项目	薛薇	0.5	MY202001
8	北京新文化运动的史迹研究	一般项目	黄晓博	0.5	MY202002
9	社会工作专业化培养模式研究	一般项目	万士勤	0.5	MY202003
10	高职高专院校学前教育专业师范生的专业认同研究	一般项目	李春光	0.5	MY202004
11	承接和弘扬改革开放 40 年现实主义儿童戏剧的优良传统研究	一般项目	雷丽平	0.5	MY202005

续表

序号	项目名称	项目类别	负责人	经费	项目编号
2020 年院级项目					
12	全媒体营销时代中小企业品牌建设研究	一般项目	马智萍	0.5	MY202006
13	互联网＋背景下高校思想政治教育工作的优化与提升	一般项目	宋金阳	0.5	MY202007
14	高校军事课的实践与完善措施	一般项目	闫廷义	0.5	MY202008
15	知识驱动型智能情报分析模式研究	一般项目	张舒	0.5	MY202009
16	新冠肺炎疫情下习近平生命共同体思想的新意涵	一般项目	张子荣	0.5	MY202010
17	党领导青年运动的历史研究——以"一二·九"运动为例	一般项目	尹磊	0.5	MY202011
18	高职扩招背景下多元人才培养问题及对策研究	一般项目	胡鑫晔	0.5	MY202012
19	创新传统节日活动竞赛管理机制研究	一般项目	汪玉川	0.5	MY202013
20	高职院校创新创业教育模式与发展战略研究	委托项目	周永源	10	WT2020001
21	青少年中华礼乐文化传承研究	委托项目	彭笑远	20	WT2020002
22	北京怀柔科学城建设——青年思想状况调研	委托项目	曾宇宏	5	WT2020003
23	高职思想政治理论课的特质与实践研究	委托项目	祁志钢	5	WT2020004
24	智慧养老人才培养需求研究	委托项目	张海丰	3	WT2020005
共青团中央项目					
1	图像形塑力与"五四"以来青年形象的建构	重点项目	杨晶	10	20TZTSKA003
2	家庭教育对少年儿童践行社会主义核心价值观的影响及实践路径研究	一般项目	周颖	1	20TZTSKC037
2020 年北京市教育科学规划项目					
1	基于大数据的 SPOC 在线学习行为分析与研究	一般项目	王红霞	3（配套）	CHDB2020177
2020 年度中国青少年研究会					
1	人工智能对青年就业影响研究	立项课题	李燕萍	0.3	

三、科研成果

五年来，全校教师共发表学术论文 942 篇，其中四级及以上论文 229 篇，人大复印报刊资料全文转载论文 9 篇；出版著作类成果（包括专著、编著、译著等）159 部；公开发表艺术作品 153 幅（件）；参与提交决策咨询报告 3 份；各级各类获奖科研成果 61 篇。

（一）2016—2020 年学院教师科研成果一览表

北京青年政治学院教师 2016—2020 年科研成果如表 1-2-8 所示。

表 1-2-8　2016—2020 年学院教师科研成果一览表

序号	论文题目 著作名称/作品名称	级别	发表刊物/ 论文集	发表/ 出版时间	所有 作者	所属总支
2016 年学院教师科研成果一览表						
1	新时期青年道德人格提升的四个着力点	一级论文	光明日报（理论周刊·政治）	2016-03-02	易帅东	党政办公室
2	重回节日仪式现场	一级论文	光明日报	2016-09-02	陈佳	学前教育学院
3	Application of VCG in Replica Placement Strategy of Cloud Storage	二级论文	International Journal of Grid and Distributed Computing	2016-04-15	王红霞	信息传媒艺术学院
4	中国农村青少年问题及村落文化振兴策略	三级论文	当代青年研究	2016-01-11	周敏	宣传部
5	论悌德的内涵及现代价值	三级论文	伦理学研究	2016-01-15	王颖	北京东方道德研究所
6	网络依赖型企业 IT 风险的识别与治理	三级论文	社会科学家	2016-01-26	王凡林（外），关振宇	退休人员支部
7	中国古典士人政治——基于钱穆先生的阐释	三级论文	原道	2016-04-01	任文利	北京东方道德研究所
8	少儿"道德诗学"的实现与"次好城邦"的建设	三级论文	中国图书评论	2016-04-01	彭笑远	北京东方道德研究所

续表

序号	论文题目 著作名称/作品名称	级别	发表刊物/ 论文集	发表/ 出版时间	所有 作者	所属总支
9	传媒改革背景下的美国创新创业型新媒体人才培养	三级论文	传媒	2016-04-15	师静	信息传媒艺术学院
10	"日本马克思主义"、新左翼运动和历史的辩证法——柄谷行人访谈录	三级论文	国外理论动态	2016-04-30	褙明亮（外），张欢欢	学生处
11	论《红楼梦》的二元对立	三级论文	中国社会科学院研究生院学报	2016-04-30	杨琳	信息传媒艺术学院
12	美国高等职业教育质量保障体系改革新政探究	三级论文	黑龙江高教研究	2016-06-01	肖毅	教务处
13	基于遗传编程的中国股票市场有效性检验	三级论文	计算机科学	2016-06-15	王红霞	信息传媒艺术学院
14	网络村庄：中国农村青少年媒介素养教育实践研究	三级论文	新闻界	2016-06-28	周敏	宣传部
15	书院与官学教育——以明代为例	三级论文	天府新论	2016-07-01	任文利	北京东方道德研究所
16	制度创新、结构调整和电力低碳发展	三级论文	经济与管理研究	2016-07-15	杨春桃	马克思主义学院
17	身体美学：当代青少年审美教育的一个重要维度	三级论文	武汉理工大学学报（社会科学版）	2016-07-31	彭笑远	北京东方道德研究所
18	梁启超公德论的实践困境及现代应对	三级论文	齐鲁学刊	2016-09-15	王颖	北京东方道德研究所
19	TED演讲视频中的多媒体课件特征研究	三级论文	现代教育技术	2016-10-01	李燕萍	信息传媒艺术学院
20	"互联网+"背景下养老服务构建研究	三级论文	电子政务	2016-10-01	石刚	信息化办公室

序号	论文题目 著作名称 / 作品名称	级别	发表刊物 / 论文集	发表 / 出版时间	所有 作者	所属总支
21	"一带一路"背景下中国推进自贸区战略的机遇及策略	三级论文	国际经济合作	2016-10-20	张国军	马克思主义学院
22	坚持问题导向，推进港澳旅游事务专业智库建设	三级论文	旅游学刊	2016-11-14	戈双剑（外），杨晶	北京青少年研究所（简称"青少所"）
23	当代中国工人阶级的群体心理与政治认同状况分析	三级论文	中国劳动关系学院学报	2016-12-06	周相宜（外），周颖	马克思主义学院
24	《普通高等学校图书馆规程》修订亮点研究	三级论文	新世纪图书馆	2016-12-20	李新利，张冰	图书馆
25	绿色低碳电力发展的困境与制度建议	三级论文	环境保护	2016-12-25	杨春桃	马克思主义学院
26	基于本体的语义查询扩展应用研究	四级论文	科技通报	2016-01-15	王红霞	信息传媒艺术学院
27	从"负翁"到富翁	四级论文	学习时报	2016-01-18	王学滨	学生处
28	北京市产业结构与就业结构的动态演变分析	四级论文	商业经济研究	2016-02-10	韩永宝	人事处
29	高校社会主义核心价值观教育的回顾与探索	四级论文	继续教育研究	2016-02-17	王欢（外），周颖	马克思主义学院
30	1985年及其前后中国少儿电影的承续与新变	四级论文	浙江档案	2016-03-01	彭笑远	北京东方道德研究所
31	低碳经济时代下企业低碳营销应对策略	四级论文	商业经济研究	2016-03-10	马智萍	现代管理学院
32	省级地区经济增长中的金融资源集聚效率实证分析	四级论文	商业经济研究	2016-03-10	韩文琰	现代管理学院

续表

序号	论文题目 著作名称/作品名称	级别	发表刊物/论文集	发表/出版时间	所有作者	所属总支
33	北京软件与信息服务业国际竞争力影响因素分析	四级论文	商业经济研究	2016-03-15	王红霞	信息传媒艺术学院
34	我国地方政府性债务的缘由、实现与改革建议	四级论文	商业经济研究	2016-03-25	韩文琰	现代管理学院
35	欧美国家促进高校毕业生就业的政策措施及启示	四级论文	教育与职业	2016-04-01	肖毅	教务处
36	论中国书法篆刻艺术的文化意蕴	四级论文	中国书法报	2016-04-05	王振波	青年工作学院
37	连续料位计WinCE应用系统设计	四级论文	核电子学与探测技术	2016-05-01	石刚	信息化办公室
38	收入分配与经济增长关系的协整研究	四级论文	商业经济研究	2016-05-10	韩永宝	人事处
39	媒介制造的农村青少年社会化新问题	四级论文	青年记者	2016-05-11	周敏	宣传部
40	*Exploration of Publishing Talents Training Based on Digital Media*	四级论文	*Management Innovation and Business Innovation*	2016-06-01	夏磊	信息传媒艺术学院
41	论书法教育的美育功能	四级论文	中国书法报	2016-06-21	王振波	青年工作学院
42	欧美国家媒介素养的数字化转变	四级论文	新闻与写作	2016-07-05	师静	信息传媒艺术学院
43	高职院校院系治理问题与改革对策	四级论文	教育与职业	2016-07-15	李志强	学前教育学院
44	提高新媒介素养，把握新闻真实	四级论文	青年记者	2016-07-30	师静	信息传媒艺术学院
45	"互联网+"时代新闻采写课程教学改革	四级论文	青年记者	2016-07-31	雷丽平	信息传媒艺术学院

序号	论文题目 著作名称/作品名称	级别	发表刊物/ 论文集	发表/ 出版时间	所有 作者	所属总支
46	论中国动画中的角色表演和动作设计	四级论文	明日风尚	2016-08-13	单传蓬	国际学院
47	新媒体环境思想政治教学新语态的构建	四级论文	中学政治教学参考	2016-08-17	张子荣	马克思主义学院
48	我国农村商贸流通业发展滞后原因与提升路径	四级论文	商业经济研究	2016-08-25	黄昕	青年工作学院
49	基于云平台的家禽智能信息系统构建	四级论文	中国畜牧杂志	2016-09-01	石刚，杨荣	信息化办公室
50	高职院校学生学习参与现状调研	四级论文	教育与职业	2016-10-01	肖毅	教务处
51	体育记者里约奥运报道的不足与改进	四级论文	青年记者	2016-11-01	胡蕊	信息传媒艺术学院
52	"一带一路"背景下高职旅游英语专业教学改革	四级论文	教育与职业	2016-11-15	谢金艳	国际学院
53	道家审美及其意趣	四级论文	中国社会科学报	2016-11-29	李伟波	北京东方道德研究所
54	新媒体专业"网页设计语言"课程改革思考	四级论文	青年记者	2016-11-30	刘涛	信息传媒艺术学院
55	国内《西游记》题材电影简述	四级论文	电影文学	2016-12-20	李建英	对外合作与交流处（留学生办公室）
56	互补—现代设计与现代艺术的互动	专著	河北教育出版社	2016-01-14	潘擎	信息传媒艺术学院
57	中国农村的金融生态问题	专著	知识产权出版社	2016-01-17	张子荣	马克思主义学院
58	社区青少年事务管理理论与实践	专著	北京理工大学出版社	2016-03-01	佟怡	人事处

续表

序号	论文题目 著作名称 / 作品名称	级别	发表刊物 / 论文集	发表 / 出版时间	所有 作者	所属总支
59	司法社会工作 实务探究	专著	吉林大学 出版社	2016-04-01	赵静	青年工作 学院
60	部门经理人力资源 管理实务研究	专著	中国轻工业 出版社	2016-04-01	王丽静	现代管理 学院
61	在乡村望世界—— 中国农村青少年媒介 素养研究	专著	中国广播 影视出版社	2016-06-28	周敏	宣传部
62	中国城市社区 媒体研究	专著	中国传媒 大学出版社	2016-06-28	周敏	宣传部
63	大数据时代移动营销 创新研究	专著	中国轻工业 出版社	2016-06-30	马智萍	现代管理 学院
64	高级会计与 财务管理	专著	吉林文史 出版社	2016-07-01	王巍（外）， 吕向一 （外），杨敏 捷	现代管理 学院
65	书印寻真——王振波 书印文辑存	专著	中国文联 出版社	2016-08-01	王振波	青年工作 学院
66	中国少儿散文 创作研究	专著	中国文史 出版社	2016-08-01	彭笑远	北京东方 道德研究所
67	抗战时期的民国大学 招生研究	专著	北京理工 大学出版社	2016-08-01	姜闽虹	人事处
68	金宇风景	专著	天津社会科 学院出版社	2016-10-20	金宇	信息传媒 艺术学院
69	志愿服务与大学生 社会主义核心价值观 培育研究	专著	中国社会 科学出版社	2016-11-01	梁绿琦， 余逸群， 纪秋发， 谭绍兵， 杨晶， 冯德安	退休人员 支部
70	阅谈集：新时期文学 中的青年形象研究	专著	中国文史 出版社	2016-11-01	李秀萍	人文素质 教育中心

序号	论文题目 著作名称/作品名称	级别	发表刊物/ 论文集	发表/ 出版时间	所有 作者	所属总支
71	网络主流文化与青少年成长教育研究	专著	清华大学出版社	2016-11-08	孙海亮	学生处
72	当前内控与内审热点问题研究与借鉴	专著	经济科学出版社	2016-12-22	关振宇，王凡林（外），段凤霞	退休人员支部
73	高等职业院校旅游英语专业顶岗实习标准制定研究	编著	中央广播电视大学出版社	2016-01-04	常红梅（外），老青，栾丽君	国际学院
74	慕课视角下高职英语教育教学探究与设计	编著	高等教育出版社	2016-03-01	老青，栾丽君，刘晓晶，谢金艳，程云艳，刘卫红，马红	国际学院
75	基础会计与实务（全国首部慕课/微课版）	编著	中国财政经济出版社	2016-04-18	关振宇，张红琴，段凤霞，赵晶	退休人员支部
76	北京市青年社区工作者信息素养评价体系和培养机制研究	编著	清华大学出版社	2016-05-12	刘乃瑞	信息传媒艺术学院
77	北京社工风采——北京市社会工作案例集（上、下）	编著	首都师范大学出版社	2016-05-16	宋贵伦（外），曾宇宏，王丽芳	团校
78	高职大学生创业教育研究	编著	清华大学出版社	2016-05-31	唐平，马智萍，王丽静，杨英梅，李磊，李伟	退休人员支部
79	双城记：京港艺术家作品集	编著	河北教育出版社	2016-06-01	李孟军	图书馆

序号	论文题目 著作名称 / 作品名称	级别	发表刊物 / 论文集	发表 / 出版时间	所有 作者	所属总支
80	出入境服务与管理 顶岗实训指导书	编著	北京语言 大学出版社	2016-06-01	栾丽君，刘 静，刘晓晶， 谢金艳，老 青，葛岩	退休人员 支部
81	会展英语职场 实训指导书	编著	北京语言 大学出版社	2016-06-01	程云艳， 赵欣，葛 岩，王月会 （外），卢方 玲（外）， 吴晗睿，韩 静（外）， 桑澎（外）， 马平（外）， 姚晓平 （学），老青	国际学院
82	高职英语课程与 教学论	编著	现代教育 出版社	2016-06-01	赵欣	国际学院
83	行政法与行政诉讼法	编著	清华大学 出版社	2016-07-01	许莲丽	青年工作 学院
84	高职教育课程开发与 建设	编著	中国质检 出版社	2016-07-06	梁绿琦， 李志强	退休人员 支部
85	北京地区高职院校 公共英语课程教改 现状调研及对策分析	编著	中国商务 出版社	2016-08-01	张红（外）， 栾丽君， 老青	退休人员 支部
86	参与式营销	编著	经济管理 出版社	2016-08-01	马智萍	现代管理 学院
87	北京旅游志愿服务	编著	旅游教育 出版社	2016-09-01	北京市旅游 发展委员会 （外）， 许莲丽	青年工作 学院
88	梅里安手绘极乐鸟 高清大图装裱册页与 临摹范本	编著	北京大学 出版社	2016-10-01	王静	北京职业教 育与人文北 京研究中心

序号	论文题目 著作名称 / 作品名称	级别	发表刊物 / 论文集	发表 / 出版时间	所有 作者	所属总支
89	古尔德手绘鹦鹉高清大图装裱册页与临摹范本	编著	北京大学出版社	2016-10-01	王静	北京职业教育与人文北京研究中心
90	艾略特手绘极乐鸟高清大图装裱册页与临摹范本	编著	北京大学出版社	2016-10-01	王静	北京职业教育与人文北京研究中心
91	古尔德手绘极乐鸟高清大图装裱册页与临摹范本	编著	北京大学出版社	2016-10-01	王静	北京职业教育与人文北京研究中心
92	中国职业教育发展报告 2015	编著	高等教育出版社	2016-11-16	杨进（外），景晓娟	青年工作学院
93	职业英语教学研究（2015—2016）	编著	北京语言大学出版社	2016-12-01	老青，栾丽君，刘晓晶，程云艳，马红，刘卫红，高珏，党洁，王文静（学），姚晓平（学），张晓平（学）	国际学院
94	新时期大学生思想政治教育	编著	中国劳动社会保障出版社	2016-12-20	丁晓鹏	青年工作学院
95	移动互联网时代的99 个视觉营销技巧	译著	人民邮电出版社	2016-07-27	张国军	马克思主义学院
96	艺术的意蕴	译著	煤炭工业出版社	2016-09-01	王振波	青年工作学院
97	AFTER EFFECTS 的视觉合成艺术	译著	中国电影出版社	2016-11-09	宋鹏	信息传媒艺术学院
98	探究·寻真·唯美：2015 北京青年政治学院科研成果选编	论文集	知识产权出版社	2016-07-01	周永源	党政办公室
99	中国志愿服务历史、实践与发展	论文集	北京理工大学出版社	2016-11-01	余逸群，纪秋发	退休人员支部

续表

序号	论文题目 著作名称 / 作品名称	级别	发表刊物 / 论文集	发表 / 出版时间	所有 作者	所属总支
	2017 年学院教师科研成果一览表					
1	*Investor Protection and Stock Crash Risk*	二级 论文	*Pacific-basin Finance Journal*	2017-06-08	Zhang Hongliang（外），江洁	现代管理学院
2	*Research on the Financial Securities Prediction Method Based on Neural Network*	二级 论文	*Revista de la Facultad de Ingeniería U.C.V*	2017-12-01	张辉	学生处
3	*Research on FCE-based Optimization of College Ideological and Political Education Mode*	二级 论文	*Revista de la Facultad de Ingeniería*	2017-12-04	周颖	马克思主义学院
4	从马瑟博士到苏斯博士——美国儿童文学之价值观变迁研究	三级 论文	人大复印报刊资料《青少年导刊》	2017-01-10	厉育纲	学前教育学院
5	网络文化视域下社会主义核心价值观社会功能的建构与调适	三级 论文	马克思主义理论学科研究	2017-03-01	佟怡	人事处
6	公德建设的困境及出路探析	三级 论文	学术交流	2017-05-05	王颖	北京东方道德研究所
7	社会企业融资：英国经验与中国之道	三级 论文	东南学术	2017-05-09	韩文琰	现代管理学院
8	青年研究与青年工作关系论：服务和依靠	三级 论文	人大复印报刊资料《青少年导刊》	2017-05-10	余逸群	退休人员支部
9	当代文学中民工形象的变迁	三级 论文	广西社会科学	2017-07-01	李秀萍	人文素质教育中心
10	王畿重刻南大吉本《传习录》与南本相关问题	三级 论文	中山大学学报（社会科学版）	2017-07-04	任文利	北京东方道德研究所

续表

序号	论文题目 著作名称 / 作品名称	级别	发表刊物 / 论文集	发表 / 出版时间	所有 作者	所属总支
11	开放性案例研究拓展 教育管理思路—— 评《教育管理案例 研究（第五版）》	三级 论文	中国教育 学刊	2017-07-30	张楠	信息传媒 艺术学院
12	新形势下提升大学生 理想信念教育 有效性探析	三级 论文	思想理论 教育导刊	2017-08-01	佟怡	人事处
13	基于灰色关联度分析 法的中国中间产品 贸易影响因素分析	三级 论文	国际商务	2017-08-01	周金凯	国际学院
14	以语言为媒介向世界 推广北京文化遗产	三级 论文	前线	2017-08-10	程云艳	国际学院
15	天津承接产业转移的 重点选择、问题与 对策	三级 论文	经济问题 探索	2017-08-15	韩文琰	现代管理 学院
16	新形势下推进大学生 马克思主义信仰教育 路径探赜	三级 论文	学校党建与 思想教育	2017-09-01	佟怡	人事处
17	"敬"德论	三级 论文	中州学刊	2017-09-15	王颖	北京东方 道德研究所
18	黑白意象世界里的孤 独思想者——张方白 访谈录	三级 论文	艺术评论	2017-10-01	张方白	艺术设计系
19	面向大数据时代的 城市规划研究响应与 应对方略	三级 论文	城市发展 研究	2017-10-01	李燕萍， 虞虎（外）， 王昊（外）， 邓羽（外）	信息传媒 艺术学院
20	程廷祚治《易》 路向探析	三级 论文	周易研究	2017-12-05	李伟波	北京东方 道德研究所
21	"敬"德论	三级 论文	人大复印报 刊资料 《伦理学》	2017-12-07	王颖	北京东方 道德研究所

续表

序号	论文题目 著作名称／作品名称	级别	发表刊物／ 论文集	发表／ 出版时间	所有 作者	所属总支
22	"美丽中国"背景下能源低碳转型的法律分析	三级论文	环境保护	2017-12-25	杨春桃	马克思主义学院
23	高校思想政治理论课在线精品课程建设应该"精"在哪里	三级论文	思想理论教育导刊	2017-07-28	周颖	马克思主义学院
24	大数据与"讲故事"	四级论文	青年记者	2017-03-30	胡蕊	信息传媒艺术学院
25	大学生网络政治参与：行为、关注及动机	四级论文	青年记者	2017-04-25	胡蕊	信息传媒艺术学院
26	完善制度防治志愿服务"李鬼"	四级论文	法制日报评论版	2017-04-26	许莲丽	青年工作学院
27	流程再造理论在成人高等院校精细化管理中的应用	四级论文	中国成人教育	2017-04-30	黄昕	青年工作学院
28	"以善为美"的《小公主》	四级论文	戏剧文学	2017-05-01	雷丽平	信息传媒艺术学院
29	新媒体时代青少年社会主义核心价值观教育创新	四级论文	中学政治教学参考	2017-05-09	张子荣	马克思主义学院
30	我国地方政府信用风险演化的混沌序解释及治理建议	四级论文	领导科学	2017-05-10	韩文琰	现代管理学院
31	中国与"一带一路"沿线经济体自贸区建设现状及推进策略	四级论文	商业经济研究	2017-05-25	张国军	马克思主义学院
32	从英美实践审视我国供给侧结构性改革的背景、目标与路径	四级论文	商业经济研究	2017-06-01	韩文琰	现代管理学院
33	如何用摄影镜头表现社会新闻大主题	四级论文	青年记者	2017-06-15	路长伟	退休人员支部

续表

序号	论文题目 著作名称/作品名称	级别	发表刊物/ 论文集	发表/ 出版时间	所有 作者	所属总支
34	致良知以涵养教师 德性	四级 论文	中国教师报	2017-07-05	任宝菊	北京东方 道德研究所
35	我国零售业上市公司 运营效率实证分析	四级 论文	商业经济 研究	2017-07-21	张红琴	现代管理 学院
36	"廉"德是实现廉政的 重要支撑	四级 论文	中国社会 科学报	2017-08-03	王颖	北京东方 道德研究所
37	构建高校思政教育 新型话语体系	四级 论文	中国社会 科学报	2017-08-08	张子荣	马克思主义 学院
38	传统家训与社会主义 核心价值观	四级 论文	中国社会 科学报	2017-08-17	高诚	科研处
39	价值观的代际分化	四级 论文	中国社会 科学报	2017-08-17	佟怡	人事处
40	高校思政教育体系及 实施途径	四级 论文	中国社会 科学报	2017-08-23	佟怡	人事处
41	人文素质与青少年 教育	四级 论文	中国社会 科学报	2017-08-23	张靖华	人文素质 教育中心
42	从会计成本管理角度 提高茶企业的 经济效益	四级 论文	福建茶叶	2017-10-02	杨敏捷	现代管理 学院
43	世界儿童戏剧交流的 盛会——第七届中国 儿童戏剧节综述	四级 论文	戏剧文学	2017-11-01	雷丽平	信息传媒 艺术学院
44	以仿成作，原型创 新——新闻标题的 "仿作翻译"	四级 论文	中国科技 翻译	2017-11-01	贾一村	对外合作与 交流处（留 学生办公室）
45	"廉"德内含 多重意蕴	四级 论文	中国社会 科学报	2017-11-14	王颖	北京东方 道德研究所
46	"设定受益计划" 会计处理详解	四级 论文	会计之友	2017-11-20	杨文杰	现代管理 学院

序号	论文题目 著作名称 / 作品名称	级别	发表刊物 / 论文集	发表 / 出版时间	所有 作者	所属总支
47	儒家孝道旨在维系 家国伦理秩序	四级 论文	中国社会 科学报	2017-12-12	李伟波	北京东方 道德研究所
48	我国证券市场波动 风险预警模型研究	四级 论文	金融理论与 实践	2017-12-15	佘镜怀 （外），生蕾	现代管理 学院
49	企业融资多元化组合 策略研究——以山东 博汇纸业为例	四级 论文	财会通讯· 综合	2017-12-20	杨文杰	现代管理 学院
50	金宇	专著	天津人民 美术出版社	2017-02-20	金宇	信息传媒 艺术学院
51	高校图书馆阅读推广 与大学生信息素养 教育	专著	吉林美术 出版社	2017-03-01	李校红	现代管理 学院
52	唐代儿童诗歌研究	专著	天津人民 出版社	2017-03-01	张靖华	人文素质 教育中心
53	网络直播掘金手册： 商业模式＋引流 方法＋应用实战	专著	人民邮电 出版社	2017-03-01	李布伟（外）， 张国军	马克思主义 学院
54	文科高职课程体系 设计研究	专著	知识产权 出版社	2017-05-27	李勤	青年工作 学院
55	行政执法新思维	专著	中国政法 大学出版社	2017-07-01	莫于川（外）， 许莲丽	青年工作 学院
56	教育管理伦理研究	专著	东北林业 大学出版社	2017-07-20	聂文龙 （外），詹志 博，张楠	信息传媒 艺术学院
57	中国志愿者组织与 政府合作关系研究	专著	中国大百科 全书出版社	2017-08-01	梁绿琦，余 逸群，纪秋 发，杨晶	退休人员 支部
58	转型期北京社会 公德建设的困境及 对策研究	专著	天津人民 出版社	2017-08-01	王颖	北京东方 道德研究所

序号	论文题目 著作名称/作品名称	级别	发表刊物/ 论文集	发表/ 出版时间	所有 作者	所属总支
59	网络安全与 云计算研究	专著	吉林美术 出版社	2017-08-10	曹再辉（外）， 王冠宇	信息化办 公室
60	参与、表达——法治 理念下高校学生班级 治理现状与探索	专著	知识产权 出版社	2017-08-24	祁志钢	马克思主义 学院
61	城市的侧影	专著	河北出版 教育出版社	2017-10-09	李孟军	图书馆
62	宪法学	编著	知识产权 出版社	2017-01-01	许莲丽	青年工作 学院
63	审计案例实务	编著	吉林大学 出版社	2017-02-01	关振宇，何 刚（外）， 段凤霞	退休人员 支部
64	"一带一路"：理论构 建与实现路径	编著	中国社会 科学出版社	2017-03-09	王灵桂（外）， 张国军	马克思主义 学院
65	古尔德手绘雉科鸟类 高清大图装裱册页与 临摹范本	编著	北京大学 出版社	2017-04-05	王静	北京职业教 育与人文北 京研究中心
66	商业自动化技术与 应用	编著	中国轻工业 出版社	2017-04-10	赵星	现代管理 学院
67	全民科学素质 学习大纲	编著	中国科学 技术出版社	2017-07-01	颜实（外）， 王玥	青年工作 学院
68	Photoshop CC 从入门 到精通（全彩超值版）	编著	人民邮电 出版社	2017-07-01	夏磊，时延 辉（外）， 冯海靖（外）	信息传媒 艺术学院
69	设计+制作+印刷+ 电子书+商业模版 InDesign 典型实例	编著	人民邮电 出版社	2017-08-01	周燕华 （外），夏磊	信息传媒 艺术学院

序号	论文题目 著作名称/作品名称	级别	发表刊物/论文集	发表/出版时间	所有作者	所属总支
70	共青团活动项目管理概论	编著	北京大学出版社	2017-08-01	梁绿琦（外），高嵩，高诚，孙伯杨，冯德安，田宏杰，牛奔，景晓娟，夏磊，曹毅	信息传媒艺术学院
71	古尔德手绘喜马拉雅珍稀鸟类临摹与涂色	编著	北京大学出版社	2017-08-05	王静	北京职业教育与人文北京研究中心
72	传统实学与现代新实学文化（一）	编著	中国言实出版社	2017-11-01	王杰（外），李伟波	北京东方道德研究所
73	传统实学与现代新实学文化（二）	编著	中国言实出版社	2017-11-01	王杰（外），李伟波	北京东方道德研究所
74	历代谋策选	编著	电子科技大学出版社	2017-11-05	汪玉川	青年工作学院
75	向上的力量——北京青年流动与创新发展	编著	人民出版社	2017-12-01	共青团北京市委员会（外），张素华	图书馆
76	专业教学标准开发规程研究（英语类专业）	编著	国家开放大学出版社	2017-12-01	常红梅（外），老青，谢金艳	国际学院
77	第一届道滘艺术节	编著	四川美术出版社	2017-12-01	范明正（外），赵艳婷	信息传媒艺术学院
78	职业院校英语类技能竞赛赛训与学研成果集锦	编著	世界知识出版社	2017-12-15	谢金艳，老青，栾丽君，葛岩，程云艳，刘卫红，何明华，赵欣，彭洪明，韩丽丽	国际学院

序号	论文题目著作名称/作品名称	级别	发表刊物/论文集	发表/出版时间	所有作者	所属总支
79	中华美德现代转化与传承研究	论文集	北京理工大学出版社	2017-06-06	周永源，高诚，王颖	党政办公室
80	《北京青年研究》优秀论文集（2014—2016）	论文集	北京理工大学出版社	2017-08-01	余逸群，纪秋发	退休人员支部
81	中国梦与当代青年发展	论文集	中国社会科学出版社	2017-11-30	余逸群，纪秋发	退休人员支部
82	中华大典·宗教典·佛教分典	古籍整理著作	河北人民出版社	2017-01-05	李申（外），杜继文（外），任继愈（外），任文利	北京东方道德研究所
	2018年学院教师科研成果一览表					
1	"三螺旋"到"四螺旋"：知识生产模式的动力机制演变	三级论文	教育发展研究	2018-01-01	黄瑶	国际学院
2	习近平青年工作思想论析	三级论文	人大复印报刊资料《青少年导刊》	2018-01-10	乔东亮，李雯，李新利	党政办公室
3	英语语言学习者跨文化交际能力的培养途径——评《跨文化交际与英语语言教学——实践与展望》	三级论文	中国教育学刊	2018-01-20	马红	国际学院
4	青年文化研究的现状与反思	三级论文	中国青年研究	2018-03-27	杨晶	北京青少年研究所
5	程廷祚治《易》路向探析	三级论文	人大复印报刊资料《中国哲学》	2018-04-01	李伟波	北京东方道德研究所
6	新媒体在留学生跨文化适应中的独特优势	三级论文	人民论坛	2018-04-20	马红	国际学院

续表

序号	论文题目 著作名称/作品名称	级别	发表刊物/ 论文集	发表/ 出版时间	所有 作者	所属总支
7	立法认证：解决我国社会企业融资难的重要途径——现实审视与国际比较	三级论文	甘肃政法学院学报	2018-04-30	韩文琰	现代管理学院
8	微观权力视域下大学生学习倦怠原因的深层次分析	三级论文	黑龙江高教研究	2018-05-01	崔丽华	继续教育学院
9	习近平新时代青年思想	三级论文	前线	2018-05-05	乔东亮，李新利，李雯	党政办公室
10	新时期文学中女性形象的变迁	三级论文	广西社会科学	2018-05-08	李秀萍	人文素质教育中心
11	以保险助力精准扶贫	三级论文	人民论坛	2018-06-27	江洁	现代管理学院
12	中国保险业亟需完善评价体系	三级论文	人民论坛	2018-06-27	江洁	现代管理学院
13	中国高等教育服务贸易发展现状、问题及对策	三级论文	国家行政学院学报	2018-07-15	周永源，张国军	党政办公室
14	"一带一路"的国际担当和时代价值	三级论文	红旗文稿	2018-07-15	姜丽	国际学院
15	历史对比视角下美国对华301调查的博弈分析	三级论文	上海对外经贸大学学报	2018-07-15	周金凯	国际学院
16	基于多智能体的装备保障体系建模与仿真	三级论文	中国科学：信息科学	2018-07-20	寇力（外），宋爽	信息传媒艺术学院
17	志愿服务支持型组织发展模式的实证研究	三级论文	人大复印报刊资料《精神文明导刊》	2018-08-01	许莲丽	青年工作学院

序号	论文题目 著作名称/作品名称	级别	发表刊物/ 论文集	发表/ 出版时间	所有 作者	所属总支
18	未成年人性权利法律保护的诉求与体系构建	三级论文	中国青年社会科学	2018-08-01	温慧卿	青年工作学院
19	构建人类命运共同体视野下的跨文化交流	三级论文	当代世界	2018-08-15	姜丽	国际学院
20	乡村振兴背景下保险扶贫政策感知对农民创业意愿的影响研究	三级论文	福建论坛（人文社科版）	2018-08-27	江洁	现代管理学院
21	保险扶贫的四个路径	三级论文	人民论坛	2018-08-27	江洁	现代管理学院
22	"文学文化"与"新人"的塑造	三级论文	文艺理论研究	2018-08-27	杨晶	北京青少年研究所
23	中国老年意定监护实施的几个问题	三级论文	北京社会科学	2018-10-15	刘金霞	青年工作学院
24	艺术介入城市的"东莞模式"——"2018东莞雕塑装置艺术节"策展手记	三级论文	美术观察	2018-12-01	赵艳婷，范明正（外）	信息传媒艺术学院
25	知识产权保护对国际贸易的影响——一个研究综述	四级论文	现代管理科学	2018-01-10	李楠，黄卫平（外）	现代管理学院
26	"咪蒙"的红与黑	四级论文	新闻战线	2018-02-07	陈小英	信息传媒艺术学院
27	"互联网+"时代IP热潮下新媒体专业教育	四级论文	青年记者	2018-04-01	刘涛	信息传媒艺术学院
28	大学生纪录片创作研究	四级论文	青年记者	2018-04-20	金俊荣	退休人员支部
29	新世纪国产校园电影成长叙事探究	四级论文	电影文学	2018-06-05	李秀萍	人文素质教育中心

序号	论文题目著作名称/作品名称	级别	发表刊物/论文集	发表/出版时间	所有作者	所属总支
30	新世纪我国18至25周岁青年犯罪问题及其防治对策	四级论文	中国人民公安大学学报（社会科学版）	2018-06-15	刘金霞	青年工作学院
31	以百万亩造林工程助推首都地区乡村振兴	四级论文	林业经济	2018-06-25	薛微	马克思主义学院
32	现代家风文化构建与青少年社会主义核心价值观培育	四级论文	中学政治教学参考	2018-06-30	王琪	马克思主义学院
33	国产青春电影人物形象的类型化	四级论文	电影文学	2018-07-15	李秀萍	人文素质教育中心
34	论改革开放40年中国儿童戏剧题材的开拓	四级论文	戏剧文学	2018-07-26	雷丽平	信息传媒艺术学院
35	商业健康险的现状与挑战	四级论文	中国金融	2018-07-27	江洁	现代管理学院
36	金融创新与精准扶贫：基于保险业典型案例的分析	四级论文	中国财政	2018-08-27	江洁	现代管理学院
37	树人立德乐有声	四级论文	中国社会科学报	2018-08-31	周宁	学前教育学院
38	积极引导青少年价值观发展	四级论文	中国社会科学报	2018-09-05	周宁	学前教育学院
39	浅谈中国茶包装设计的文化特点	四级论文	福建茶叶	2018-09-05	窦楠	信息传媒艺术学院
40	保险服务小微企业发展：国际经验与中国路径	四级论文	金融理论与实践	2018-09-27	江洁	现代管理学院

序号	论文题目 著作名称/作品名称	级别	发表刊物/ 论文集	发表/ 出版时间	所有 作者	所属总支
41	*Promotion Strategy of Green Consumption for Teenagers in China*	四级论文	*International Conference on Humanities and Advanced Education Technology*	2018-09-30	马智萍	现代管理学院
42	台湾地区传媒职业教育的特色观察——以台湾地区四所高校传媒职业教育为例	四级论文	青年记者	2018-10-20	胡蕊	信息传媒艺术学院
43	以"辨"筑牢拒腐防变的思想道德防线	四级论文	中国社会科学报	2018-10-23	王颖	北京东方道德研究所
44	马来西亚高等商科教育国际化路径探析	四级论文	教育评论	2018-10-28	姜丽	国际学院
45	"信"德释义	四级论文	中国社会科学报	2018-11-20	王颖	北京东方道德研究所
46	规则的愉悦	四级论文	世界美术	2018-12-15	王豪	信息传媒艺术学院
47	清儒颜元的实学主张与实践	四级论文	学习时报	2018-12-19	李伟波	北京东方道德研究所
48	后自媒体时代传媒职业教育实践探索	四级论文	青年记者	2018-12-20	梁岩	宣传部
49	思想有光育人有纲——助青年书人生华章	四级论文	中国教育报	2018-01-03	冯德安,孙志皓,刘晓旸	信息传媒艺术学院
50	网络文化建设与青少年发展	专著	中国大百科全书出版社	2018-01-01	梁绿琦,纪秋发	退休人员支部
51	演进·迭代·反哺:青年文化的当代阐释	专著	中国传媒大学出版社	2018-05-27	杨晶	北京青少年研究所
52	体验式培训实战指南	专著	九州出版社	2018-06-01	牛奔	团校

续表

序号	论文题目著作名称/作品名称	级别	发表刊物/论文集	发表/出版时间	所有作者	所属总支
53	《共青团改革创新》研究报告（2017）	专著	北京理工大学出版社	2018-06-01	纪秋发，王文影	北京青少年研究所
54	体验式拓展培训师成长之路	专著	北京工业大学出版社	2018-06-30	王法涛（外），牛奔	团校
55	思想政治教育促进大学生创业教育研究	专著	知识产权出版社	2018-07-01	周宁	学前教育学院
56	北京市会计服务市场研究	专著	东北师范大学出版社	2018-07-01	张红琴	现代管理学院
57	现代性视野中的新时期儿童戏剧研究	专著	中国戏剧出版社	2018-07-26	雷丽平	信息传媒艺术学院
58	运动与形体塑造	专著	中国书籍出版社	2018-08-01	花楠	人文素质教育中心
59	新时代中国志愿服务理论与实践的新探索	专著	人民出版社	2018-08-08	许莲丽	青年工作学院
60	互联网金融风险管理研究	专著	经济日报出版社	2018-08-15	张辉	学生处
61	现代包装设计新趋势研究	专著	花山文艺出版社	2018-08-25	窦楠	信息传媒艺术学院
62	积极心理学视角下的心理健康教育	专著	北京日报出版社	2018-10-14	熊娟梅（外），周颖	马克思主义学院
63	传统文化对于提高当代大学生素质的研究	专著	北京日报出版社	2018-10-14	郭越（外），周颖	马克思主义学院
64	颜李学派实学思想研究	专著	吉林人民出版社	2018-11-26	李伟波	北京东方道德研究所
65	首都智慧养老数据安全与隐私保护研究	专著	哈尔滨工业大学出版社	2018-11-28	徐志立，李子平，张海丰	教务处

序号	论文题目 著作名称/作品名称	级别	发表刊物/ 论文集	发表/ 出版时间	所有 作者	所属总支
66	远	专著	广西美术 出版社	2018-12-25	王豪	信息传媒艺术 学院
67	青少年生态体验 教育——回归 真实世界	专著	中国人事 出版社	2018-12-30	赵飞, 景晓娟, 丁晓鹏	青年工作 学院
68	抠图+修图+调 色+合成+特效 Photoshop 一册通	编著	人民邮电 出版社	2018-01-01	夏磊, 徐庆军 (外), 周燕华 (外)	信息传媒艺术 学院
69	青年实验项目—— 多重光晕	编著	Parallel Publication	2018-01-10	范明正 (外), 赵艳婷	信息传媒艺术 学院
70	新形势下高校思想 政治工作与思想政治 理论课创新	编著	中国文史 出版社	2018-03-06	艾四林 (外), 周颖	马克思主义 学院
71	传统实学与现代 新实学文化（三）	编著	中国言实 出版社	2018-04-01	王杰 (外), 李伟波	北京东方 道德研究所
72	传统实学与现代 新实学文化（四）	编著	中国言实 出版社	2018-04-01	王杰 (外), 李伟波	北京东方 道德研究所
73	传统实学与现代 新实学文化（五）	编著	中国言实 出版社	2018-04-01	王杰 (外), 李伟波	北京东方 道德研究所
74	东北亚经济合作组织 前瞻——大图们倡议 转型升级研究	编著	中国商务 出版社	2018-06-26	李铁 (外), 张国芝	现代管理学院
75	中国科幻的探索 者——刘慈欣 科幻小说精品赏析	编著	科学普及 出版社	2018-06-30	颜实 (外), 王玥	青年工作学院

序号	论文题目 著作名称／作品名称	级别	发表刊物／ 论文集	发表／ 出版时间	所有 作者	所属总支
76	新航标职业英语： 综合英语（拓展级） 教师用书（1）	编著	北京语言大学 出版社	2018-08-01	老青，刘晓 晶，马红	国际学院
77	客户关系管理实务	编著	中国轻工业 出版社	2018-08-01	王丽静， 张德南 （外），赵星	现代管理学院
78	英韵宋词百首	编著	高等教育 出版社	2018-10-01	王静	北京职业教育 与人文北京 研究中心
79	英韵道德经	编著	高等教育 出版社	2018-10-01	王静	北京职业教育 与人文北京 研究中心
80	英韵千字文	编著	高等教育 出版社	2018-10-01	王静	北京职业教育 与人文北京 研究中心
81	英韵弟子规	编著	高等教育 出版社	2018-10-01	王静	北京职业教育 与人文北京 研究中心
82	建筑工程与 室内设计	编著	延边大学 出版社	2018-10-28	王文彬 （外），陆总 兵（外）， 于小飞	信息传媒艺术 学院
83	真实眼泪之可怖	译著	武汉大学 出版社	2018-03-20	穆青	图书馆
84	职业英语教育研究 （2017—2018）	论文集	北京语言 大学出版社	2018-06-01	刘晓晶， 姜丽，老青， 程云艳， 谢金艳， 李青，彭洪 明，刘卫红， 马红， 韩丽丽	国际学院

序号	论文题目 著作名称/作品名称	级别	发表刊物/ 论文集	发表/ 出版时间	所有 作者	所属总支
85	信息化时代教育教学 重构研究论文集	论文集	中国铁道 出版社	2018-06-11	张海丰	现代管理学院
86	游戏化教育资源与 人才培养研究 （论文集）	论文集	中国铁道 出版社	2018-11-28	徐志立， 张海丰， 王静， 王红霞	教务处
87	中国青年发展报 告——中国青少年权 益保护的发展进步	发展 报告	社会科学 文献出版社	2018-08-01	张良驯 （外）， 赵志宏	青年工作学院
88	中国传统节日 活动创新	音像 软件等	电子科技大学 出版社	2018-03-02	汪玉川	青年工作学院
2019 年学院教师科研成果一览表						
1	美育的根在家庭	一级 论文	光明日报	2019-05-07	陈佳	学前教育学院
2	弘扬优良家风 继承勤劳美德	一级 论文	光明日报	2019-11-11	王颖	北京东方道德 研究所
3	图书馆的秘密故事	二级 论文	光明日报 （光明悦读）	2019-08-17	彭笑远	北京东方 道德研究所
4	做好"互联网＋财务 管理创新"新文章	三级 论文	人民论坛	2019-01-30	易艳红	审计处
5	网络文艺生产中的 "游戏感"及其 辩证分析	三级 论文	当代电视	2019-02-15	梁岩	宣传部
6	公共图书馆智慧服务 研究：关键要素、 实现路径及实践模式	三级 论文	情报资料工作	2019-03-01	李校红	现代管理学院
7	中美两国国际教育服 务贸易逆差的影响 因素分析——基于 逐步回归分析	三级 论文	国际商务	2019-03-15	周金凯	国际学院

续表

序号	论文题目 著作名称/作品名称	级别	发表刊物/ 论文集	发表/ 出版时间	所有 作者	所属总支
8	传统文化与青年文化关系的症候、立场及路径	三级论文	当代青年研究	2019-03-28	杨晶	北京青少年研究所
9	乡村振兴战略中农村口述史的时代价值与实施路径——基于对北京农村口述史的实证研究	三级论文	北京联合大学学报（人文社会科学版）	2019-04-01	周敏	宣传部
10	易变性职业生涯定向：当代青年生涯发展的自主管理倾向	三级论文	人大复印报刊资料《青少年导刊》	2019-04-01	田宏杰	北京青少年研究所
11	微型金融机构类型特征会影响其财务绩效和社会绩效吗——基于"一带一路"国家微型金融机构的数据	三级论文	经济问题	2019-04-17	李雅宁（外），赵星	现代管理学院
12	学德辨实：新时代青年培养践行社会主义核心价值观的四个着力点	三级论文	思想政治教育研究	2019-04-27	张子荣	马克思主义学院
13	中国城乡老年人志愿服务参与意愿的影响因素分析	三级论文	西北人口	2019-05-01	于泽浩	现代管理学院
14	"片头警示声明"翻译：凸显译语"通告文"语域特征	三级论文	上海翻译	2019-06-01	贾一村	对外合作与交流处（留学生办公室）
15	"一带一路"背景下井盐文化的对外传播	三级论文	盐业史研究	2019-06-15	彭洪明	国际学院
16	习近平关于讲好中国故事的方法论维度	三级论文	学校党建与思想教育	2019-06-20	张子荣	马克思主义学院

序号	论文题目 著作名称/作品名称	级别	发表刊物/ 论文集	发表/ 出版时间	所有 作者	所属总支
17	*Evaluating Financial Support Efficiency for Innovation: A Comparative Study of the Coastal and Non—Coastal Regions of China*	三级论文	*Journal Coastal Research*	2019-07-10	李雅宁（外），赵星	现代管理学院
18	*Knowledge Spillovers of Medical Big Data Under Hierarchical Medical System and Patient's Medical Treatment Decisions*	三级论文	*IEEE/CAA Journal of Automatica Sinica*	2019-07-10	牛文静（外），赵星	现代管理学院
19	整合服务框架及其在居家养老中的运用——以"三一"模式为例	三级论文	新视野	2019-07-10	于泽浩	现代管理学院
20	新媒介语境下的二次元青年亚文化景观	三级论文	电视研究	2019-07-15	梁岩	宣传部
21	北京市老年居家服务项目使用影响因素及有效供给分析	三级论文	兰州学刊	2019-07-15	于泽浩	现代管理学院
22	论我国志愿服务的法律适用	三级论文	人大复印报刊资料《精神文明导刊》	2019-07-15	许莲丽	青年工作学院
23	《阳明文录》闻人诠姑苏刻本辨正	三级论文	中国哲学史	2019-08-06	任文利	北京东方道德研究所
24	论我国行政机关公开个人违法信息的问题与完善途径	三级论文	中国行政管理	2019-08-31	许莲丽	青年工作学院
25	完美主义高标准对大学生拖延行为的影响：链式中介作用分析	三级论文	心理与行为研究	2019-09-01	田宏杰	北京青少年研究所

序号	论文题目 著作名称/作品名称	级别	发表刊物/ 论文集	发表/ 出版时间	所有 作者	所属总支
26	习近平关于意识形态工作重要论述的海外认知评析	三级论文	思想教育研究	2019-09-25	祝大勇（外），周颖	马克思主义学院
27	句法约束还是近因约束——英语主谓一致的二语加工研究	三级论文	上海交通大学学报（哲学社会科学版）	2019-10-01	汪玉霞（外），谢金艳	国际学院
28	基于思想政治理论课逻辑体系构建高职实践教学模式研究——以"毛泽东思想和中国特色社会主义理论体系概论"课为例	三级论文	思想理论教育导刊	2019-12-05	周颖，陈旻（外），袁阳（外）	马克思主义学院
29	美国地方报业变局与新闻沙漠化	四级论文	青年记者	2019-01-04	师静	信息传媒艺术学院
30	玉木耳乳饮料对缓解人体疲劳功能的研究	四级论文	中国食用菌	2019-02-01	花楠	人文素质教育中心
31	教育扶贫助推陕北山区乡村振兴战略探析——以陕西省榆林市清涧县为例	四级论文	林业经济	2019-02-25	康莉（外），薛微	马克思主义学院
32	*An Improved Collaborative Filtering Recommendation Algorithm*	四级论文	*IEEE*	2019-03-18	王红霞	信息传媒艺术学院
33	创业类意见领袖新浪微博的运营特征研究	四级论文	科技促进发展	2019-03-20	盛晓娟（外），赵星	现代管理学院
34	近期国产军事动作片中的国家形象塑造	四级论文	电影文学	2019-04-01	李建英	对外合作与交流处（留学生办公室）
35	论话剧《网子》的象征寓意	四级论文	戏剧文学	2019-04-01	雷丽平	信息传媒艺术学院

序号	论文题目 著作名称/作品名称	级别	发表刊物/ 论文集	发表/ 出版时间	所有 作者	所属总支
36	管好两端　规范中间	四级 论文	学习时报	2019-04-08	祝文燕	党政办公室
37	模糊激光遥感图像 关键角点特征 检测系统	四级 论文	激光杂志	2019-06-03	冀津	国际学院
38	服务北京"国际交往 中心"战略定位的 "英语+"高职英语类 专业教学改革实践	四级 论文	中国职业技术 教育	2019-06-28	常红梅 （外）， 老青	国际学院
39	莫让劳务赔偿随意 蹭志愿服务热度	四级 论文	法制日报	2019-07-10	许莲丽	青年工作学院
40	困境·信念·生存： 电影《荒野猎人》的 哲学内核探究	四级 论文	电影评介	2019-07-15	李秀萍	人文素质教育 中心
41	VR仿生系统在艇员 控制训练中的应用	四级 论文	舰船科学技术	2019-08-01	徐志立	教务处
42	韩国青少年家庭价值 观培育的经验及启示	四级 论文	中学政治教学 参考	2019-08-01	王琪	马克思主义 学院
43	"友"德的内涵与 要求	四级 论文	中国社会科学 报（哲学版）	2019-08-06	王颖	北京东方道德 研究所
44	日本治愈系电影类型 特征初探	四级 论文	电影文学	2019-08-23	李秀萍	人文素质教育 中心
45	消费者生鲜APP 渠道迁徙的影响因素 研究——基于PPM 理论模型的实证	四级 论文	商业经济研究	2019-08-30	马红	国际学院
46	互联网金融供给侧 结构性改革实证 分析	四级 论文	征信	2019-09-17	生蕾， 路子强 （外），路 漫天（外）	现代管理学院

序号	论文题目 著作名称／作品名称	级别	发表刊物／ 论文集	发表／ 出版时间	所有 作者	所属总支
47	中国"以房养老"： 梳理、审视与重构	四级 论文	价格理论与 实践	2019-10-09	韩文琰， 易艳红	现代管理学院
48	我国健身休闲产业的 发展困境与路径优化	四级 论文	广州体育学院 学报	2019-12-01	花楠	人文素质教育 中心
49	*Review on Development of Software and Information Services Industry in Beijing*	四级 论文	*IEEE*	2019-08-30	王红霞， 温绍洁	信息传媒艺术 学院
50	不咆哮，让孩子 爱上学习	专著	浙江教育 出版社	2019-01-01	田宏杰	北京青少年 研究所
51	中国低碳电力法律 制度研究	专著	首都经济贸易 大学出版社	2019-01-01	杨春桃	马克思主义 学院
52	高校内部控制与 风险防范	专著	国家行政学院 出版社	2019-01-30	易艳红	审计处
53	英雄之旅：青年职业 生涯发展与咨询	专著	中国人事 出版社	2019-02-01	田宏杰	北京青少年 研究所
54	中国少儿电视剧理论 与批评史研究	专著	中国文史 出版社	2019-03-01	彭笑远	北京东方道德 研究所
55	改革开放以来俄罗斯 文学在华译介 传播研究	专著	中南大学 出版社	2019-05-01	贾一村	对外合作与交 流处（留学生 办公室）
56	体育教学与体育 文化融合研究	专著	吉林出版集团 股份有限公司	2019-06-01	汪建秋 （外），杨 斌	人文素质 教育中心
57	城市形象设计：以艺 术视角介入城市设计	专著	中国建筑工业 出版社	2019-07-01	王豪	信息传媒艺术 学院
58	北京市青少年 禁毒研究	专著	中国社会 出版社	2019-07-01	胡剑	现代管理学院

序号	论文题目 著作名称/作品名称	级别	发表刊物/ 论文集	发表/ 出版时间	所有 作者	所属总支
59	新时代大学生社会主义核心价值观培育创新研究	专著	中国书籍出版社	2019-07-02	周颖	马克思主义学院
60	宋代士人心态与文学	专著	国家行政学院出版社	2019-08-01	李建英	对外合作与交流处（留学生办公室）
61	有氧运动与科学减脂	专著	九州出版社	2019-09-01	花楠	人文素质教育中心
62	农地流转公开市场的机制与模式	专著	经济科学出版社	2019-09-01	张子荣	马克思主义学院
63	工致苏门——何迪中国画作品集	专著	天津人民美术出版社	2019-09-19	何迪	信息传媒艺术学院
64	基于审美视角下建筑环境艺术设计研究	专著	北京工业大学出版社	2019-10-01	林巧琴	信息传媒艺术学院
65	天庭之在	专著	中国文艺出版社	2019-11-01	申树斌	信息传媒艺术学院
66	青少年数字能力和数字时代的教与学	专著	世界知识出版社	2019-12-25	马红	国际学院
67	青少年社会工作实务实训手册	编著	中国人事出版社	2019-02-18	丁晓鹃，景晓娟，赵飞	青年工作学院
68	青少年能力成长——学会做事	编著	中国人事出版社	2019-03-01	赵飞	学前教育学院
69	社会工作督导实务手册	编著	中国社会出版社	2019-05-01	赵静	青年工作学院
70	知识产权法判解与学说	编著	知识产权出版社	2019-05-09	叶承芳，任春玲，温慧卿，宋昕，许莲丽，黄馨瑶，李阳，马晓梅，侯林	青年工作学院

续表

序号	论文题目 著作名称/作品名称	级别	发表刊物/ 论文集	发表/ 出版时间	所有 作者	所属总支
71	延伸的空间：2018 东莞雕塑装置艺术节	编著	四川美术 出版社	2019-06-28	范明正 （外）， 赵艳婷	信息传媒 艺术学院
72	从零开始 Photoshop 工具详解与实战	编著	人民邮电 出版社	2019-10-01	夏磊	信息传媒艺术 学院
73	英语类高职高专毕业 生社会需求与培养 质量跟踪评价报告 （2017—2019）	编著	北京语言大学 出版社	2019-10-08	常红梅 （外），老青， 程云艳， 谢金艳	国际学院
74	新时代背景下学前 教育发展研究	编著	北京理工大学 出版社	2019-11-01	吕一中， 徐志立， 张瑞芬，曹毅	党政办公室
75	北京学前教育职业 教育集团成立大会及 新时代背景下学前 教育发展系列 论坛实录	编著	北京理工大学	2019-12-01	吕一中， 厉育纲， 肖毅， 胡哲	党政办公室
76	北京青年发展现状 与趋势研究报告 （2018）	编著	中国社会 出版社	2019-12-12	周永源， 田宏杰， 纪秋发， 王文影， 谭绍兵， 杨晶	党政办公室
77	北京志·青年组织志 （2001—2010）	编著	北京出版社	2019-12-31	谭绍兵， 张素华	北京青少年 研究所
78	中国热带雨林绘画 艺术线描写生卷 （上下卷）	译著	北京工艺美术 出版社	2019-05-01	张鉴（外）， 刘卫红	国际学院
79	英语短语双解词典	普通工 具书	商务印书馆	2019-01-18	徐美莲 （外）， 程云艳， 彭洪明	国际学院

序号	论文题目 著作名称 / 作品名称	级别	发表刊物 / 论文集	发表 / 出版时间	所有 作者	所属总支
	2020 年学院教师科研成果一览表					
1	未来新型教学模式 将依托线上优势	一级 论文	光明日报	2020-04-28	高珏	国际学院
2	俭德的三重意蕴	一级 论文	光明日报	2020-11-09	王颖	北京东方道德 研究所
3	日美贸易失衡与中美 贸易失衡的对比 分析——以产业 冲击为视角	三级 论文	日本学刊	2020-01-23	周金凯	国际学院
4	*Motivational Profiles and Learning Experience Across Chinese Language Proficiency Levels*	三级 论文	*System*	2020-02-01	温晓红 （外）， 朴美玉	对外合作与 交流处（留学 生办公室）
5	产业竞争力视角下 中美贸易失衡 问题的探析	三级 论文	经济学家	2020-02-01	周金凯	国际学院
6	*Study on Sustainable Development of Microfinance Institutions from the Perspective of Inclusive Finance—Based on MFI Data in Countries Along the Belt and Road*	三级 论文	*Emerging Markets Finance and Trade*	2020-02-27	李亚宁 （外）， 杨宜 （外）， 赵星， 李国帅 （外）	现代管理学院
7	*Research on Agricultural Carbon Emissions and Regional Carbon Emissions Reduction Strategies in China*	三级 论文	*Sustainability*	2020-03-01	王国峰 （外）， 廖茂林 （外）， 江洁	现代管理学院
8	校园文化建设与社会 主义核心价值观教育 融通路径研究	三级 论文	教育发展研究	2020-05-01	陈金波 （外）， 周颖	马克思主义 学院

续表

序号	论文题目 著作名称/作品名称	级别	发表刊物/ 论文集	发表/ 出版时间	所有 作者	所属总支
9	以农村"双创"助推新型城镇化与乡村振兴协同发展	三级论文	重庆社会科学	2020-05-16	江洁，赵雅卉（外），廖茂林（外）	现代管理学院
10	成年残疾人监护制度建设理论与实践	三级论文	残疾人研究	2020-06-20	刘金霞，范晓红（外）	青年工作学院
11	《三城记》："未完成"的"断章"	三级论文	小说评论	2020-07-01	杨晶	北京青少年研究所
12	共青团服务青年婚恋模式研究	三级论文	中国青年研究	2020-08-01	景晓娟	青年工作学院
13	共青团服务青年婚恋模式研究	三级论文	人大复印报刊资料《青少年导刊》	2020-09-01	景晓娟	青年工作学院
14	网络综艺的"年轻化"叙事及审美趋向的思考	三级论文	当代电视	2020-09-01	梁岩	宣传部
15	年老化对中文阅读眼动控制的影响：词长、词频和语境预测性效应的证据	三级论文	心理学探新	2020-10-30	任梦雪（外），田宏杰，仝文（外），刘志芳（外）	北京青少年研究所
16	提升三种力，主攻四个点	四级论文	中国教育报	2020-02-22	程晓君，祁志钢	党政办公室
17	微博舆情传播规律的生态视角探析	四级论文	青年记者	2020-05-20	师静，张凌然（外）	信息传媒艺术学院
18	异地执行社会服务项目的实践与反思	四级论文	中国社会报	2020-06-08	杨峥威	青年工作学院
19	"物业＋养老"模式助力服务精准递送	四级论文	中国人口报	2020-06-10	于泽浩	现代管理学院

续表

序号	论文题目 著作名称／作品名称	级别	发表刊物／论文集	发表／出版时间	所有作者	所属总支
20	"十四五"时期金融促进区域经济协调发展的路径研究	四级论文	区域经济评论	2020-06-26	宋冉（外），生蕾	现代管理学院
21	促进养老服务业内涵式发展	四级论文	中国社会科学报	2020-07-08	于泽浩	现代管理学院
22	我国地方政府专项债券的发行历程与展望	四级论文	地方财政研究	2020-07-15	韩文琰，田静	现代管理学院
23	首都老年教育社区整合模式的构建思路	四级论文	中国人口报	2020-08-31	于泽浩	现代管理学院
24	帮孩子在伙伴冲突中实现能力升级	四级论文	人民政协报	2020-09-16	田宏杰	北京青少年研究所
25	创新困境儿童社会服务　营造良好成长环境	四级论文	中国社会报	2020-09-16	杨峥威，林爽（外）	青年工作学院
26	发达国家高职教育与培训改革的新举措	四级论文	黑龙江高教研究	2020-10-01	肖毅	教务处
27	书写日常生活中的民族记忆——评兴安的散文集《在碎片中寻找》	四级论文	文汇报	2020-07-23	杨晶	北京青少年研究所
28	嘉道中衰	专著	辽宁民族出版社	2020-01-01	谭绍兵	北京青少年研究所
29	传媒资本市场和资本运营	专著	中国经济出版社	2020-01-23	莫林虎（外），阳松谷	教务处
30	企业上市财务方略	专著	天津科学技术出版社	2020-04-20	姚海新（外），张红琴	现代管理学院
31	青年权益及其法律保护	专著	人民法院出版社	2020-05-20	刘金霞，胡剑，赵志宏，许莲丽，宋昕	青年工作学院

续表

序号	论文题目 著作名称 / 作品名称	级别	发表刊物 / 论文集	发表 / 出版时间	所有 作者	所属总支
32	网络类型小说受众 审美研究	专著	中国传媒大学 出版社	2020-06-01	雷丽平	信息传媒艺术 学院
33	新时代团青课程融合 创新研究	专著	光明日报出版社	2020-06-26	刘彩玲	继续教育学院
34	新时期传统文化与 思想政治教育 创新研究	专著	北京工业大学 出版社	2020-07-01	曹一宁 （外）， 王琪	马克思主义 学院
35	整体构建中国素质 教育发展体系	编著	北京师范大学 出版集团	2020-01-16	詹万生 （外）， 邹为民	国际学院
36	服务青年——共青团 服务青年工作的理论 与实践	编著	中国出版集团 现代出版社	2020-06-06	汪永涛 （外）， 王玥	青年工作学院
37	中国职业教育外语 教育发展报告 （2009—2019）	编著	高等教育出版社	2020-08-01	常红梅 （外）， 老青， 刘晓晶， 谢金艳	国际学院
38	高等职业学校旅游 英语专业教学标准 修订研究	编著	北京语言大学 出版社	2020-10-09	常红梅 （外）， 老青， 程云艳， 谢金艳， 何明华， 李青， 周金凯	国际学院
39	高等职业院校英语 教育专业人才培养与 社会需求报告 （2013—2018）	发展 报告	北京语言大学 出版社	2020-11-27	赵欣， 肖毅， 韩丽丽， 李青， 厉育纲， 邢艳	国际学院
40	警惕美国借疫情制造 负面舆论调整对华 贸易政策	二级 研究 报告	光明日报内参 《情况反映·知 识界动态清样》	2020-04-21	王颖 （外）， 周金凯	国际学院

序号	论文题目 著作名称/作品名称	级别	发表刊物/ 论文集	发表/ 出版时间	所有 作者	所属总支
41	北京冬奥会面临的 风险挑战及建议	二级 研究 报告	北京市社科联 《成果要报》	2020-06-24	夏文斌 (外), 周金凯, 王颖 (外)	国际学院
42	北京冬奥会面临的 风险挑战及建议	二级 研究 报告	光明日报内参 《情况反映·知 识界动态清样》	2020-06-28	夏文斌 (外), 周金凯, 王颖 (外)	国际学院

(二)2016—2020年学院教师获奖成果一览表

北京青年政治学院2016—2020年获第七届优秀科研成果奖一等奖5项,二等奖11项,如表1-2-9所示;获第八届优秀科研成果奖一等奖5项,二等奖10项,如表1-2-10所示;获中国青少年研究令青年学业征文优秀成果奖二等奖3项,三等奖4项,优秀奖20项,如表1-2-11所示;获北京市学院美育科研论文优秀成果奖三等奖3项,如表1-2-12所示。

表1-2-9 北京青年政治学院第七届优秀科研成果奖获奖成果

序号	成果名称	出版社或期刊名称 以及出版或发表时 间或刊期	作者	成果 形式	奖项 类别	部门
特等奖						
(空缺)						
一等奖						
1	中国农村居民社会福利意识 研究——基于北京市的 抽样调查	社会建设 2015年第1期	张瑞凯	论文	论文奖	社会工作系
2	治道的历史之维	中央编译出版社 2014年11月	任文利	专著	著作奖	东方所
3	论民营银行制度设计	中州学刊 2013年12期	生蕾 陆运锋	论文	论文奖	管理系
4	我国境外消费教育服务贸易 发展现状及对策	中国高教研究 2014年第1期	张国军	论文	论文奖	社科部
5	直面挑战"翻转"自我—— 新教育范式下大学外语 教师的机遇与挑战	外语电化教学 2014年第3期	程云艳	论文	论文奖	英语系

序号	成果名称	出版社或期刊名称以及出版或发表时间或刊期	作者	成果形式	奖项类别	部门
二等奖						
1	人格与人生	贵州人民出版社 2015 年 5 月	付永吉	专著	著作奖	东方所
2	德国对青少年的网络聊天管理及保护	北京青年研究 2014 年第 1 期	姜闽虹	论文	论文奖	国际学院
3	澳大利亚高等教育质量保障体系改革新动向探究	外国教育研究 2013 年第 4 期	肖毅	论文	论文奖	教务处
4	经典的重读与文化阐释	中国文史出版社 2015 年 12 月	杨茂义	专著	著作奖	社科部
5	社会转型背景下我国监护制度的立法完善	人民法院出版社 2014 年 6 月	刘金霞	专著	著作奖	文法系
6	汉语具体味觉词造词理据训释	广播电视大学学报（哲学社会科学版） 2015 年第 2 期	张靖华	论文	论文类	文法系
7	树木与森林——物体视觉记忆的背景效应研究	北京师范大学出版社 2015 年 12 月	田宏杰	专著	著作奖	青少系
8	才子佳人小说的江南模式及其认识价值	中国文化研究（季刊） 2013 年第 2 期	杨琳	论文	论文类	传播系
9	试论中国书法与篆刻的关系及其文化属性	中国篆刻 2015 年 8 月	王振波	论文	论文类	文法系
10	国外应急志愿服务的特点及经验借鉴	中国青年研究 2015 年第 8 期	高艳蓉	论文	论文奖	科研处
11	北京智慧城市发展现状与建设对策研究	电子政务 2015 年第 12 期	王红霞	论文	论文奖	计算机系

表1-2-10 北京青年政治学院第八届优秀科研成果奖获奖成果

序号	成果名称	出版社或期刊名称以及出版或发表时间或刊期	作者	成果形式	部门
特等奖					
（空缺）					
一等奖					
1	青年文化研究的现状与反思	中国青年研究 2018 年第 3 期	杨晶	论文	青少所
2	"敬"德论	中州学刊 2017 年第 9 期	王颖	论文	东方所
3	新世纪我国 18 至 25 周岁青年犯罪问题及其防治对策	中国人民公安大学学报 （社会科学版） 2018 年第 3 期	刘金霞	论文	青年工作学院
4	不咆哮，让孩子爱上学习	浙江教育出版社 2019 年 1 月	田宏杰	著作	青少所
5	学德辨实：新时代青年培育践行社会主义核心价值观的四个着力点	思想政治教育研究 2019 年第 2 期	张子荣	论文	马克思主义学院
二等奖					
1	天津承接产业转移的重点选择、问题与对策	经济问题探索 2017 年第 8 期	韩文琰	论文	现代管理学院
2	程廷祚治《易》路向探析	周易研究 2017 年第 6 期	李伟波	论文	东方所
3	北京市青少年禁毒研究	中国社会出版社 2019 年 7 月	胡剑	著作	现代管理学院
4	宋代士人心态与文学	国家行政学院出版社 2019 年 8 月	李建英	著作	留学生办公室
5	新时代大学生社会主义核心价值观培育创新研究	中国书籍出版社 2019 年 7 月	周颖	著作	马克思主义学院
6	公共图书馆智慧服务研究：关键要素、实现路径及实践模式	情报资料工作 2019 年第 2 期	李校红	论文	现代管理学院
7	冈谈集：新时期文学中的青年形象研究	中国文史出版社 2016 年 11 月	李秀萍	著作	人文素质教育中心

续表

序号	成果名称	出版社或期刊名称以及出版或发表时间或刊期	作者	成果形式	部门
二等奖					
8	*Application of VCG in Replica Placement Strategy of Cloud Storage*	*International Journal of Grid and Distributed Computing* 2016 年第 4 期	王红霞	论文	信息传媒艺术学院
9	新时代对风险导向下高校内审工作的思考	会计之友 2019 年第 3 期	段凤霞	论文	纪检办
10	"互联网 +"背景下养老服务构建研究	电子政务 2016 年第 10 期	石刚	论文	信息化办公室

表 1-2-11　中国青少年研究会青年学征文优秀成果奖

序号	论文题目	作者	奖项级别
1	交叉地带的深入开掘与成长	李秀萍	2019 年 12 月荣获中国青少年研究会青年学征文二等奖
2	陆游的家风及对子孙的教育	李建英	
3	社会是什么？服务于国家治理的青年社会信念研究	景晓娟 曾宇宏	
4	习近平新闻舆论思想与当代青年核心价值观塑造	胡蕊	2019 年 12 月荣获中国青少年研究会青年学征文三等奖
5	我国青少年权益保护的成就、问题与展望	刘金霞	
6	传统文化与青年文化关系的症候、立场及路径	杨晶	
7	借鉴德日环境教育经验推进青少年绿色消费	马智萍	
8	服务学习推动课程思政教学——基于社会工作导论课程思政的探索	杨峥威	2019 年 12 月荣获中国青少年研究会青年学征文优秀奖
9	矢志立德树人　弘扬爱国精神	韩丽丽	
10	以"五四"精神引领青年	周颖	
11	论青年大学生权益的保护	赵志宏	
12	域外校园欺凌治理之中国借鉴	胡剑 王娜	
13	自媒体时代与青年网络意见领袖	马映红	
14	核心价值观视域下的青少年海外游学案例分析	高连云	
15	青年工作的舆论宣传融媒体平台建设初探	师静	
16	青年志愿者参与养老服务的机制研究	王春晖	

序号	论文题目	作者	奖项级别
17	首都大学生微型学习现状与促进策略研究	李雯	2019年12月荣获中国青少年研究会青年学征文优秀奖
18	青少年书法教育现状管窥	王振波	
19	立足校园青年文化建设推进爱国主义教育体系	丁晓鹃	
20	中国青少年志愿服务与社会参与研究	高艳蓉	
21	当代青年社会公德培育与提升的三个维度探析	王颖	
22	来华留学生心理健康状况影响因素研究	刘巍	
23	青年成长与社区发展漫谈	谭亮	
24	青年干部培训供给侧改革探析	韩仁东	
25	青少年自尊与尊严教育研究	董辉	
26	消费主义视域下的青少年消费观构建研究	王文影	
27	当代中国青年的生活方式及思考	于泽浩	

表1-2-12　　2020年北京市学校美育科研论文优秀成果奖

序号	论文名称	作者	奖项
1	青少年茶文化课程美育教学资源开发	黄昕	三等奖
2	艺术设计教育助推精准扶贫实践探索与研究——以北京青年政治学院艺术设计专业定点帮扶北京市怀柔区雁溪镇大地村精准扶贫为例	林巧琴、赵世杰	三等奖
3	论高校戏剧美育开展的途径及价值功能	雷丽平	三等奖

四、学术活动

五年来，学院坚持"内引、外联、扩大、开放"方针，积极开展形式多样的学术活动，共主办学术讲座60余场，包括主办的重要学术会议10余场，这些学术活动促进了教师科研骨干队伍的成长，也提升了学院学术声誉。

（一）2016年学院主要学术活动

1．举行2016年第一期科研培训讲座

3月4日下午，科研处组织召开学院2016年第一期科研培训讲座。此次讲座由北京职业教育与人文北京研究中心主任刘世保教授主讲，科研处副处长高诚主持。刘世保教授作了"敬畏社科规律，遵循科研规范"的专题讲座，他从自身科研实践

出发，结合本年度院级课题的评审情况，与大家分享了做好科研的体会和经验，详细阐述了做好科研要梳理好圈子与平台、类别与定位、综述与价值、方法与特色、定量与定性、借鉴与尊重六大关系，逐一分析了科研项目在选题、申报、开题、中期、结项五个阶段需要注意的问题。2016年度院级科研项目负责人40余人参加了培训。

2．召开学术团队检查汇报会

3月11日，为凝聚科学研究力量、不断提高学术水平和学术人才队伍质量，科研处组织召开了学术团队检查汇报会。副院长周永源、2013年以来获批的9个学术团队负责人和团队成员出席会议，会议由科研处副处长高诚主持。汇报会上，9个学术团队负责人分别汇报了团队自创建以来在科研项目、科研成果、科研经费、学术活动、人才培养及经费执行等考核指标方面的完成情况。与会专家对每个学术团队的汇报进行了点评，在肯定团队建设取得成绩的同时，也指出了不足，为各学术团队的建设指明了努力方向。为了加强学术团队建设，学院发布实施了《北京青年政治学院学术团队建设与管理办法》，对学术团队采用过程管理与目标管理相结合的动态管理方式，实行中期检查和建设期满绩效考核制度。

3．召开2016年度高级别科研项目开题报告会

3月11日，科研处组织召开了2016年度12项高级别科研项目开题报告会。专家组、各项目组成员和科研处相关人员参会，会议由科研处副处长高诚主持。参加本次开题报告会的主要包括北京市教委2016年度社科计划项目7项，北京市社会科学基金研究基地项目3项，北京市社会科学基金项目2项。各项目主持人分别从项目研究价值、研究思路和方法、研究的主要内容及总体框架、研究的重点难点及创新之处、前期调研情况、人员分工、研究进度等方面作了汇报。与会专家在认真听取主持人汇报后，对每个项目的研究目标、研究内容、研究方法、研究进度、成果要求等问题进行了讨论和交流，并提出了意见和建议。各项目负责人表示要认真听取专家提出的意见和建议，细化分工，团结合作，保质保量地完成项目的研究任务。本次开题报告会的召开，是学院加强科研管理工作规范化的重要举措，对2016年度各类新立项目的启动实施起到积极的推动作用。

4．召开2016年度科研经费培训工作会

为强化科研经费的使用管理和监督，提升科研经费管理服务水平，科研处会同财务处于3月23日召开学院科研经费培训工作会。科研处副处长高诚通报了2016年学院科研经费批复情况，指出2015年科研经费使用过程中存在的问题，强调今后要进一步加强科研经费进度管理，提高科研经费的使用效益。财务处副处长刘雪辉对科研经费使用过程中的注意事项、办理流程做了深入、详细的讲解，并就相关经费使用与管理情况和与会人员进行了充分交流。高艳蓉就2016年科研经费预算、科研经费报销程序和科研项目结项等事项进行了说明。学院各级各类科研项目负责人、学术团队和各单位科研秘书参加了会议。

5．召开 2016 年科研工作培训会

5月6日至7日，科研处组织召开 2016 年科研工作培训会。副院长周永源出席会议并讲话，周永源回顾了"十二五"期间学院科研工作取得的成绩，分析了当前科研工作面临的形势，并就下一步科研工作进行了部署，要求科研管理部门优化服务流程，不断提升科研管理服务水平。同时要求各个部门重视科研工作，广大教师要继续发扬学院的科研传统，坚持教学科研并重，努力做好科研工作。在培训期间，《中国社会科学院研究生院学报》副主编赵俊教授作"文献综述写作"专题讲座，提出了文献综述撰写的六种思路，并结合具体事例进行详细分析。北京师范大学国际与比较教育研究院院长、《比较教育研究》副主编刘宝存教授作"世界高等教育改革的动向与趋势"专题讲座，阐释了世界高等教育面临的挑战以及存在的问题，解读了我国高等教育改革的战略措施。《北京大学学报》（哲学社会科学版）常务副主编刘曙光博士作"期刊编辑视角的学术论文写作与发表"专题讲座，着重介绍了学术论文、期刊编辑、题目、选题、作者、参考文献、语言、插图和图表、版式及投稿等环节。科研处有关人员宣读了 2015 年科研奖励名单，并就近期科研工作进行了安排。学院各系（部、分院）分管科研领导、各级各类在研科研项目负责人、院级学术团队负责人、科研秘书以及专职科研人员 110 多人参加了培训。

6．"中国慈善传统文化与青年志愿服务"研讨会召开

5月20日至22日，北京青少年教育与发展研究基地、北京青少年研究所举办了"中国慈善传统文化与青年志愿服务"研讨会。来自中国社会科学院、清华大学、中国教育科学研究院、北京师范大学、中国青少年研究中心、中国人民大学书报资料中心、中国大百科全书出版社、北京林业大学等的专家、学者，以及学院部分教师、学生志愿者代表 50 多人出席会议，北京青少年研究所所长余逸群研究员主持会议。与会专家围绕我国慈善传统与当代青年志愿服务的关系，从慈善文化视角看青年志愿服务的特色，如何在中国慈善文化基础上完善青年志愿服务，青年志愿服务中的传统文化元素，慈善法对志愿服务健康快速发展的重大意义，依法弘扬慈善文化、规范慈善行为、完善青年志愿服务等专题进行了发言与讨论。

7．召开科研项目管理工作会议

6月29日上午，科研处组织召开 2016 年度科研项目管理工作会议，科研处副处长高诚主持会议。高艳蓉传达了上级有关科研经费调整政策，并通报了相关项目本年度的执行情况，要求科研项目负责人规范科研资金使用，加快支出进度，提高资金使用效益。高诚布置了暑期科研项目的预申报工作，希望大家早动手、早安排、早准备，努力提高项目立项率；他还就科研项目研究过程管理、逾期未结项的科研项目清理工作以及年终科研工作考核等问题进行了说明。各级各类科研项目负责人、学术团队负责人、各研究所所长以及各部门科研秘书参加了会议。

8．第十四届"中华美德教育行动师资培训班"在香港成功举办

7月5日下午，由北京东方道德研究所和香港中文大学新亚书院联合举办的第十四届"中华美德教育行动师资培训班"在新亚书院蒙民伟楼二号演讲厅开幕。新亚书院校董陈志新、郑承隆、梁英伟、黄经国,新亚书院署理院长朱嘉濠教授、新亚书院副辅导长叶云艳教授、中华美德教育培训班小组主席黄勇教授、田家炳基金会总干事戴大为、新亚书院拓展处曾嘉欣以及北京东方道德研究所原所长付永吉等出席开幕式,开幕式由北京东方道德研究所原所长王新宏教授主持,香港中文大学新亚书院院长黄乃正教授致辞,北京东方道德研究所副所长高诚教授出席开幕式并致辞。本届培训以"智"为主题,先后安排了六场讲座,分别是北京东方道德研究所付永吉副教授的"智——作为中华生命大智慧的儒学",香港教育学院文化史讲座教授、台湾大学中国文学系郑吉雄教授的"由知到智:知识与智慧的一体性",香港中文大学哲学系郑宗义教授的"四'知'与三'德'——作为生命教育的儒学",香港中文大学哲学系刘笑敢教授的"无知之智——道家特有之智慧",北京东方道德研究所王新宏教授的"'智'与青少年道德教育"。7月9日,香港新亚中学、香港中文大学校友会联会陈震夏中学、孔圣堂中学、乐善堂余近卿中学与广东省梅州市大埔县田家炳小学、北京市昌平区天通苑小学、广东省清远市田家炳实验中学和江西豫章书院等学校,就开展中华美德教育行动进行了坦诚交流和经验分享。学员们先后参观了香港廉政公署、香港红十字会、田家炳基金会和香港新亚中学,受到相关机构的热情接待并进行了座谈。参加来自各地中小学教育系统代表共计57人。

9. 积极进行 2016 年度北京市社会科学基金项目立项获佳绩

7月18日,北京市哲学社会科学规划办公室公布了2016年北京市社会科学基金项目立项课题名单,北京青年政治学院共有4项年度一般项目成功立项,立项数量居北京高职院校首位,如表1-2-13所示。

表1-2-13 2016 年北京市社会科学基金项目立项课题

序号	项目编号	项目名称	申报学科	金额/万元	项目类别	负责人
1	16WXB013	汉魏六朝宴饮文化研究	文学	6	一般项目	王玉霞
2	16GLB018	北京志愿服务参与应急管理研究	管理学	8	一般项目	高艳蓉
3	16LSB009	明初京畿地区的山西移民研究	历史学	8	一般项目	王绍欣
4	16FXB011	低碳电力法律制度研究	法学	8	一般项目	杨春桃

10. 召开"中国梦与当代青年发展研讨会"

10月16日,为积极服务青年成长,推进青年事业的科学发展,努力汇聚广大青年实现"中国梦"的青春力量,不断增强做好新形势下青年工作的坚定信心和历史责任感,由北京青年政治学院主办、北京青少年教育与发展研究基地承办的"中国梦与当代青年发展研讨会"在北京会议中心举行。学院党委书记楚国清、院长乔东亮、副院长周永源,北京青少年教育与发展研究基地首席专家梁绿琦,北京市社会科学界联合会党组书记、常务副主席韩凯，北京市哲学社会科学规划办公室主任崔新建、首都文明办副主任卜秀均，以及来自北京大学、中国人民大学、北京师范大学、中国青年政治学院、国家教育行政学院、中国社会科学院、中国教育科学研究院、中国青少年研究中心等机构的专家学者出席研讨会。楚国清、韩凯、崔新建分别致辞，周永源作主旨发言。在论坛研讨阶段，与会的十余位专家学者围绕"中国梦"与当代青年发展及青年应承担的责任、青年就业与职业教育、共青团改革与团青工作、国学与大学生德育、"中国梦"与青少年教育、中国青年的后物质主义价值观等主题进行了主旨发言和讨论。本次研讨会是纪念北京青年政治学院建院30周年、邓小平题写院名30周年、北京市团校建校60周年系列活动组成部分。学院教师代表、校友代表和学生代表以及新闻媒体记者200余人参加研讨会。

11. 召开专职科研人员科研工作座谈会

10月28日，学院召开专职科研人员科研工作座谈会。党委书记楚国清、院长乔东亮、副院长吕一中出席会议，座谈会由副院长周永源主持。

楚国清强调，高校首先是一个学术组织，科研工作是学院的重要职能，研究基地是引才聚才的重要平台，他对专职科研人员提出三点要求：一要按照国家大政方针，服务国家和首都经济社会发展，紧紧围绕学院中心工作，做好理论研究基础；二要注重研究成果的推广与转化，丰富和引领决策思想，服务好学院教育教学和人才培养；三要发挥示范引领作用，带动其他教师做好科研工作，提高学院的整体科研水平。

乔东亮指出，学术是大学的灵魂，也是学院的生命之源，没有学术支撑学院就不可能得到真正发展。他强调，重视科研工作就是重视科研人员，就要为科研人员创造更好的发展环境，他就学院科研工作提出三点希望：一是提升研究高度，力争产出更多高质量的研究成果；二是拓展研究广度，通过加强学习培训，进一步增加知识积累，不断提升自身素质；三是聚焦研究热度，在把握学院学术特色的基础上，追踪研究社会关注的重大理论和现实问题。

吕一中指出，教学与科研相辅相成，缺一不可，要把教学和专业建设的重点、难点作为理论创新的突破口，把科研创新的成果运用于教学实践，真正做到"教学出题目、科研作文章、成果进课堂"，使教学中理论与实际相联系，增强教学内容的深度与广度。他希望更多青年教师关注科研工作、从事科研工作，成为科研工作的中坚力量。

周永源指出，学院科研工作要紧紧抓住新时期繁荣发展哲学社会科学和群团改革的历史机遇，创新发展新思路。他强调，专职科研人员要进一步明确发展方向，在中华传统美德、节日文化、志愿服务、青少年研究等优势研究领域继续做深做强；发挥北京青少年教育与发展研究基地的作用，加强团青研究和决策咨询研究工作；加强与系部合作，为学院教育教学和人才培养服务；发挥研究所和科研骨干的示范效应，不断促进标志性科研成果的产出。

此外，北京东方道德研究所、北京青少年研究所负责人汇报了研究所的整体科研工作情况。与会各专职科研人员分别介绍了个人目前承担的科研工作任务和今后的工作设想，并就学院科研工作提出了意见和建议。科研处有关人员出席座谈会。

12. 召开系部教师科研工作座谈会

11月2日，学院召开系部教师科研工作座谈会。党委书记楚国清、院长乔东亮、党委副书记祝文燕出席会议，座谈会由副院长周永源主持。

楚国清强调，科研工作是学院最重要的任务之一，它不仅要出版专著和发表文章，更重要的是要为教育教学和经济社会发展服务。为充分发挥科研工作的重要职能，他向广大教师提出四点要求：一是要重视顶层设计，明确发展思路，找准发展路径；二是要重视科研对教育教学的促进作用，发挥科研引领功能，提升教育教学质量；三是要重视科研成果的转化应用，在服务首都经济社会发展的实践中体现科研价值；四是要认真研究国家相关科研政策，加大支持力度，结合实际调整并推进学院科研奖励政策。

乔东亮指出，学院科研工作经过长期的持续积淀，逐步形成了自身的发展特色，树立了学院品牌，提升了学院形象，增强了学院在同类高等院校中的科研竞争力。他对教师科研工作提出三点要求：一要注重科研团队建设，加大对教师队伍的培训力度，增强学院整体科研能力和持续服务社会能力；二要注重科研成果的转化，提高科研成果的经济效益和社会效益，实现学院"十三五"科研规划的目标；三要做好科研人员的服务工作，在政策上大力支持，在工作上统筹协调，在经费上予以保障，确保科研工作顺利开展。

周永源要求各系部负责人和教师要在既有成绩的基础上，再接再厉，努力钻研，为学院科研水平的提升和持续健康发展共同奋斗。

座谈会上，各系部分管科研工作负责人，学院科研团队负责人和科研骨干代表分别介绍了科研工作情况，分析了科研工作中面临的问题和困难，并提出了今后的工作设想。

13. 举办第六届金融服务论坛

12月2日下午，我院金融服务研究所举办第六届金融服务论坛。学院领导楚国清、乔东亮、周永源出席论坛相关活动。北京市经济信息中心副主任林明金、中国人民银行货币政策司穆争社、北京市西城区金融服务办公室李义奇、北京印刷学院副教授葛存山、中信期货有限公司研究员刘高超、国投安信期货有限公司机构业务部经理丛征威等专家应邀出席论坛。管理系师生代表、金融服务研究所人员参加论坛，金融服务所所长生蕾主持论坛。党委书记楚国清在论坛开幕前会见了校外专家并颁发聘书，他感谢与会专家长期以来对北京青年政治学院专业建设的支持和帮助，希望各位专家一如既往地关注、关心北京青年政治学院的发展，积极建言献策。论坛在院长乔东亮的欢迎辞中拉开帷幕，乔东亮对各位专家的到来表示热烈欢迎，对专家来我院传经送宝表示诚挚感谢。他要求金融服务研究所人员和管理系师生认真研究当前金融问题，使金融服务落地生根，增强学科专业优势，提高学校核心竞争力。副院长周永源对论坛的举办和金融专业建设提出了宝贵的指导性意见。专家们围绕本次论坛的主题"供给侧结构性改革与金融发展",分别作《金融风险与供给侧结构性改革》《中国经济新常态与供给侧结构性改革》《多层次资本市场发展展望》《供给侧结构性改革与金融从业者素质提高》等主题发言,回答了与会师生的提问并进行交流。管理系主任王燕在总结发言时感谢与会专家分享的真知灼见,希望论坛为大家提供一个信息交流、思想碰撞、成果传播的平台,来共同关注我国的金融发展与供给侧结构性改革,让学生对自己的未来有更深刻的思考,提高专业素养,更好地成长成才。

14. 召开北京青少年教育与发展研究基地工作会

12月7日,北京青少年教育与发展研究基地工作会召开。科研处、北京青少年研究所、北京市团校、青少年教育与管理系有关人员出席会议,会议由基地负责人、学院副院长周永源主持。周永源指出,北京青少年教育与发展研究基地在志愿服务、社会教育研究等方面形成了长期的研究方向,但面对新形势和新要求,基地要立足长远,转型发展,加强与北京市团校、青少系等单位的联系与合作,围绕中心,服务大局,共同为学院人才培养和共青团事业贡献力量。基地要确定好转型的方向和模式,解决转型发展中遇到的困难和问题。与会人员围绕研究基地如何更好地融入学院发展,为学院人才培养服务,如何为基层共青团服务,以及基地转型发展的方向、模式和转型面临的问题、困难等问题进行了讨论,为研究基地的进一步发展提出了很好的建议。

(二)2017年学院主要学术活动

1. 召开2016年度科研工作总结表彰会

1月5日下午,学院召开2016年度科研工作总结表彰会。党委书记楚国清、院长乔东亮出席会议,会议由副院长周永源主持。

楚国清对受到表彰的集体和个人表示祝贺。他充分肯定过去一年学院科研工作取得的成绩,并对2017年科研工作提出三点要求:一是要深入贯彻习近平总书记在哲学社会科学工作座谈会上的重要讲话精神,把中国特色社会主义理论体系贯穿于研究全过程,始终保持清醒的理论自觉、坚定的政治信念和科学的思维方法。二是要与学院人才培养结合起来,积极发挥科研的育人功能,着力提升广大教师的能力素质,提高学生的创新实践能力。三是要立足学院实际"开门"搞研究,密切联系国内外科研院所,积极开展多渠道、多层次、全方位的科研合作与交流。

乔东亮强调,2017年提升学院科研综合能力,要重点做好四个方面的工作:一是"聚焦",主动汇聚青少年研究队伍,突出学院青年研究特色,致力于服务首都经济社会发展。二是"搭台",着力加强与外部优势研究资源的合作,强化高水平科研平台对学院科研工作的聚焦、提升和促进作用。三是"引智",坚持引进与培养并重,加强学术领军人才成长机制建设和科研队伍梯队建设。四是"创新",科研工作的生命力在于创新，要创新科研工作的研究模式和服务模式。

周永源指出，广大教师要充分认识科研工作对学院发展的支撑作用，积极从事科学研究，注重科研与教学的相互促进，抓好重大项目的申报和高水平科研成果的产出。科研处要高质高效做好科研管理和服务工作，提升学术团队和平台建设力度，强化科研与教学的结合程度，不断拓展对外交流合作渠道，努力打造科研工作新的增长点。

科研处副处长高诚汇报了 2016 年学院科研工作的总体情况和存在的主要问题，并对 2017 年科研工作计划做了详细阐述。学院对在 2016 年度科研工作中作出突出贡献的课题组和个人进行了表彰，获奖代表王玉霞、张国军分别发言，分享了个人科研过程中的经验。各系（部、分院）分管科研领导、全体专职研究人员、科研秘书以及获奖人员等 60 余人参加会议。

2. 院长乔东亮赴科研处调研学院科研工作

3 月 13 日，院长乔东亮就学院科研工作赴科研处进行调研。乔东亮肯定了近年来学院科研工作取得的成绩，并对今后的科研工作提出了四项具体要求：一要增强服务意识，提高服务水平，提升管理效能，变被动管理为主动服务，创新服务手段，拓展服务深度；二要聚合科研队伍，优化科研资源，培育科研特色，精心设计，精准发力，积极做好组织、服务、引导、提升工作；三要从实际出发，坚持问题导向，统筹兼顾，提出工作方案，确定各项任务完成的时间表和路线图，以"抓铁有痕、踏石留印"的力度推进各项工作；四要扩大对外交流与合作，积极争取外部资源，借鉴兄弟院校先进科研管理经验，不断提升学院科研水平和影响力。科研处全体人员结合自身工作实际，分别就学校科研工作现状、面临的问题以及工作设想进行了汇报。党政办公室、党委宣传部有关人员陪同调研。

3.《青少年导刊》责任编辑张莉博士作学术报告

3 月 15 日下午，学院特邀中国人民大学复印报刊资料《青少年导刊》《社会学》责任编辑张莉博士来作题为"青年研究学术热点展望、论文质量评价与写作技巧"的学术报告。张莉结合自身工作实际，回顾了近五年青年研究的基础理论、研究方法和选题情况，介绍了书报资料中心选文标准和评价标准以及《青少年导刊》论文收录情况，从读者的角度对我院教师的学术论文写作提出了建议，并对青年研究的热点议题进行了展望。本次报告会由科研处主办、北京青少年教育与发展研究基地承办，来自各单位的 40 余位教师参加了报告会。

4. 共青团北京市委员会研究室主任王赢一行到我院交流座谈

3 月 29 日上午，北京团市委研究室主任王赢一行到我院交流座谈。学院党委副书记高世英出席会议并讲话，市团校、科研处、青少所、社科部等相关单位负责人参加会议，团校培训处处长曾宇宏主持会议。高世英指出，学院将根据团市委要求深化科研工作改革，充分发挥师资、科研、学科等资源优势，紧紧围绕团干部教育培训、青年社工和青年志愿者培训、青少年创新创业教育培训、青少年和共青团工作调查研究工作、团员青年入党教育五大职能，搭建团青工作创新发展平台，突出团青特色，把服务青少年、促进青少年发展、共青团改革创新研究作为科研工作的主攻方向，增强课题研究的针对性和实效性，为服务青年、凝聚青年、引领青年奠定深厚的理论研究基础。王赢对学院大力支持团市委研究工作表示衷心感谢，希望双方能够在智库建设、政策咨询、课题研究、青年调查中心建设、青少年工作研讨等方面加强合作，进一步整合资源，优势互补，确保团青研究工作取得实效。会上，双方就群团工作改革、2017 年青少年及青少年工作调研课题、北京共青团智库建设、北京青少年发展规划等问题进行了探讨交流。

5. 科研处召开 2017 年度市教委科研计划项目开题会

3 月 18 日下午，科研处组织召开 2017 年度市教委科研计划项目开题论证会。论证会由科研处副处长高诚主持。会上，各课题组负责人分别从课题研究的背景、意义、总体框架、主要内容、创新点、重点难点、组织实施方案、科研经费和年度研究规划等方面作了汇报。与会专家就各课题研究的主体内容和关键技术提出了指导意见和建议。2017 年，学院共获批 6 项市教委科研计划项目，其中，重点项目 1 项，为我国互联网金融供给侧结构性改革研究；一般项目 5 项，分别为青少年绿色消费行为形成机理及推进策略研究、社会工作督导理论及实务探究、北京市居家养老有效供给模式研究、高校网络意识形态建设工作研究、第二语言习得与跨文化交际。

6. 北京青少年教育与发展研究基地一期建设验收会在学院召开

4 月 6 日上午，北京市哲学社会科学研究基地——北京青少年教育与发展研究基地一期建设验收工作会议在学院第四会议室举行。市社科规划办主任崔新建、基地工作处副处长刘军，验收组专家贺耀敏、文魁、葛新权、王国顺，以及市教委科研处、市社科规划办工作人员张豫、刘峰杰对北京青少年教育与发展研究基地 2014—2016 年三年的建设情况进行实地考察和验收。学院党委副书记祝文燕，学院副院长、北京青少年教育与发展研究基地负责人周永源出席会议。会议由市社科规划办副主任张庆玺主持。祝文燕代表学院领导班子对市社科规划办、市教委领导及验收专家组成员的到来表示欢迎，对领导、专家在验收过程中指出的问题和提出的切实中肯建议表示感谢。她指出，基地将以此次验收工作为契机，进一步分析总结一期建设中的经验和不足，从体制建设、机制建设、队伍建设、研究创新等方面抓好工作落实，努力推出一批有特色、标志性的研究成果。周永源从基地建设的基本情况、科研水平和科研能力、经费使用投入产出绩效、研究基地取得的成绩与经验、建设中存在的问题与解决思路等五方面进行了详细汇报，涵盖了研究基地三年间的科研立项、学术成果、学术活动、社会影响及改进思路等内容。崔新建在听取汇报后指出，要认真研究、吸纳专家组提出的问题和意见建议，并对进一步加强基地建设提出三点建议：一是要认真思考准确定位研究基地，努力发挥政策在支持基地建设上的功能和作用；二是要加强特色研究，着力凸显基地的研究内容、研究方向和研究方法；三是要与其他研究基地相互学习借鉴，坚持"走出去"与"请进来"相结合，避免走弯路。会上，与会领导、专家肯定了学院研究基地三年来取得的成绩，同时也指出了研究基地建设存在的主要问题，并提出了具有创新性、建设性的改进建议，验收组专家还考察了研究基地的基础建设情况。科研处、研究基地办公室、北京市团校以及学院相关单位负责人及部分研究人员参加验收会。北京青少年教育与发展研究基地是由北京市教育委员会、北京市哲学社会科学规划办公室依托北京青年政治学院于2013年10月共同建立的，是北京市属哲学社会科学研究基地。

7．召开科研经费管理工作座谈会

5月8日，我院召开科研经费管理工作座谈会。副院长周永源出席会议，科研处、财务处等相关部门负责人，以及部分科研项目负责人参加会议。周永源强调，要认真落实国家和北京市科研经费管理政策，不断完善科研经费管理制度，推进科研经费"放、管、服、落"改革，努力满足科研一线的实际需求，确保政策措施落地见效，促进学院科研工作健康有序发展。科研处、财务处负责人传达了《北京市进一步完善财政科研项目和经费管理的若干政策措施》文件精神，解读了上级最新科研项目经费管理政策，并就新拟定的《北京青年政治学院科研项目经费支出实施细则》作了说明。会议印发了《科研经费管理政策学习与宣传材料汇编》。与会人员在深入研读文件和广泛讨论的基础上，对《北京青年政治学院科研项目经费支出实施细则》，就其科学性、合理性和规范性提出了贴近实际、易于执行的修改建议。

8．《青年学报》主编刘宏森教授作学术报告

6月9日下午，我院特邀《青年学报》主编、上海青年管理干部学院刘宏森教授来我院作题为"学术研究与思维训练漫谈"的学术报告，学院纪委书记易帅东、副院长叶向红出席报告会，报告会由科研处副处长高诚主持。刘宏森结合自身工作实际和最新研究成果，分别从科研工作与高校教师、高校教师科研工作的基本要求、科学研究与思维训练、青年研究热点、学术期刊投稿的基本要求五个方面与大家进行了深入交流。他指出，互联网使我们跟世界上最优秀的教师同台竞争，高校教师既是讲课的"演员"，更应该是临场指挥的主教练，必须要有过硬、扎实的知识和理论基础，要善于通过研究解决实践问题。对于研究内容方面，他指出，可以从学科前沿问题、教育教学方法、教育对象等角度入手，善于发现和研究青年当中存在的具体问题和热点问题。刘宏森还向与会人员介绍了向学术期刊投稿的"五个把准""一个建立"基本要求，即要把准刊物要求、具体问题、内在逻辑、事实依据、表述方式，要与期刊建立学术联系。本次报告会由科研处主办，来自学院各单位的30余位教师参加了报告会。

9．召开重点培育科研项目论证会

6月1日北京青年政治学院重点培育科研项目论证会在图书馆会议室召开。院长乔东亮、纪委书记易帅东、副院长叶向红出席会议，论证会由副院长周永源主持。乔东亮对进一步做好学院重点培育科研项目提出四点要求：一是要着力围绕凸显学

院办学特色的领域，努力打造精品科研项目；二是要着力整合学院资源，加强支持保障力度，积极动员和组织广大教师参与、支持重点科研项目；三是要着力发挥学院优势，提高服务团青工作和服务社会的能力；四是要着力加强与国内外院校的学术交流，争取更多的学习机会，为学院团青融合发展、科研水平的提升作出应有贡献。5位重点培育科研项目负责人分别汇报了项目研究计划和工作进展情况。来自中国青少年研究中心、北京师范大学、中国青年政治学院、首都师范大学、中国社会科学院以及我院的有关专家从项目选题、研究内容、研究方法等方面对各项目进行了点评和指导，并提出了修改、完善建议和意见。本次论证会由科研处、北京青少年教育与发展研究基地主办，来自各单位的20余位教师参加。

10．召开职称评聘科研条件征求意见座谈会

6月28日，科研处组织召开职称评聘科研条件征求意见座谈会。副院长周永源主持座谈并讲话，各系（部）和相关职能部门负责人及教师代表近30人参加座谈会。周永源在讲话中指出，职称评聘工作关乎教师切身利益和学院长远发展，是学院师资队伍建设的一项重点工作。职称评聘科研条件要按照中央和北京市有关文件规定与学院实际，在广泛征求不同层次教职工代表意见和兼顾政策连续性的基础上，科学设计、论证符合学院科研定位和发展要求的职称评聘科研条件，不断完善相关评审工作制度，循序渐进推进学院职称评聘改革工作。科研处副处长高诚就《北京青年政治学院专业技术职务资格评议条件和资格审核办法》有关科研条件进行了说明和解读。座谈中，与会教师代表分别从职称评聘各系列、各级别所对应科研指标数量和质量的要求、成果转化、评审程序等方面畅所欲言，各抒己见，提出了相关意见和建议。

11．第十五届"中华美德教育行动师资培训班"在香港成功举办

由北京东方道德研究所和香港中文大学新亚书院联合举办的第十五届"中华美德教育行动师资培训班"在新亚书院蒙民伟楼二号演讲厅开幕。新亚书院校董陈志新先生、何超蕸女士，新亚书院副院长朱嘉濠教授、中华美德教育培训班小组主席黄勇教授，田家炳基金会总干事戴大为先生，以及北京东方道德研究所名誉所长钱逊教授、北京青年政治学院黄秀清教授等出席开幕式。开幕式由北京东方道德研究所原所长王新宏教授主持。新亚书院院长黄乃正教授与北京东方道德研究所名誉所长王殿卿教授分别代表主办方致开幕辞。黄乃正教授对远道而来的学员们致以热烈的欢迎，对田家炳基金会、何超蕸校董的慷慨资助表示衷心感谢，并祝培训班圆满成功。2017年适逢"中华美德教育行动师资培训班"举办十五周年，王殿卿教授回顾了十五年来培训班的发展历程与取得的成绩，希望诸位同仁继续努力，共同使培训班结出更多的硕果。本届培训以新亚校训"诚明"为主题，先后安排了六场讲座，包括香港城市大学人文社会科学院范瑞平教授讲授《建构中国生命伦理学》，香港科技大学人文学部陈荣开副教授讲授《朱子释"诚明"》，香港中文大学哲学系刘笑敢教授讲授《关于孟子性善论的争议与回应》，清华大学钱逊教授讲授《谈儒学中的做人的价值》，北京青年政治学院黄秀清教授讲授《"诚明"与诚信教育》等。7月8日，培训班召开了内地与香港中小学教师中华美德教育情况分享会，其间，学员们还到香港保良局何寿南小学、新亚中学参观访问，就中华美德教育经验进行交流与分享。此外，学员们先后参观了香港廉政公署、香港红十字会和田家炳基金会，得到相关机构的热情接待。7月10日，培训班举行结业典礼。典礼由王新宏教授主持，黄勇教授、钱逊教授、王殿卿教授分别对本届培训工作进行总结，黄乃正教授代表新亚书院向全体参训学员颁发了结业证书。本届师资培训班学员来自内地各中小学教育系统代表共计56人。

12．荣获两项北京市社科联2017年度青年社科人才资助项目

北京市社会科学界联合会公布了2017年度北京市社会科学界联合会青年社科人才资助项目立项名单，我院青少系田宏杰申报的"习近平青年教育思想与当代青年价值观培育研究"、北京市团校牛奔申报的"2022年北京冬奥会隐形营销行为及对策研究"获得资助。北京市社科联2017年度青年社科人才资助项目申报总数近200项，其中资助立项24项。青年社科人才资助项目系北京市社科联组织申报的年度项目，旨在繁荣和发展首都哲学社会科学，进一步提高北京市青年社会科学工作者的创新能力与研究水平，培养造就一批思想政治素质高、具有创新精神的青年学科带头人。

13．获批4项2017年度北京市社会科学基金项目

北京市哲学社会科学规划办公室公布了2017年北京市社会科学基金项目立项名单，我院获批4项，立项数量位居同类院校前列。北京市社会科学基金项目是北京市文科类最高级别的科研项目。近年来，学院高度重视社会科学研究，加大了对省部级以上项目的培育和支持，北京市社会科学基金项目连续七年取得立项好成绩，显著高于同类院校，如表1-2-14所示。

表1-2-14　北京青年政治学院2017年度北京市社会科学基金项目具体立项信息

序号	项目名称	项目类别	申报学科	项目负责人
1	北京青年发展现状与趋势研究	基地一般项目	社会·人口学	周永源
2	北京市青少年校园欺凌问题治理研究	基地一般项目	教育学	梅丽萍
3	明清笔记中的北京书写研究	一般项目	文学	李建英
4	新媒体时代青少年核心价值观教育"新三态"研究	一般项目	马列·科社·党建	张子荣

14．甘葆露教授荣获首届罗国杰伦理学教育基金优秀教师奖

2017年8月，首届罗国杰伦理学教育基金各奖项评选结果揭晓，北京东方道德研究所名誉所长甘葆露教授荣获优秀教师奖。根据评审办法，罗国杰伦理学教育基金评委会从全国众多参选人员和作品中严格筛选，评选出一批在伦理学教育事业中师德高尚、治学严谨、享有较高声誉的优秀教师，以及品学兼优、具有较高伦理学学术研究素质的优秀学生和具有较大影响力的优秀著作，此次共评选出 5 名优秀教师、17 名优秀学生和 8 部优秀著作。罗国杰伦理学教育基金于 2015 年 6 月 15 日成立，由中国人民大学罗国杰教授将生前获得的"吴玉章人文社会科学终身成就奖"奖金捐赠中国人民大学教育基金会而设立，本基金致力于我国伦理学学科发展、人才培养和科学研究，弘扬罗国杰教授毕生致力于中国伦理学与道德建设事业的鞠躬尽瘁的精神，促进伦理学研究教育事业，推动社会道德发展进步。

15．俄罗斯科学院高级研究员拉琳娜应邀来我院作学术报告

10 月 23 日下午，俄罗斯科学院远东分院历史考古民族研究所社会舆论研究实验室主任莉莉娅·利沃夫娜·拉琳娜高级研究员应邀到我院作学术报告，报告会由科研处副处长（主持工作）高诚教授主持。拉琳娜以《东亚国家（中、日、韩）与俄罗斯太平洋地区青年的价值取向与兴趣（基于社会调查结果）》为题，通过多样的数据分析形式，展示了不同国家的青年在对自我文化认同、生活目标及对未来的信心等方面的差异，全面剖析了不同文化背景下，中、俄、日、韩年轻人的价值取向与兴趣。参会师生就抽样调查设计、调查结果等共同关心的问题与拉琳娜进行了热烈讨论。大家表示，本次报告会促进了交流，对提高我院师生科学研究能力大有裨益。本次报告会由科研处主办、国际学院承办，来自学院各单位 40 余位师生参加了报告会。

16．2017"一带一路"背景下法律国际学术研讨会召开

为更好地服务"一带一路"倡议，增进"一带一路"沿线国家大学、研究机构之间在法学研究领域的相互了解与合作，由我院主办的"沟通·合作·提升：2017'一带一路'背景下法律国际学术研讨会"于 2017 年 11 月 3 日至 5 日在北京举行。本次研讨会以"'一带一路'背景下中外法学沟通·合作·提升"为主题。党委书记楚国清、院长乔东亮分别以不同方式向大会的胜利召开表示热烈祝贺，对国内外的专家学者表示诚挚谢意，副院长周永源、叶向红出席研讨会并讲话，会议由北京青年政治学院文秘与法律系负责人张靖华副教授主持。叶向红代表北京青年政治学院致开幕辞。受楚国清委托，周永源代为宣读《法治中国与"一带一路"建设》大会主题报告，报告回顾了中国特色社会主义法治建设历程，剖析了"一带一路"的深刻内涵，深入阐述了法治对"一带一路"建设的保障和引领作用，并指出"一带一路"建设带给法律事业的机遇与挑战。研讨会共分为"一带一路"愿景下法治文明建设与司法合作、"一带一路"建设中法律保障与协调、"一带一路"倡议下各国立法经验借鉴与启示、"一带一路"背景下法学研究的共享与交流等四个主题单元。波兰华沙人文社科大学法律系副主任 PawelKowslski 博士以《欧盟竞争法对中国企业的重要性日益增强》为题发言，中国人民大学法学院莫于川教授以《法制文化演进与"一带一路"愿景》为题作现场报告，中央财经大学法学院副院长，国际商法研究中心主任王克玉教授作《"一带一路"倡议下推进司法合作的几个问题》主题发言，波兰华沙人文社科大学法学院主任 Tomasz P. Antoszek 博士作题为《如何将调解方式更好地运用在"一带一路"中，解决面临争议的问题》的主题报告，北京工商大学法学院国际法系主任颜苏副教授以《私营军事安保公司在"一带一路"建设中作用和法律挑战》作主题发言，社工系袁光亮教授作题为《社会工作立法的中国经验对"一带一路"国家的启示》的专题报告，文秘与法律系刘金霞教授作题为《"一带一路"合作机制中的法律问题与协调》的主题报告，北京工商大学董彪副教授作《互联网保险中的营商自由及其边界》主题发言，俄罗斯律师 MaksimZavitkov 先生作题为《陪审团审判与调解研究》报告，波兰华沙传染病医院医学法律讲师 Karolina Pyziak 博士作《波兰艾滋病毒感染者的法律保护》主题报告，国际关系学院战略研究中心侯圣鑫研究员就《"一带一路"背景下我国海外青年权益保护研究》作主题发言。在此次大会上，中外法学专家从不同视角就"一带一路"倡议给法律事业发展带来的机遇与挑战作了深入探讨和交流。学院师生代表共计 100 余人参加研讨会。

17. 学院召开 2017 年度北京社科基金项目开题会

11 月 15 日下午，科研处组织召开 2017 年度北京社科基金项目开题会，开题会由科研处副处长高诚教授主持。4 个课题负责人分别对各自负责的课题研究思路和研究进展作了详细汇报。与会专家认真听取了各课题组的开题汇报，对课题的总体设计和研究进程安排进行了点评，认为课题选题立意新颖、论证较为充分、结构较为合理，创新之处和特色较为明显，各课题组研究基础厚实、研究方案可行。同时，与会专家也针对各课题实施的具体问题提出了建议。各课题组对专家提出的宝贵意见和建议表示感谢，表示要认真总结和消化吸收专家提出的宝贵建议和意见，将理论建构与实践应用相结合，进一步体现研究特色，优化研究方案，突出创新性和可行性，高质量完成项目预定研究任务。各课题负责人、课题组成员，以及科研处有关人员近 30 人参加开题会。

18. "传统文化与新时代新青年发展研讨会"在北京成功举办

12 月 16 日，由北京东方道德研究所、北京青少年教育与发展研究基地联合举办的"传统文化与新时代新青年发展研讨会"在北京举行，来自中国青少年研究中心、中国社会科学院、中国人民大学、北京师范大学、中国政法大学、中国青年政治学院、首都经贸大学、北方工业大学等高校、科研院所的专家学者，以及北京青年政治学院师生代表共计 150 余人参加研讨会。北京青年政治学院院长乔东亮教授出席研讨会并致开幕辞。与会专家围绕传统文化与青少年教育、传统文化的现代转化、传统文化与社会主义核心价值观、家庭教育、学校教育、社会教育与网络教育等论题展开讨论。传统文化如何融入新时代新青年，如何培养新青年文化传承的自觉意识，是与会专家普遍关注的重要论题；如何实现中华优秀传统文化的创造性转化和创新性发展，与会专家从不同的思考维度展开了讨论；与会专家还就家庭教育、学校教育、社会教育、网络教育的践行路径展开了讨论。为鼓励学界更多投入到青年研究和青年学研究中来，由北京青少年教育与发展研究基地出资，联合中国青年工作院校协会、北京青年研究会，面向全国开展了以"青年研究"为主题的征文活动，经专家组评审，共有 32 篇征文获奖。在此次研讨会上，中国青少年研究中心常务副主任刘俊彦研究员宣读了获奖名单，颁发了获奖证书。

（三）2018 年学院主要学术活动

1．召开 2018 年科研工作会

3 月 14 日，学院科研处组织召开 2018 年科研工作会，副院长周永源出席会议并讲话。周永源指出，2017 年学院出台了《北京青年政治学院科研项目经费支出实施细则》，修订了《北京青年政治学院科研奖励办法》，简化了科研经费管理程序，加大了科研奖励力度。在科研处和广大教师的共同努力下，学院科研工作取得了进一步发展，高级别科研项目申报、高层次科研成果发表等方面在同类院校中继续保持优势，提升了学院的声誉。周永源强调，2018 年是学院改革之年，学院科研体制机制改革也在积极稳步推进，广大教师要在学院转型发展、二次创业的关键时期积极投身改革、参与改革。他对 2018 年科研工作提出要求：一是深入贯彻落实中央、北京以及上级主管部门的各项科研管理政策；二是继续推进北京青少年教育与发展研究基地二期建设工作；三是加强科研培训力度，提高教师科研能力；四是做好科研项目管理工作，强化对高级别科研项目申报工作的引导；五是加强学术骨干的培养和科研队伍建设；六是打造高端学术活动品牌；七是提高《北京青年研究》的办刊水平，提升刊物的社会影响力。科研处副处长高诚总结了学院 2017 年科研工作，并介绍了学院 2018 年科研工作要点。国际学院李建英、社会工作系梅丽萍两位教师在会上作了交流发言，与大家分享了做科研过程中的经验和体会。会议对 2017 年度获准立项的 7 个重大研究项目、45 项科研成果进行了表彰奖励。各系（部、分院）分管科研领导、全体专职研究人员、科研秘书、获奖人员以及各级各类科研项目负责人 60 余人参加会议。

2．学院市教委社科重点项目立项实现新突破

《北京市教育委员会关于下达 2018 年度科技计划以及社科计划资助项目的通知》（京教函〔2018〕92 号）公布了 2018 年度社科计划资助项目立项名单，我院共有 3 项社科重点项目、5 项社科一般项目获得立项资助。2018 年，北京市属高校共申报社科重点项目 135 项，立项数为 33 项。我院申报名额为 3 项，立项 3 项，立项率达 100%，立项总数位居全市高校第三位，仅次于首都师范大学（申报名额 17 项，立项 7 项）和北京工业大学（申报名额 15 项，立项 5 项）。近年来，学院高度重视科研工作，研究制定了《北京青年政治学院科研奖励管理办法》，加大对高级别科研项目的培育和支持力度，鼓励和引导教师围绕学院青少年特色，加强青少年领域热点问题的研究。浓厚的研究氛围、突出的研究特色、强大的研究团队使得学院自 2014 年以来在北京市教委社科重点项目立项中取得了优异成绩，位居同类型院校首位，如表 1-2-15 所示。

表1-2-15　北京青年政治学院2014—2018年市教委社科重点项目立项一览表

序号	项目名称	年度项目	项目负责人
1	全面二孩背景下北京市学前教育资源供给体系研究	2018年度重点项目	叶向红
2	家训与中国古代儿童的道德生活	2018年度重点项目	王 颖
3	习近平总书记关于青年成长成才重要论述研究	2018年度重点项目	高 诚
4	互联网金融供给侧改革研究	2017年度重点项目	生 蕾
5	现代性视野中的新时期儿童戏剧研究	2016年度重点项目	雷丽平
6	北京高校青年教师心理特征研究	2015年度重点项目	李兰巧
7	志愿高校——志愿服务与高校人才培养模式研究	2014年度重点项目	梁绿琦

3．商务印书馆总编室主任叶军作学术报告

为提高学院教师学术论文写作能力，帮助教师更好地掌握论文公开发表要领与技巧，4月13日下午，学院特邀商务印书馆总编室主任叶军为广大师生作《从出版的角度谈学术写作与规范》的学术报告。叶军从出版的角度切入，以一个编辑的视角与大家分享了学术写作与规范。她指出，学术著作的出版一要知己知彼，充分了解自身学术优势和心仪出版机构的出版方向、出版特色、出版要求，寻找最适合自己的出版机构；二要内容创新，紧跟时代步伐，深入观察生活，在专业领域里不断推陈出新；三要规范写作，充分发挥工具书在规范写作中的作用，做到资料翔实，征引准确，表述正确。她建议，要以项目带动科研，在项目推进过程中锻炼和提高学术写作水平，巩固和加强学术写作规范。本次报告会由科研处主办，来自学院各单位的50余位教师参加。

4．2018青年学与青年工作研讨会成功召开

6月8日，由中国青少年研究会青年学研究专委会、北京青年政治学院（北京市团校）、共青团中央中国特色社会主义理论体系研究中心研究基地、北京青少年教育与发展研究基础、北青教育传媒集团等单位联合举办的"2018青年学与青年工作研讨会暨中国青少年研究会青年学研究专委会第一次会议"在北京青年政治学院成功召开。中国青少年研究中心主任、中国青少年研究会常务副会长王义军、团市委副书记袁慧等领导出席开幕式并讲话。来自全国30多所高校、科研院所、共青团组织、青年院校（团校）、中小学、青年组织、青年机构的120余名专家学者、青少年工作者参加研讨会，交流研讨新时代青年学与青年工作，为深化青年学研究、加强青年工作人才培养、促进青年事业发展献计献策。北京青年政治学院领导班子全体成员出席研讨会开幕式，开幕式由学院党委副书记、院长乔东亮教授主持，中国青少年研究中心主任、中国青少年研究会常务副会长王义军向青年学研究专委会顾问发放了聘书并讲话。中国青少年研究中心主任、中国青少年研究会常务副会长王义军、团市委副书记袁慧、清华大学教育研究院院长谢维和教授、北京青年政治学院党委书记程晓君共同为学院新组建的"青年工作学院"揭牌。青年学研究专委会顾问、中国青少年研究中心黄志坚教授在开幕式上致辞，北京青年政治学院党委书记程晓君对与会专家学者、青少年工作者表示热烈欢迎和衷心感谢，她表示，北京青年政治学院将努力搭建好青年学与青年工作交流研讨平台，与广大专家学者、青少年工作者一道，积极推进青年学研究和青年学科建设，为北京青年政治学院打造"青年特色"注入新的活力，为首都培养更多优秀青少年工作者。开幕式后，是本次研讨会的主旨论坛，主旨论坛由北京青年政治学院党委书记程晓君主持，北京青年政治学院党委副书记、院长乔东亮教授，中国青少年研究中心黄志坚教授，中国社会科学院博士生导师、长江学者金惠敏教授，中国人民大学博士生导师李育辉教授，对外经贸大学博士生导师廉思教授，北青教育传媒董事长兼总经理常红，中国社会科学院青年研究室主任李春玲研究员等七位嘉宾分别以《习近平青年工作思想》《加强青年学研究的十点思考》《文化自信与青年文化》《青年领导力》《与流动共生，与时代共振》《实践教育中的青少年思想引领》《当代青年的国家认同》为题作精彩报告。下午，"青年学""青年工作""少年工作"三个分论坛同时举行，40多名专家学者、青少年工作者结合自己的研究和工作领域，围绕青年学学科建设、人才培养、科学研究、课程设置以及新时代青少年工作进行了研讨，三个分论坛分别由北京青年政治学院副院长周永源、纪委书记易帅东、副院长叶向红主持。

5. 科研处举办社会科学研究方法培训会

为有效提升教师的科研水平，6月27日下午，科研处组织召开社会科学研究方法培训会，邀请北京信息科技大学教授葛新权作专题讲座，培训会由科研处副处长高诚主持。葛新权围绕科学研究方法、社会科学研究的特殊性、社会科学研究方法、研究方法进展四个方面展开，提出了科研工作中"五生融合""五观价值""五全要素"的新观点，有效帮助教师把思考的方式、解决问题的过程从抽象的哲学层面落实到具体的应用上，用科学的方法提高研究质量。讲座结束后，葛新权教授与参会老师进行互动，就当前的社会科学热点问题进行了探讨。

6. 第十六届"中华美德教育行动师资培训班"在香港成功举办

7月3日至10日，由北京东方道德研究所和香港中文大学新亚书院联合举办的第十六届"中华美德教育行动师资培训班"在香港中文大学新亚书院顺利进行。香港中文大学新亚书院院长黄乃正，新亚书院校董会主席梁英伟先生，副主席陈志新博士，校董会成员林耀明及黄浩潮，田家炳教育基金会董事局主席田庆先，中华美德教育培训班小组主席黄勇教授，北京东方道德研究所王新宏教授、王颖研究员，北京青年政治学院张靖华副教授，以及来自内地16个省市中小学、幼儿园等教育系统的59名学员参加了开幕式，开幕式由北京东方道德研究所原所长王新宏教授主持。本届培训采取讲座、交流和参观等相结合的形式进行。在讲座方面，以"恕"为主题，共安排六场讲座，包括北京东方道德研究所王颖研究员的"恕之传统义涵及现代价值"，香港城市大学人文社会科学院范瑞平教授的"恕与礼"，香港理工大学中国文化系贾晋华教授的"古典儒学的道德银律和金律"等，香港教区公教教研中心总干事徐锦尧神父的"孔子的恕与修身及基督教的天国理想"，香港科技大学人文学部陈荣开副教授的"朱熹《四书章句集注》中'恕'的观念"，北京青年政治学院张靖华副教授的"传统儒家恕道思想的当代使命"。在交流方面，山东济宁教育局副局长刘加庚，香港新亚中学、孔圣堂中学、乐善堂中学、河北树人教育集团、湖北仙桃市仙源学校、北京通州南关小学、重庆永川北山中学等学校的校长或教师代表，就自己所在学校及地区所开展的中华美德教育行动情况，分别进行了全面而细致的介绍，并对学员们提出的问题进行了耐心而真诚的回答。本届培训班还组织了多场相关的文化考察活动：安排小学组学员参观香港保良局何寿南小学，中学组学员参观香港新亚中学，并与所参观学校的校长、教师以及学生代表进行广泛而热烈的交流和经验分享。此外，全体学员参观了香港红十字会、田家炳基金会以及廉政公署等，并听取相关单位及部门代表的热心介绍。本届培训班得到田家炳教育基金会及何超蘧校董中国文化活动基金的大力支持。

7. 参加中国青少年发展论坛并召集中国青年工作院协会工作会

11月29日至30日，由中国青少年研究中心、中国青少年研究会、中央团校主办的第十四届中国青少年发展论坛在北京举办。北京青年政治学院院长、中国青少年研究会青年学研究专委会主任乔东亮教授带队参加会议并主持"改革开放40年青年发展研究"论坛。纪委书记易帅东、副院长周永源、科研处、青少所、东方所及青年学研究代表参加会议。会上，乔东亮作题为《青年学的未来》的发言，提出青年学在未来研究中要做好三个"一"，即青年学研究要播好第一粒种子，关注青年"心"的成长，成就青年自由全面的发展，培养干净、担当的灵魂；青年学研究要扣好第一粒扣子，关注青年"才"的发展，用科学的体系指导青年从"幼芽"成为社会栋梁、成为最好的自己；青年学研究要搭好第一个平台，通过历史传承、人文化成、科技促成为青年成长搭建好教育平台。在青年学研究中，要把成才作为落脚点，把心灵铸造作为起点，让青年学成为服务青年成人成长、成才的学问。在论坛召开期间，学院牵头召集了中国青年工作院校协会研究专委会工作会。乔东亮参加会议，提出各会员单位要专注青年学独特人才培养体系内的学理基础建设，青年工作涉及多学科研究领域，不是青年学一门学科能够全包揽全覆盖的，要确定好青年学研究问题的边界和范围，搭建青年学学科体系，为青年工作高端人才的培养提供指导；周永源作为中国青年工作院校协会研究专委会主任，介绍了专委会的情况以及我院青年研究现状及未来规划。本次论坛以"改革开放四十年与青年发展"为主题，共青团中央书记处第一书记贺军科作《在改革开放进程中阔步前进的中国青年发展事业》的主旨演讲，团中央发布了《青年发展蓝皮书》成果。学院东方所彭笑远作《成人与少儿的情感交流与精神对话——改革开放40年少儿散文发展论》的报告并获得论坛优秀论文三等奖，青少所杨晶作《追忆与讨论：改革开放四十年青年文化研究历史流变》的报告，来自全国25个省、直辖市、自治区的青年理论工作者200余人参加了会议。

8．召开国家社科基金项目申报培训会

12月14日下午，科研处组织召开国家社科基金项目申报培训会，邀请北京交通大学社科处副处长叶龙教授作报告，培训会由科研处副处长高诚教授主持。叶龙教授结合自身申报国家社科基金项目的丰富经验，从选题设计，研究现状综述，研究的主要内容，研究方法与技术路线，研究的重点、难点与创新等五个方面详尽讲解了国家社科基金项目申报需要把握的要点要素、方法策略以及注意事项。会后，参会老师与叶龙教授进行了进一步交流。老师们纷纷表示，此次培训会收获颇丰，对提升高级别科研项目申报水平有重要作用。学院40余位教师参加培训。

（四）2019年学院主要学术活动

1．《青少年导刊》责任编辑张莉博士学术报告

1月2日下午，学院特邀中国人民大学书报资料中心《青少年导刊》《社会学》《社会学文摘》责任编辑张莉博士作题为《近期青年研究热点分析与相关期刊概览》的学术报告。张莉结合自身工作实际，从编辑选文章的角度分析了研究者在投稿过程中如何选题、如何创新，才能在编辑眼中脱颖而出，并为大家分析了文章写作中需要避开的常见问题。张莉分析了近期青年研究的热点问题，如中国特色青年研究（青年学）、青年发展规划、青年政策与共青团改革、新兴青年群体/社群、儿童保护、青年亚文化等，为大家介绍了青年相关期刊的层级、栏目构成、风格，为教师学术论文写作提供了参考。本次报告会由科研处主办，北京青少年教育与发展研究基地承办，来自各单位的30余位教师参加。

2．获批4项省部级科研项目

教育部社会科学司、北京市哲学社会科学规划办公室陆续公布立项项目，我院共获批4项。近年来，学院坚持以高层次科研项目立项为抓手，注重多学科交叉融合、协同攻关，坚持引导鼓励申报与过程管理并举，高级别科研项目申报质量不断提升，如表1-2-16所示。

表1-2-16 北京青年政治学院2019年教育部、北京市社会科学基金研究基地项目立项一览表

序号	项目名称	项目来源	负责人	所在部门
1	中国智慧和中国方案的理论内涵与世界意义研究	教育部人文社会科学研究专项任务项目（中国特色社会主义理论体系研究）	张欢欢	学生处
2	人类命运共同体视角下亚太经济一体化研究	教育部人文社会科学研究专项任务项目（中国特色社会主义理论体系研究）	张国军	马克思主义学院
3	大众文化语境下文学经典阅读与青少年成长	北京市社会科学基金研究基地项目	张靖华	人文素质教育中心
4	虚拟游戏审美经验与青少年审美能力培育研究	北京市社会科学基金研究基地项目	王静	信息传媒艺术学院

3. 中国青少年研究中心张良驯作学术报告

3月13日下午，学院特邀中国青少年研究中心副主任张良驯作题为《如何做好青年研究》的学术报告，此次报告为百年中国与青年发展学术讲座系列第二讲，讲座由科研处负责人高诚主持。张良驯结合青年研究工作实际，从选题、学科视角、社会调查三个角度解读了如何做好青年研究。张良驯从青年现象、青年问题、青年政策、青年工作和青年理论五个方面为大家详细分析了青年研究的选题领域；在学术为本的前提下提出了学术范式和理论视角两个分析方向；在以实践为导向的前提下，服务青年和青年工作，为实际工作提供理论依据、数据支持和对策建议，为教师做好青年发展的学术研究提供了丰富的理论支持。本次报告会由科研处主办、北京青少年教育与发展研究基地承办，来自各单位的40余位教师参加。

4. 科研处召开市教委科研项目结题评审会

3月27日下午，我院北京市教委科研项目结题评审会在图书馆五层学术会议室召开。评审会成员主要由北京工商大学、北京信息科技大学、北京联合大学、北京电子科技职业学院、北京工业职业技术学院等校外专家组成，科研处副处长高诚主持会议。高诚首先介绍了参与此次结题评审的课题情况，并对结题评审要求进行了说明。评审专家认真对照课题申报书，对课题研究的目标完成情况、经费使用的合理性，以及课题材料的完整性和规范性进行了评审。各位专家还就课题管理进行了交流，为提高我院科研管理和科研水平提供了良好的借鉴作用。

5. 科研处召开2019年市级以上立项课题开题报告会

4月24日上午，科研处组织召开2019年度市级以上立项课题开题报告会。来自北京市社科联、北京交通大学、北京物资学院、北京电子科技职业学院、北京市经济管理职业学院等单位的专家学者以及8项市级以上课题负责人、课题组成员参加了报告会。报告会由科研处副处长高诚教授主持。高诚首先介绍了2019年度市级以上课题立项情况和课题管理的要求，强调了课题开题的重要性和意义，要求课题负责人要以科学的态度扎实搞科研，按时按质按量完成课题。各课题组负责人依次汇报了课题研究方案及进展情况，与会专家围绕各课题研究内容的深度与广度、研究方法、研究思路、研究内容、经费分配等进行了点评和提问，并对课题研究情况提出了宝贵建议。本次开题会对加强课题过程管理，为课题研究的顺利开展提供了指导，对提高中青年教师科研水平、课题研究质量有着积极促进作用，达到了预期效果。

6. 北京师范大学心理学院彭华茂教授来学院作学术报告

7月3日下午，学院特邀北京师范大学心理学院博士生导师彭华茂教授作题为《如何申请高水平科研课题》的学术报告。彭华茂结合自己成功申报2项国家自然科学基金项目、3项教育部人文社会科学基金项目的工作经验，将自己以往国家自然科学基金项目申请书的成功案例和失败案例进行对比，为学院教师分析申请书的选题、综述、问题提出、研究方案、创新点、可行性及研究基础等部分的撰写方法。

彭华茂尤其强调申请书的撰写要有"读者思维"，要考虑从评审专家审读的角度出发设计和撰写申请书，通过使用框架图或流程图、提炼首尾句、突出关键词句等方法，提高申请书的可读性，突显内容的内在逻辑性，以提高项目申请成功率。本次报告会由科研处主办、北京青少年教育与发展研究基地承办，来自各单位的10余位教师参加。

7．科研处举办《质性研究与Nvivo数据分析》培训讲座

9月11日上午，科研处邀请天津科技大学硕士生导师姚伟副教授来院作题为《质性研究与Nvivo数据分析》的方法培训，培训由青少所负责人田宏杰博士主持。姚伟指出，质性研究是以研究者本人为研究工具，在自然情境下，采用多种资料收集方法（访谈、观察、实物分析），对研究现象进行深入的整体性探究，从原始资料中形成结论和理论，通过与研究对象互动，对其行为和意义建构获得解释性理解的一种活动。而Nvivo是一款功能强大的质性分析软件，能够有效地分析文字、影像、图形、声音和录像带等不同数据，帮助研究者以更高效的方式管理质性数据，并挖掘数据中潜在的规律，是实现质性研究的最佳工具。参加培训的教师随姚伟副教授将质性数据分析的基本理念融入软件使用的实操训练中，通过学习，了解了质性分析的基本方法和Nvivo软件的工作原理、分析思路。本次培训激发了教师对质性研究的学习兴趣和动力，提高了对质性研究软件的掌握能力，教师们表示，今后可通过Nvivo软件来突破"工具理性"而启动学术想象力，为学术研究和论文写作提供了新的思路和方法。本次报告会由科研处主办、北京青少年教育与发展研究基地承办，来自各单位的30余位教师参加。

8．应邀参加第十五届中国青少年发展论坛

11月29日至30日，以"新中国成立70年青少年发展与青少年工作"为主题的第十五届中国青少年发展论坛（2019）在北京举行，本届论坛由中央团校和中国青少年研究中心、中国青少年研究会联合主办。受共青团中央书记处第一书记贺军科委托，共青团中央书记处书记傅振邦出席论坛，并在开幕式上作主旨报告。北京青年政治学院院长、中国青少年研究会青年学研究专委会主任乔东亮带队参加会议并主持大会主旨论坛，参加"新中国70年青年工作"分论坛并做了总结发言，提出青年学研究要聚焦三个问题：一是青年的政治性，要把政治性问题放在首位，把加强习近平新时代中国特色社会主义思想作为青年研究的主题；二是青年的变革性，对青年变革性研究要更深、更透，将新时代青年的工作学习生活需求，作为党、政府和社会关注的重要因素；三是青年的发展性，关注青年发展就要在关注青年、呵护青年发展的方向上努力。乔东亮提出把这三个方向的研究抓好，才能体现青年学和其他学科的差异。在论坛召开期间，学院牵头召集了中国青年工作院校协会研究专委会工作会，乔东亮出席会议，提出要建设开放、共赢的科研队伍体系，只有青年研究队伍可持续发展，科研成果才能持续发展；要聚焦主责主业，打造青年研究阵地，将青年研究人员、青年研究期刊和青年研究各类资源联合起来，在青年学的旗号下聚焦开展青年政治性、变革性和发展性三方面的研究；要做好青年学培训工作，青年领域研究和工作者要着力打造一套有中国特色的青年学教材，以支持青年学学科建设和培训工作。学院东方所彭笑远以《回顾、反思与展望——新中国七十年少儿电影发展论》为题作报告，青少所杨晶以《青年文化研究的历史使用与主体担当》为题作报告。来自全国 27 个省（区、市）的高等院校、科研院所、党校系统和共青团系统的专家学者及青少年工作者近 200 人到会，围绕论坛主题进行了广泛而深入的交流和探讨。

9．获批 7 项科研项目

经过个人申请、学校初选推荐、专家评审等规定程序，11 月 4 日，根据北京市社科联、北京市社科规划办公布的《2019 年北京市社会科学基金拟立项项目名单公示》中，我校获批 2019 年度北京市社会科学基金项目共计 2 项。12 月 13 日，根据北京市教育委员会公布的《2020 年度科技计划、社科计划批准立项项目》，我校获批 2020 年度社科计划重点项目 1 项、一般项目 4 项。一批科研项目的成功立项，彰显了我校教师在科学研究方面的巨大潜力。今后，学校将继续加大各级各类项目的组织申报力度，增强为广大教师申报项目的服务力度，支持鼓励我校教师内联外合组建优势团队，提升项目竞争力，促进学校科研工作又好又快发展，如表 1-2-17 所示。

表 1-2-17　北京青年政治学院 2019 年北京市社会科学基金、市教委科研计划项目立项一览表

序号	项目名称	负责人	项目类别	经费/万元	部门
1	青年文化视域下的网络文艺生产研究	梁岩	青年项目	8	宣传部
2	文化的笔墨传承与北京市青少年书法教育研究	王振波	一般项目	8	青年工作学院
3	《阳明先生文录》嘉靖间刻本集校	任文利	重点项目	20	东方所
4	新时代劳动教育在职业教育领域的推进策略研究	李雯	一般项目	5	高职所
5	新时代家风文化与青年社会主义核心价值观培育研究	王琪	一般项目	5	马克思主义学院
6	北京市高职生终身学习能力提升研究	邢艳	一般项目	5	继续教育学院
7	新时代京津冀红色旅游资源开发与青年思想政治教育实效性研究	陈鑫	一般项目	5	组织部

10．科研处开展市级以上科研项目结题评审会

12 月 26 日上午，科研处组织专家在图书馆五层学术会议室进行市级以上科研

项目结题评审会。评审会成员由来自北京大学、北京信息科技大学、北京联合大学、北京物资学院、北京工商大学等 5 位校外专家组成，科研处副处长高诚主持会议。高诚首先介绍了参与此次结题评审的课题情况，并对结题评审要求进行了说明。本次评审专家认真对照课题申报书，对课题研究的目标完成情况、经费使用的合理性，以及课题材料的完整性和规范性进行了评审，如表 1-2-18 所示。

表 1-2-18　参加本次集中结项鉴定的项目

序号	项目编号	项目名称	项目类型	所属学科	项目负责人
1	SZ201711626030	我国互联网金融供给侧结构性改革研究	市教委重点项目	经济学	生蕾
2	SM201911626002	改革开放以来俄罗斯文学在华译介传播研究	市教委一般项目	文学	贾一村
3	17JDSHB007	北京青年发展现状与趋势研究	北京社科基金基地研究一般项目	社会学	周永源
4	17KDB007	新媒体时代青少年核心价值观教育"新三态"研究	北京社科基金一般项目	马列·社科·党建	张子荣

（五）2020 年学院主要学术活动

1．科研处举办国家社科基金申报辅导专题讲座

1 月 3 日，学院科研处邀请北京物资学院科研处处长王可山教授作国家社科基金申报辅导专题讲座，讲座由科研处副处长高诚主持。在两个小时的报告会中，王可山结合自己申报国家社科基金项目的体会，从国家社科基金项目申报选题、选题依据的表述、研究思路与方法、申报书的整体一致性、申报书应注意的关键问题五个方面剖析了如何申报国家社科基金项目。王可山指出，项目选题要有学术价值或决策价值，突出规范性、学术性、前瞻性、创新性；文献综述要注重概括性、评论性和结论性；研究框架要坚持整体平衡性、逻辑合理性、路线可行性、前后一致性；参考文献要具备权威性、新颖性。他表示，申报人要认真阅读上级有关申报文件要求，按照文件要求设计申报书。讲座结束后，与会教师与王可山教授进行了充分的交流和讨论。学院各单位教师 30 余人参加讲座。

2．院长乔东亮专题调研科研工作

1 月 16 日，院长乔东亮就学院科研工作进行专题调研，副院长周永源、学院党政办公室主任景海俊参加调研。乔东亮首先听取了专职科研人员对学院改革转型背景下科研工作未来发展的意见建议。他指出，在国家大力推进职业教育改革、学校全面转型的大背景下，广大教师要深入贯彻落实《国家职业教育改革实施方案》要

求，增强历史责任感，不断提高为党和政府、学校和青年发展的服务能力；要重点抓好学报和北京青少年教育与发展研究基地工作，要制定切实可行的建设方案。他强调，2020年是"十三五"的收官之年，也是编制"十四五"发展规划的启动之年，广大科研人员要不负韶华，以苦干实干的精神推进学校的转型发展。周永源指出，在过去一年里，学院科研工作取得了新的成绩，一些科研指标在同类型院校中处于领先地位，既有研究优势得到延续；面对学校转型发展的改革大潮流，学校的科研队伍建设、研究定位和发展方向存在一定的不足。他强调，广大专职科研人员要更加努力，积极思考探索职业教育背景下科研工作的发展之路。科研处、青少所、东方所、高职所负责人和全体专职科研人员就学院科研工作未来发展提出了意见建议，图书馆负责人和图书馆教师代表参加调研。

3. 学院教师参与完成《中国职业教育外语教育发展报告（2009—2019）》

《中国职业教育外语教育发展报告（2009—2019）》（主编常红梅，以下简称《报告》）由高等教育出版社出版。《报告》将我国职业教育外语教育的发展历程、人才培养、师资队伍、资源建设、评价体系、主要问题与发展趋势等各个要素10余年来的发展变化组成有机联系的整体，对深化职业院校外语教育改革具有一定的现实意义和历史意义。作为我国职业教育高质飞速发展时期的亲历者和见证者之一，国际学院老青教授主要承担"报告"第二编的编写任务，带领编者们通过全景式诠释这段历史中高等职业教育英语类专业教育改革与发展，回顾历史，总结经验，发现问题，正视现实，展望未来，增强自信，充分展现了职业教育外语教育教学工作者的责任担当意识。参与《报告》编写任务的我院教师有刘晓晶、谢金艳和姜丽。

4. 召开学术委员会全体会议

为统筹制定学院"十四五"规划，推动学院职教改革落地落实，9月11日，学院学术委员会召开全体会议，学术委员会全体成员参加会议，学术委员会主任、院长乔东亮，副主任祝文燕、吕一中参加会议。乔东亮指出，要进一步突出学院的职业教育特色，在认真梳理"十三五"发展规划经验的基础上，落实《国家职业教育改革实施方案》和北京市《关于深化职业教育改革的若干意见》文件精神，根据首都经济社会发展需求，结合学院的特色、优势，围绕学院职业教育"一老一小一青年，一文一技国际化、一高一特一创新"的基本定位，推动二级学院"一院一策一品"建设；要进一步提升师资水平，以高水平教师支撑高质量教育，推动特色鲜明的专业建设，突出创新在"十四五"规划中的重要作用；要进一步发挥学术委员会的科研力量，学术委员会作为校内最高学术机构，在学院的建设和发展中发挥着重要作用，各位委员要下大力气认真"备课"，以更广阔的视野为科学谋划"十四五"规划当好"先行官"，积极为学校发展建言献策。会议还评选出北京市第十六届哲学社会科学优秀成果奖参评成果。

5. 获批4项青年研究类项目

共青团中央、中国青少年研究会、北京教育科学规划办公室相继公布立项通知，学院成功立项 4 项。近年来，学院课题研究数量和质量不断提升，课题研究的规格和层次较高。新冠肺炎疫情期间，科研处精心统筹科研项目申报工作，多次研究部署申报工作，今后将持续汇聚研究力量，不断提升课题研究质量，扎实推进研究工作，助力学院建设发展，如表 1-2-19 所示。

表 1-2-19　北京青年政治学院 2020 年青年研究类项目立项一览表

序号	项目名称	项目来源	负责人	所在部门
1	图像形塑力与"五四"以来青年形象的建构	共青团中央中国特色社会主义理论体系研究中心重大项目	杨晶	青少所
2	家庭教育对少年儿童践行社会主义核心价值观的影响及实践路径研究	共青团中央中国特色社会主义理论体系研究中心一般项目	周颖	马克思主义学院
3	人工智能对青年就业影响研究	2020 年度中国青少年研究会立项课题	李燕萍	信息传媒艺术学院
4	基于大数据的 SPOC 在线学习行为分析与研究	北京市教育科学"十三五"规划 2020 年度一般课题	王红霞	信息传媒艺术学院

6."五四"精神新时代阐释与青年研究研讨会召开

为深入贯彻落实习近平总书记关于"五四"精神和青年工作的重要讲话精神，进一步加强对五四运动和"五四"精神的研究，9 月 26 日，由北京青年政治学院承接的共青团中央中特中心重大课题"图像形塑力与'五四'以来青年形象的研究"课题组主办的"'五四'精神新时代阐释与青年研究研讨会"在京召开。共青团北京市委员会副书记毛晓刚、北京青年政治学院院长乔东亮、中国青少年研究中心副主任张良驯、共青团中央青运史档案馆馆长胡献忠、中国人民大学文学院副院长陈奇佳、北京语言大学"一带一路"研究院常务副院长徐宝锋等专家学者出席了研讨会。课题组负责人、北京青年政治学院青少所研究员杨晶代表课题组汇报了研究成果。与会专家学者围绕青年形象与时代价值主潮、"五四"精神的转化、青年的价值选择与国家发展、青年文化等问题进行了交流研讨。与会专家指出，"五四"精神是五四运动的宝贵财富，新时代要加强对"五四"精神的解读和阐释。"五四"精神的实质，就是为实现中华民族伟大复兴的中国梦而奋斗。新时代阐释"五四"精神要进行时代性、实践性和群众性转化。与会专家强调，五四运动以全民族的力量高举起爱国主义的伟大旗帜，其核心是爱国主义精神。研究五四运动和"五四"精神，要把青年群体作为重中之重，研究新时代青年的特殊性，让"五四"精神成为青年成长的精神力量。青年是国家的未来，也是世界的未来。新时代中国青年，要有家国情怀，也要有人类关怀和国际视野，要为实现中华民族伟大复兴而奋斗，为推动构建人类命运共同体而努力。

7.《北京青年政治学院创建记（1984—1991）》新书发布暨座谈会举行

10月8日，北京青年政治学院举办《北京青年政治学院创建记（1984—1991）》新书发布暨座谈会，回顾学院创建初心，传承学院奋斗精神，谋划新时代学院发展。时任北京市委副书记、北京青年政治学院第一届院务指导委员会主任金鉴，时任共青团北京市委书记强卫，时任学院党委书记蒋效愚，时任学院院长周之良，时任学院党委副书记马宪平，时任学院文秘系主任常林瑞，时任学院培训部主任、总务处处长朱生利，时任北京青少年研究所所长谢维和，时任学院基建处处长孙继普，时任学院团委书记兼学生处副处长王晓蒙，共青团北京市委书记李军会，部分创院初期的师生代表出席座谈会。党委书记程晓君率学院领导班子全体成员及教师代表参加座谈会，院长乔东亮主持会议。程晓君指出，《北京青年政治学院创建记（1984—1991）》是每一位北京青年政治学院人最宝贵的精神食粮，是明确学院办学初心的一部著作，是充分体现老一辈政治家、教育家、教职工和广大校友深厚教育情怀的一部著作。传承和发扬北京青年政治学院的精神，是新一代北京青年政治学院人义不容辞的责任，要将书中丰富的内涵继续传承下去，成为学院发展建设的底色。此次座谈会共有20余名老领导、建院期间老同志、校友参加。

8．图书馆举办"青苑讲堂"文化讲座

10月20日，由图书馆主办的学院第二十届"书香校园"读书月活动的首场线下讲座开讲。此次读书月活动结合当下疫情带来的关于生命、意志、运动等方面的思考，以"文明其精神，野蛮其体魄"为主题，通过讲座、沙龙、主题征文、海报设计等方式展开。作为本年度首场线下文化讲座，邀请东方道德研究所教授彭笑远，以"女作家眼中的生命和世界"为题，围绕两本与疫情有关的文学作品——毕淑敏的《花冠病毒》及迟子建的《白雪乌鸦》，进行了深入的文本细读和艺术分析，解读疫情下人们重新看待、珍视我们的生命和生活的世界。在讲座过程中，彭笑远教授先以冰心、张爱玲、萧红等女性作家为例，探讨了女作家的生平与其作品风格的关系，进而引导同学们了解毕淑敏、迟子建的创作主题与文风，并带领同学们对《花冠病毒》《白雪乌鸦》中一些经典片段进行了品读与鉴赏。整个讲座在结构上逐层递进，语言风趣幽默，知识含量丰富，同学们听完颇有意犹未尽之感。本次讲座也是第十届书香中国·北京阅读季·大学生读书节的活动之一，120余名师生参与讲座。

9．"老年心理健康与积极老龄观培育"研讨会召开

为关爱老年人心理健康，培育积极老龄观，10月21日下午，在重阳节来临之际，北京青年政治学院和首厚·大家养老社区联合主办的首期"老年心理健康与积极老龄观培育"专题研讨会在首厚·大家养老社区召开。北京市老龄协会副会长孙立国出席并讲话，北京青年政治学院院长乔东亮、北京首厚大家运营总经理高峻松致辞，中国心理学会理事长、中国老年学和老年医学学会副会长、中国科学院心理研究所研究员韩布新，中国人民大学国家发展与战略研究院首席研究员、北京市习近平新时代中国特色社会主义思想研究中心特约研究员黄石松，以及中国亚洲经济

发展协会、中央财经大学、北京医院、首都医科大学、华龄出版社等政府主管部门、行业协会、权威专家学者、资深养老服务从业者、媒体人士等30余位嘉宾与会，会议由学院挂职首厚·大家养老社区梅丽萍副教授主持。乔东亮在致辞时表示，人口老龄化已经成为我国基本国情，为老服务必须从"心"开始才能满足老年人的真正需要。北京青年政治学院聚焦民生领域人才培养，形成了"一老一小一青年"办学特色，愿携手首厚·大家养老社区和专家学者从"心"开始研究北京养老模式，持续推动职教改革，从"心"开始创新产教融合、人才培养、高水平师资队伍和专业特色建设模式，为北京输送更多有爱心、有情怀、能创新、人文素养高的复合型技术技能人才，为北京市积极应对人口老龄化贡献力量。与会专家和学者围绕"当代中国老年人群的心理健康问题"和"如何引导和教育老年人树立积极老龄观"两个主题开展了深度研讨和交流。

10.《中国青年研究》主编刘俊彦作学术报告

10月21日下午，中国青少年研究中心常务副主任、《中国青年研究》主编刘俊彦研究员应邀来学院作学术报告，报告会由科研处副处长高诚教授主持。刘俊彦以《青年研究的重点与选题》为题，由青年问题的重要性切入，从青年研究的现状、中长期青年发展规划与青年研究的重点、团中央青年研究课题指南与书记处的新要求、青年与发展环境研究、青年群体主客观指标研究、《中国青年研究》关注重点及优秀论文介绍、青年研究选题建议七个方面作了详细阐述。他强调，青年研究人员要善于发现社会中新出现的青年现象，善于从社会学、教育学、心理学等学科出发进行交叉研究，善于将青年发展与社会发展结合起来深入思考青年问题。学院各单位教师30余人参加报告会。

11. 2020 年度校外科研项目开题报告会举行

10月23日上午，科研处组织专家在图书馆五层学术会议室进行2020年度校外立项课题开题报告会。来自北京信息科技大学、北京工商大学、北京印刷学院、北京青年政治学院等5位专家学者以及8项课题负责人、课题组成员参加了报告会，科研处副处长高诚主持会议。高诚首先介绍了参与此次开题报告的课题情况，各课题组负责人依次汇报了课题研究方案及进展情况，与会专家围绕各课题研究内容的深度与广度、研究方法、研究思路、研究内容、经费分配等进行了点评和提问，并对课题研究情况提出了宝贵建议，如表1-2-20所示。

表1-2-20　北京青年政治学院2020年度校外科研项目开题报告名单

序号	项目名称	项目类型	项目负责人
1	北京市高职生终身学习能力提升研究	2020年市教委科研计划一般项目	邢艳
2	新时代京津冀红色旅游资源开发与青年思想政治教育实效性研究	2020年市教委科研计划一般项目	陈鑫

续表

序号	项目名称	项目类型	项目负责人
3	北京国际交往中心建设视域下国际学生中华文化认同研究	2021 年科研计划一般项目	冀津
4	北京建设"国际交往中心"背景下青年志愿者跨文化能力研究	2021 年科研计划一般项目	谢金艳
5	北京市党员"双报到"工作机制创新研究	2021 年科研计划一般项目	杨峥威
6	突发公共事件下高职学生思想政治教育：功能发挥与体系建构	2021 年科研计划一般项目	李杨
7	基于大数据的 SPOC 在线学习行为分析与研究	2020 年北京市教育科学规划项目	王红霞
8	人工智能对青年就业影响研究	2020 年度中国青少年研究会立项课题	李燕萍

12．北京青少年社交媒体使用与表达研究学术研讨会召开

10 月 29 日，北京青少年社交媒体使用与表达研究学术研讨会在学院召开，来自中国传媒大学、首都经济贸易大学、中国青年网、大鹏在线教育集团等单位的专家学者以及学院部分教师参加研讨会，会议由科研处副处长高诚主持。信息传媒艺术学院教师胡蕊从选题依据、研究内容、研究思路与方法、研究框架、创新点及预期成果五个方面介绍了她主持的北京市教委社科重点项目"北京青少年社交媒体使用与表达研究"的研究情况。她表示，青少年在社交媒体上是一种主动的意见表达者，是有创意的网络文化参与者，是一种重要的文化生产者，是勇于承担国际传播话语权的一代新青年。与会专家学者围绕青少年社交媒体使用与表达进行了深入的研讨。

13．中国青少年研究中心副主任张良驯作学术报告

11 月 4 日，科研处和青年工作学院特邀中国青少年研究中心副主任张良驯来院作学术报告，讲座由青年工作学院院长袁光亮主持。讲座开始前，北京青年政治学院院长乔东亮与张良驯进行了深入交流。乔东亮表示，学院立足于青年政治特色，大力推动青年学研究和学科建设往深走、往实走，这次讲座就是一个难得的学习契机；青年工作学院在开展"一院一品"建设工作中，要充分发挥自身的品牌效应，不断打造具有青年特色的精品课程。此外，乔东亮还希望通过教师挂职锻炼等方式与中国青少年研究中心进一步加强联系，促进人才交流，提升教师队伍的科研能力和水平。张良驯从青年工作的战略地位、中国青年运动的时代主题、青年工作的责任使命、青年一代健康成长的正确道路、青年工作的路径方法、共青团改革发展的目标和任务、必须加强党对青年工作的领导等七个方面，深入解读了习近平总书记关于青年工作的重要思想，并对其中的重要内容进行了详细的阐释。来自青年工作学院、科研处、青少年研究所、团校培训处的师生参加讲座。

14. "家庭家风家教与新时代青少年道德教育"学术研讨会召开

为深入贯彻习近平总书记关于家庭家风家教重要论述精神，进一步加强对家庭家风家教以及新时代青少年道德教育研究，11月7日，由科研处主办、北京市教委社科重点课题"家训与中国古代儿童的道德生活"课题组承办的"家庭家风家教与新时代青少年道德教育"学术研讨会在北京举行。20余名专家学者参加会议，院长乔东亮出席会议并致辞，副院长周永源主持会议。乔东亮在致辞中指出，家庭是文化基因建设的基础阵地，文化基因建设应从家庭开始；家风反映了一个家庭的风尚和文化，家风研究应成为家庭研究、家训研究的重要内容；家庭教育研究，应着重思考如何通过具体可行的方式养成子女的规矩意识，要特别注重从传统家训中挖掘相关资源，借古鉴今。清华大学马克思主义学院博士生导师、教育部《思想理论教育导刊》常务副主编刘书林教授，中国人民大学哲学院博士生导师、教育部人文社科重点研究基地伦理学与道德建设研究中心副主任肖群忠教授，教育部中外语言交流合作中心发展规划处处长、世界汉学大会理事会秘书长、中国人民大学孔子研究院研究员王甬，中国社会科学院近代史研究所博士生导师罗检秋研究员，中央党校战略研究室主任、博士生导师任俊华教授，北京师范大学新闻传播学院博士生导师、北京师范大学首都文明礼仪研究基地主任万安伦教授，首都师范大学党委宣传部常务副部长、马克思主义学院博士生导师黄延敏教授，中国地质大学马克思主义学院院长、博士生导师杨峻岭教授，北京市家庭建设促进会副会长兼秘书长姚艳华，北京通州区宋庄小学德育主任马婧，以及北京东方道德研究所原所长王新宏教授、傅永吉副教授等专家学者，围绕习近平总书记关于家庭家风家教的重要论述、传统家规家训中的道德资源、家庭家风家教在青少年道德培养中的重要作用、家庭教育与青少年社会主义核心价值观培育以及家风家教家训的现代实践经验，进行了讨论交流。部分学院教师代表以及学生代表参加研讨会。

15. 《文化的笔墨传承与北京青少年书法教育》研讨会召开

11月10日，由科研处主办、北京青少年教育与发展研究基地承办的《文化的笔墨传承与北京青少年书法教育》研讨会在学院召开，来自一线的书法教育工作者及学院部分师生参加研讨会，会议由科研处副处长高诚主持。北京市社会科学基金研究基地项目"文化的笔墨传承与北京市青少年书法教育研究"课题组负责人王振波从研究背景、研究内容、研究思路、北京青少年书法教育现状等方面介绍了项目研究情况。他表示，书法作为中国特有的艺术形式与文化形态，蕴含着中国的艺术精神。书法教育的目的，不是简单的书写训练，更多的应该是文化内质与精神价值的传承。青少年接受书法教育是"技近乎道"的过程，获得的不仅仅是书写技法的提高，更重要的是能感悟中国传统文化的精神内涵，在潜移默化中受到中国传统文化的熏陶和洗礼，加深对传统文化的学习和领悟，提高审美情怀及道德情操。与会专家围绕北京青少年书法教育进行研讨，并就书法教育经验进行交流。房山区书法家协会副主席郭文晖认为，书法蕴含着丰富的文化内涵，书法教育是一项铸魂育人工程。北京彩色盒子艺术发展有限公司总经理赵雪冬就现今社会书法培训机构书法教育情况指出，不能把书法课简单视为写字课，要注重文化的传承，让学生切实感受到书法教育对青少年自身成长产生的积极影响。北京师范大学出版社编辑高羽珊就书法教材的实用性、趣味性、知识性提出了自己的看法。花园村第二小学李伟、翠微小学王朋、北京密云区第二小学焦长松、房山区少年宫李建伟等来自北京市中小学、书法培训机构的书法教师，分别就如何激发和培养青少年书法兴趣、如何开展青少年书法赛事、如何推进学校书法教育开展，以及书法课在国家课程、地方课程及校本课程中的定位等，提出了自己的见解。针对北京市青少年书法教育现状和面临的师资力量、教材选用、书法教育效果评价等难点，与会人员结合教学实践进行了深入探讨。

16.《青少年导刊》责任编辑张莉作学术报告

11月11日下午，科研处邀请中国人民大学复印报刊资料《青少年导刊》责任编辑张莉博士作题为《青年研究热点梳理及青年研究作品的写作与发表》的报告。张莉结合自身工作实际，分别从国家大事推动下的热点议题，新兴社会文化现象产生的热点议题，常规议题出现新视角、新关注点，以及基础理论推进、新的研究范式、理论视角兴起四个方面梳理了青年研究学术热点。张莉对青年研究作品投稿提出了建议：要有的放矢，明确发表目标，确定目标刊物；做好投稿前的自查工作；与编辑进行积极沟通；端正心态，尊重匿名评审人；不要海投；经常参加学术会议；多方核实。本次报告会由科研处主办、北京青少年教育与发展研究基地承办，来自学院各单位的20余位教师参加。

17.院长乔东亮参加团中央"十四五"规划与党的青年工作研讨会

11月21日，由团中央中国特色社会主义理论体系研究中心主办的"十四五规划与党的青年工作——学习贯彻党的十九届五中全会精神"研讨会在中央团校举行。北京青年政治学院院长乔东亮参会并作《新时代，新征程，"新"青年》专题发言。乔东亮解读了十九届五中全会开启的青年工作的新时代新征程，详细分析了新发展阶段青年工作的新格局新要求，从六个方面对新时代青年工作提出了建议，包括规划新时代团青教育培训改革总体方案，推出青年创新创业支持计划（2021—2035），制订青年技能提升计划（2020—2035），培养新征程青年技能创新突击手，探索新时代青年思想引领工作新思路新方法，建立新时代青年自我革命路径与方法等。研讨会同时颁发了"共青团与青年工作高端智库"专家聘书，乔东亮被聘为委员。该智库委员由36名专家组成，分别来自中央党校、团中央、中国科学院、中国社科院、上海社科院、重点高校、中国青少年研究中心、中国青年报、中央团校等。北京市团校、广东省团校、深圳市团校教授,智库是落实中央关于"建设共青团工作高端智库"的政治要求的具体举措,聚焦党和政府青年工作与共青团工作重大课题,关注四个重要研究领域:新时代青年思想政治引领,青年发展政策,共青团和青年工作创新,国内外青年动态。研讨会上,12 位专家就"十四五"期间青年智库建设、青年工作理论与实践进行了研讨,包括提升青年思想引领工作能力、青年工作调查研究能力、大数据服务能力、问题导向能力等,大力提升"十四五"期间青年获得感。

18.学院北京市教委社科重点项目获批 3 项,一般项目获批 4 项

经受理申报、通讯初评、现场答辩、会议评审等程序,《北京市教育委员会关于公布 2021 年度科技计划以及社科计划资助项目的通知》(京教函〔2020〕509 号)公布了 2021 年度社科计划资助项目立项名单,学院共有 3 项社科重点项目、4 项社科一般项目获得立项资助。2020 年,北京市属高校社科重点项目申报名额为 137项,立项 26 项,立项率 18.98%;学院申报名额为 6 项,立项 3 项,立项率 50%,立项总数位居第二,仅次于首都师范大学(申报名额为 20 项,立项 4 项)。近年来,学院党委高度重视科研工作,政策上大力支持,制度上保障有力,全体教师齐心协力共同攻关。在高级别科研项目申报竞争日趋激烈的情况下,学院北京市教委年度社科重点项目连续多年取得立项好成绩,位居同类型院校首位。立项后,科研处将切实规范项目管理工作,确保项目负责人明确研究任务和完成时限,督促项目负责人扎实开展研究工作,如期保质保量完成研究任务,如表 1-2-21 所示。

表 1-2-21 北京青年政治学院 2021 年度北京市教育委员会社科计划资助项目立项一览表

序号	项目名称	项目负责人	年度项目
1	生命共同体的理论内涵与时代意义研究	张子荣	2021 年度社科重点项目
2	小学生家长教育焦虑的结构、影响因素及干预研究	田宏杰	2021 年度社科重点项目
3	北京青少年社交媒体使用与表达的研究	胡蕊	2021 年度社科重点项目
4	北京国际交往中心建设视域下国际学生中华文化认同研究	冀津	2021 年度社科一般项目
5	北京建设"国际交往中心"背景下青年志愿者跨文化能力研究	谢金艳	2021 年度社科一般项目
6	北京市党员"双报到"工作机制创新研究	杨峥威	2021 年度社科一般项目
7	突发公共事件下高职学生思想政治教育:功能发挥与体系建构	李杨	2021 年度社科一般项目

19．"家长教育焦虑的适应性干预"学术研讨会召开

在当今社会经济发展背景下，家长教育焦虑问题及所带来的影响不断显现、升级，成为青少年教育领域关注的重点问题，如何积极进行干预？ 12月4日，由学院科研处主办、北京青少年教育与发展研究基地承办的"家长教育焦虑的适应性干预"学术研讨会在学院图书馆五层会议室举行，副院长周永源主持会议。清华教育研究院副院长、《清华大学教育研究》副主编赵琳，北京教育学院教育管理与心理学院教授曹新美，中国青年政治学院社会工作系副教授琚晓燕，北京市海淀区上地实验小学校长倪百明，北京理工大学附属中学副校长刘梅，《北京少年报》主编、北京市红领巾通讯社秘书长常红，《中国教育报》家庭教育周刊编辑陈明等专家学者围绕当今社会经济发展情况下中小学生家长家庭教育焦虑的影响因素及行为情绪表现、教育焦虑对中小学生学业及心理发展的作用、教育焦虑的干预及调控方法等问题进行了讨论交流。与会专家强调，教育焦虑是经济社会发展和教育竞争的必然产物。在当今经济社会背景下，我们不能用过度的、异化的"教育焦虑"来代替真实情境下的教育焦虑全况。教育焦虑的研究要有"社会学的想象力"，要基于当今时代变迁的宏大背景。家长教育焦虑不只是要"减轻"，而是需要给予科学的、差别化的、适应性的引导，要充分发挥"家—校—社"合力，根据教育部和全国妇联2020年发布的《家长家庭教育基本行为规范》中对家长"要教育引导子女养成良好学习习惯，提升自主学习能力，保护子女的好奇心和学习兴趣"的要求，引导家长在认知、情绪和行为维度对教育焦虑进行调整，以促进儿童长远的学习能力、心理健康及综合素质的培养。北京市教委社科重点项目"小学生家长教育焦虑的结构、影响因素及干预研究"负责人田宏杰汇报了课程研究思路。北京青少年研究所研究人员及学院部分老师参加研讨会。

20．青年工作学院举办未成年人权益保护专题讲座和学术会议

12月4日，时值第七个国家宪法日和第十九个全国普法日，青年工作学院邀请北京市人民检察院第九检察部主任岳慧青、北京市人民检察院第一分院第七检察部副主任王磊举办未成年人权益保护专题讲座和学术会议，党委书记程晓君、副院长吕一中参加活动。讲座开始前，程晓君为岳慧青颁发了聘书，聘请岳慧青担任青年工作学院教学指导委员会委员。岳慧青进行了未成年人权益保护专题讲座，她以某校园欺凌事件为例，引入未成年人权益保护问题，并从法学、遗传学、教育学、社会学、心理学等角度阐述了未成年人的犯罪原因，同时通过国际少年司法及儿童权益保护比较分析了当下我国少年司法及儿童保护存在的问题，并提出了相应的应对措施。岳慧青希望青年工作学院能够整合专业优势，引导青年学生学法、知法、讲法并用法，能够与青年学生同向前行，真正实现教学相长，发掘中华优秀传统文化基因，助力青年学生成为新时代守法公民。在学术会议环节，岳慧青、王磊与青年工作学院的教师分别就"未成年权益保护中的心理照护研究""涉案未成年人社会调查报告规范研究""基于新媒体的《未成年人保护法》普法研究"等课题进行了深入

探讨和交流。

21．青年工作学院举办"决策咨询服务及智库建议创作"培训会

为扎实推动青年工作学院"十四五"规划制定工作，12 月 23 日，青年工作学院邀请清华大学新闻传播学院副教授、博士生导师张铮为学院师生开展"决策咨询服务及智库建议创作"培训。张铮精准解读了中央有关智库建设的精神，详细介绍了清华大学智库中心和首都端智库的制度设计及实现路径，重点讲解了决策咨询服务和智库建议创作的方法。讲座兼具前瞻性和务实性，与会师生结合职业教育成果转化渠道建设进行了热烈讨论。青年工作学院将在"十四五"期间把青年智库建设纳入事业发展规划，推动教学培训、科学研究与决策咨询相互促进、协同发展，努力在决策咨询方面发挥更大的作用。

五、研究机构

目前，我院设有科研机构 8 个：北京青少年研究所、北京东方道德研究所、北京职业教育与人文北京研究中心、北京青少年教育与发展研究基地、北京青年政治学院青少年心理健康教育研究中心、北京青年政治学院社区发展研究所、北京青年政治学院电子政务应用研究所和北京青年政治学院金融服务研究所。各科研机构详情如下。

（一）北京青少年研究所

1992 年，经北京市政府批准创办，由共青团北京市委、北京青年政治学院和北京市社会科学院共同主办，北京青年政治学院主管。

该所主要科研方向是青少年研究，着重于调查研究北京青少年思想动态、特点、趋势，以及青少年热点问题，如独生子女研究、青少年网络成瘾研究、志愿者服务等方面；勾画北京青少年的发展趋势；承担国家、北京市有关部门的青少年研究项目，为上级决策提供报告和信息；组织协调北京市青少年的研究工作；开展国内外相关的学术交流活动，促进不同地域青少年研究者的交往和合作。

北京青少年研究所是北京市青少年研究的重要机构，在全国青少年理论和问题的研究中发挥着重要作用。近些年来陆续主持和承担了国家、北京市各级青少年研究项目多项，产生了较大反响和学术影响力，在青少年研究领域具有较高的学术地位。

（二）北京东方道德研究所

北京东方道德研究所，于 1994 年 11 月经北京市政府批准创办，由共青团北京市委、北京社会科学院、北京青年政治学院联合主办，由北京青年政治学院主管，是专门从事道德普及与研究工作的具有独立法人资格的科研机构。该所聘兼职研究人员 30 余人,张岱年、罗国杰、钱逊、方克立、牟钟鉴、袁贵仁、郭齐家、刘国强等均为特邀研究员。

该所的办所宗旨是弘道明德,即弘扬优秀道德文化,提高国民思想道德素质,为社会主义精神文明建设服务。它既研究传统文化与现代化的关系,研究东方优秀传统道德教育,研究东方道德与人类其他文明的关系;也组织、研究各类道德教育的实验,组织实施对大、中、小学德育工作者进行业务培训;还积极开展国内外相关的学术交流,并招收国内外中国文化专业进修生与访问学者。

在市委、市政府的关怀下,在三个主办单位,尤其是北京青年政治学院党委的领导下,在北京和国内外学术界一大批学者的指导与支持下,全所同志积极主动开展了多方面的科学研究与道德教育实验,在国内外相关领域开展了比较广泛的学术交流。自成立以来,该所主持和承担了国家、北京市各级研究项目多项,主办和参与举办了多次国际学术研讨会和国内学术研讨会,产生了较大反响和学术影响力,先后在全国 60 万余名大中小学生中开展了中华美德教育实验,对 5 000 余名企业员工进行了职业道德培训,为我国青少年道德教育和社会主义精神文明建设作出了积极的贡献,在国内外产生了良好的影响,被多家媒体报道。

(三)北京职业教育与人文北京研究中心

北京职业教育与人文北京研究中心于 2010 年 7 月 13 日在北京青年政治学院成立,由北京市教育委员会、北京青年政治学院共同主办,由北京青年政治学院主管,为北京市教育委员会的外挂所,是在北京市教育委员会领导下研究北京职业教育规律、对策的研究机构。

北京职业教育与人文北京研究中心的成立是深入贯彻《国家中长期教育改革与发展规划纲要(2010—2020 年)》的需要,是实施"人文北京"行动计划的需要,同时也是稳步推进职业教育健康发展的需要。该中心的成立,通过对职业教育实践中提出的重大课题组织理论研究为上级组织提供决策参考依据,为探索和研究职业教育发展状况、特点和规律,为服务"人文北京"行动计划的实施,搭建了重要平台。

北京职业教育与人文北京研究中心正在搭建职业教育的研究平台,聚集整合全北京市的学者和相关院校的研究力量,在首都职业教育实践已经有优势的基础之上,为北京职业教育的进一步发展提供理论支持,为人文北京与和谐社会建设贡献力量。

(四)北京青少年教育与发展研究基地

北京青少年教育与发展研究基地于 2013 年 10 月 24 日由北京社科规划办与北京市教委联合授牌成立。它以北京青少年研究所、北京东方道德研究所为支撑,以优势学科为基础,整合国内相关研究资源,坚持"立足北京、面向世界",围绕北京世界城市建设和"十二五"规划的战略，加强中华传统文化与青少年教育、北京青少年志愿服务、社会教育与青少年成长等领域研究，致力使研究基地成为北京和中国青少年研究的学术重镇、成为北京市政府制定青少年事务与政策的智库、成为国内青少年学术研究与交流的重要平台。

（五）北京青年政治学院青少年心理健康教育研究中心

北京青年政治学院青少年心理健康教育研究中心成立于 2005 年 10 月 12 日。它是为进一步落实教育部《中小学生心理健康教育指导纲要》《北京市中小学生心理健康教育纲要（实验稿）》的有关精神，不断提高青少年的心理健康水平，在共青团北京市委"阳光心语行动"实践活动基础上，加大青少年心理健康教育的科研和创新力度，开展北京市青少年心理健康教育理论和现状研究，以专业化手段探索对青少年进行心理健康教育的方法、模式及发展规律，满足北京市青少年心理健康发展需要而设立的研究机构。它主要依托北京青年政治学院社会工作系（今为青年工作学院）而建立。

该中心的主要研究方向和工作目标为：描述和预测不同年龄阶段青少年心理成长的特点、规律及问题，为青少年心理健康教育提供科学且具有指导性的研究成果；在理论研究基础上建立一套科学而有效的工作方法和运作模式，为共青团系统开展青少年心理健康教育提供基础性参考资料和建议；建立北京市青少年心理健康状况数据库和案例库，以及北京市青少年心理健康教育活动的评估指标体系；开展青少年心理健康教育的课程开发与人员培训工作，承担北京共青团系统从事心理健康教育工作在岗人员的再培训任务；探索共青团在新形势下开展青少年心理健康教育的科学规律，建立青少年心理健康教育产学研相结合的长效机制，提高青少年心理健康教育的社会效益；为心理咨询专业教育提供丰富的一线研究素材和案例，为学生的专业实践实训提供基地和平台。

（六）北京青年政治学院社区发展研究所

北京青年政治学院社区发展研究所成立于 2008 年 12 月。它是为落实党的十七大精神，服务北京市委市政府社会建设任务，研究当前社会中出现的严重社会问题，从而解决社会的突出矛盾、实现社会的公平正义、提高社会的服务水平、建设社会的和谐安定而设立的研究机构。它主要依托北京青年政治学院社会工作系（今为青年工作学院）而建立。其办所宗旨为：服务首都社会建设及社区发展建设；服务社会工作专业及师资队伍建设；服务社会工作专业人才培养及社区工作者队伍培养。

北京青年政治学院社区发展研究所的研究定位为：依靠政府、面向基层；研究实务，服务社区。北京青年政治学院社区发展研究所，延续北京青年政治学院科研"定位准确、特色鲜明"的成功经验，确定以社工实务、社会服务研究为特色，以社会基层应用研究为重点的科研方向，同时，引进新的运行与管理机制，使该研究所更有生机和活力。研究所将重视与政府的紧密配合；重视与基层一线的密切合作；实行系所合一，教学、科研、实训三位一体的模式；采取开放态势，借助外力，建立强大兼职研究队伍。

挂靠北京市委社会工作委员会（社会建设办公室）、北京市社会科学院，配合市民政系统、社会保障系统、社会基层管理系统，依托社区及来自民生的实际工作部门。根据政府的战略目标及任务确定研究选题，配合市政府探究当前面临的社会问题，协助市政府找到解决社会矛盾的方法及途径，并参与解决社会问题及社会矛盾的实践。

北京青年政治学院社区发展研究所研究内容定位为服务首都社区、社会服务机构及基层社会建设的具体问题。研究人员深入社区及基层，建立广泛的联系，了解基层居民的实际需求、社会工作者的服务过程、政府政策执行情况等，成为政府与社区和社会基层间联系的纽带。

（七）北京青年政治学院电子政务应用研究所

北京青年政治学院电子政务应用研究所成立于 2009 年 11 月 13 日。它是为贯彻落实党的十七大报告提出的"推行电子政务，强化社会管理和公共服务"、《国务院关于加强和改进社区服务工作的意见》（国发〔2006〕14 号）、《民政部关于在全国推进城市社区建设的意见》和北京市制定的《首都信息化 1998—2010 年发展规划（纲要）》的有关精神，通过大力推进社区信息化建设，进一步整合政府部门信息资源，实现政务信息资源共享，为街道社区范围内的各级政府、基层群众自治组织、居民、企业以及各种社会组织，搭建互动平台，建立沟通服务渠道，促进社区服务的信息化和现代化，增强社区服务功能，构建和谐社会生活共同体，也是推动北京青年政治学院的示范校建设需要而设立的研究机构。

北京青年政治学院电子政务应用研究所的宗旨是：联通各方专家，解决实际问题，推动首都社区信息化建设，从事与社区信息化相关的调查、咨询和技术支持服务，撰写定期的发展报告，逐步开展定期的社区信息化评价工作，并通过工作网站建设，搭建研究者、工作者、服务提供者、接受服务者、领导者间的交流平台，让信息化真正实现方便居民、服务社区的目标。该所的建设目标是：通过研究所的建设，搭建科研工作平台，促进校内外各单位的资源融合，推动电子政务与社区信息化建设理论的研究，创新和发展信息技术在信息化建设中的应用，增强教师的科研能力，带动电子政务专业的发展。

（八）北京青年政治学院金融服务研究所

北京青年政治学院金融服务研究所于 2010 年 1 月 20 日正式成立。该所是全国首家专门以金融服务为研究对象的金融研究所，坚持以"研究创造价值"为办所宗旨，以服务首都经济与社会发展为己任，突出特色，加快发展，积极与金融机构以及相关科研机构合作，不断汇聚业内精英，不断提升研究水平，努力把研究所建成国内独具特色的金融服务专业研究机构。

该所的主要研究方向为现代金融服务的技术、方法及未来趋势。自成立以来，举办了商业银行业务、商业银行服务技术、证券交易知识、保险业务知识、金融机构人才能力分析、金融机构服务与创新等学术讲座，并举办了首届北京青年政治学院金融服务论坛。研究所成员积极参与社会科研活动，部分成员参与了中国人民大学985重大科研项目"中国古代经典金融文献通解"。

目前，金融服务研究所正逐步成为引入社会力量壮大学院金融专业办学实力的平台，一些优秀的业内专家成为兼职教师，并与金融机构达成合作办学或提供实习实训基地的意向。金融服务研究所也成为扩大学院金融专业社会影响力的一个平台，在较短时期内，促进北京青年政治学院金融专业在业界的社会知名度和影响力快速提升。

六、学报工作

《北京青年研究》原名为《北京青年政治学院学报》，前身是《北京青年论坛》，是经原国家新闻出版广电总局批准，2014年第1期起更名为《北京青年研究》，季刊，大16开，112页，国内刊号CN10-1212/C，国际刊号ISSN 1008-4002，邮发代号82-967，由北京教育委员会主管、北京青年政治学院北京青少年研究所主办的专业性学术期刊。

本刊的办刊宗旨为：坚持中国特色社会主义方向，把握时代脉搏，关心青年、关爱青年，研究青年，服务青年。主要栏目包括青少年发展新探、青年热点与观察、青年事务与政策、共青团与青年运动史、青少年比较研究等。本刊立足首都，放眼全国，关注国内外青少年研究和社会科学的最新动态，鼓励新问题、新理论、新思路、新方法的探讨，既注重青年理论的研究，也注重对青年现实问题的关怀。

由于办刊质量不断提高，《北京青年研究》受到国内诸多学术评价机构和大型数据库的重视，学术影响日益扩大，被评为"'2018年度中国人文社会科学期刊AMI综合评价'A刊扩展期刊""中国学术期刊综合评价数据库统计源期刊""全国社科学科青年类重点期刊""RCCSE中国核心学术期刊（扩展版A-）""中国核心期刊（遴选）数据库全文收录期刊"等。

《北京青年研究》严格遵守国家和北京市相关出版规章制度，在主管单位的管理和监督下，坚持办刊宗旨。改刊后，编辑人员利用自身的人脉资源，积极组稿，策划栏目，确保按时按质出刊。辛勤的付出和劳动赢得了喜人的成绩，2014年至今被中国人民大学书报资料中心《青少年导刊》《美学》《精神文明导刊》《社会工作》等全文转载本刊论文30余篇，提升了本刊的学术地位，如表1-2-22所示。

表 1-2-22　2016—2020 年人大复印报刊资料转载《北京青年研究》论文题录

序号	标题	专题	转载期数	作者	出版期数
1	农村大学生"诉贫伤害"的社会学分析	青少年导刊	2016（4）	卢立昕、刘易平	2016（1）
2	儒学对于现代青少年人性教育的意义：道德教育与治疗的融合	青少年导刊	2016（9）	权相佑	2016（2）
3	农村大学生流失与社会秩序危机——潘光旦关于乡治问题的教育社会学分析	青少年导刊	2016（10）	卢立昕、刘易平	2016（3）
4	社区志愿者的态度及影响行为的因素分析——以北京市 A 街道为例	青少年导刊	2016（10）	张婧雯、邓国胜、辛华	2016（3）
5	论中国共产党 95 年奋斗历程与中国青年工作的发展嬗变	青少年导刊	2016（11）	邓希泉	2016（3）
6	青少年学生网络道德行为失范的表现、成因及解决对策	青少年导刊	2016（11）	陈淑丽、柏杨	2016（3）
7	青年研究近五年的研究回顾与展望——基于《青少年导刊》2012 年至今的选文分析	青少年导刊	2017（2）	张莉	2016（4）
8	从马瑟博士到苏斯博士——美国儿童文学之价值观变迁研究	青少年导刊	2017（2）	厉育纲	2016（4）
9	青年研究与青年工作关系论：服务和依靠	青少年导刊	2017（5）	余逸群	2017（1）
10	中国青年发展的分析框架及其测量指标	青少年导刊	2017（7）	沈杰	2017（2）
11	穗港澳青年参与社会团体的比较研究	青少年导刊	2017（10）	谢素军	2017（3）
12	习近平青年工作思想论析	青少年导刊	2018（1）	乔东亮、李雯、李新利	2017（4）
13	现代性进程中的青年发生与演变	青少年导刊	2018（5）	沈杰	2018（1）
14	"断链后的再链接"：儿童社会保护视域下的乡村家庭隔代抚养模式研究	青少年导刊	2018（8）	陈静、白琳琳、栾文敬	2018（1）
15	志愿服务支持型组织发展模式的实证研究	精神文明导刊	2018（8）	许莲丽、曹仕涛	2018（2）

续表

序号	标题	专题	转载期数	作者	出版期数
16	代的希望：处于变化中的世界的年轻人	青少年导刊	2018（10）	The Commonwealth Secretariat 著，纪秋发译	2018（2）
17	易变性职业生涯定向：当代青年生涯发展的自主管理倾向	青少年导刊	2019（4）	田宏杰	2019（1）
18	新时代青年学学科建设的思考	青少年导刊	2019（5）	欧阳青、陈胜利	2019（1）
19	建国 70 年来青年文化的媒介叙事研究	青少年导刊	2019（7）	吴斯	2019（1）
20	国家战略下的国际志愿服务与青年参与	青少年导刊	2020（6）	王艺	2020（2）
21	北京市青少年事务社会工作专业人才队伍建设现状、问题与对策——基于对北京市 2019 年第二期社区青年汇专职社工胜任力训练营学员的调查	青少年导刊	2020（7）	袁光亮	2020（2）
22	构建青年学的青年话语体系	青少年导刊	2020（11）	谢素军	2020（3）
23	枢纽型青年社会组织参与全球治理的运作机制及政策实践——以欧洲青年论坛、世界青年大会为例	青少年导刊	2021（1）	郭元凯、周际	2020（3）

第二篇　二级学院(中心)工作

第一章　青年工作学院 ①

　　青年工作学院成立于 2018 年 6 月，是在原青少年教育与管理系、社会工作系、文秘与法律系基础上根据教育改革发展需要整合成立的二级学院。青年工作学院现有教职工 31 人，其中高级职称 14 人，博士、硕士学位教师比例为 90.3%。青年工作学院下设青少年工作与管理、社会工作、心理咨询、文秘、法律事务 5 个专业，以及社区发展研究所和大学生心理健康研究中心。

一、"十三五"教学成果综述

　　青年工作学院自成立以来，深入贯彻习近平新时代中国特色社会主义思想、党的十九届五中全会精神以及国务院《国家职业教育改革实施方案》和《北京市教育委员会北京市发展和改革委员会北京市人力资源和社会保障局北京市财政局关于深化职业教育改革的若干意见》等文件精神，认真学习学校第一次党代会精神，积极落实学校党委《关于推进学院综合改革的意见》，充分发挥专业建设和发展的主体作用，以申报特高项目和提升专业核心竞争力为抓手，号召广大党员干部自觉成为推进学院综合改革的主体力量；积极支持教师参与学校重点研究课题青年学的研究，积极支持教师主持和参与团青融合课程建设；积极承担开展北京市职业院校技术技能大师工作室建设工作。在坚持抗击新冠肺炎疫情的同时，青年工作学院注重在专业教学工作中融入社会主义核心价值观，以提升专业核心竞争力和确定精准人才培养目标为抓手，深入推进和完善以"双基地、双进入、双培养、双督导、双考核"为特征的"北青社工"模式，在人才培养、课程改革、师资建设、实训条件、社会服务等方面深入开展各项工作，产生了积极的社会作用和良好的示范效应。

　　1. 成功申报并启动"北京市特色高水平项目"建设

　　在学校领导的悉心指导、各部门的大力支持和青年工作学院全体教师的辛苦付出下，北京市特色高水平项目王岳川传统文化教育与推广工作室项目获批成立。王岳川传统文化教育与推广工作室项目由青年工作学院青少年工作专业群、王岳川大

---

　　① 本章由袁光亮、田梦编写。

师、书法导报社合作建设。王岳川传统文化教育与推广工作室的建设总目标是：打造"国内一流、职教标准、文化引领、产教融合"的青少年传统文化教育推广人才培养基地，服务北京政治中心、文化中心和国际交往中心建设，具体分六个执行目标：①创立青少年传统文化教育与推广职业技能等级标准认证体系；②建设"德技并修、标准导向、三维对接、纵贯横进"的现代学徒制青少年传统文化教育推广人才培养模式；③开发"情境式代入、案例式习得和项目式迁移"的传统文化教育推广模块化课程；④建设"体系化、生态化、云端化"的教学资源库；⑤打造"大师、教室、工作室、实训室、研发中心、孵化中心"一体化的沉浸式学习环境；⑥开发青少年传统文化教育推广智慧平台。

2．参与教育部职业院校专业目录修（制）订工作

青年工作学院参与 2020 年教育部《高等职业学校专业目录》修订，主持青少年工作与管理专业的修订工作。

3．完成"一院一品一策"论证工作

经广泛调研、深入论证、反复研究，确定"一院"为青年工作学院，"一品"为青年、政治特色，"一策"为培养"四有"青少年工作人才，其中"四有"为有信仰、有文化、有技能、有视野。确定支持与合作单位为中国青少年研究会以及青年学研究专业委员会、北京市青少年传统文化教育与推广大师工作室等，确定实施途径有：依托中国青少年研究会以及青年学研究专业委员会，落实立德树人根本任务，树立学生正确的人生信仰；建设北京市青少年传统文化教育与推广大师工作室，贯彻"文化素质＋职业技能"精神，提升学生的文化素养和文化自信；根据自身特点和人才培养需要，主动与北京市人民检察院、北京市第三中级人民法院、通州区社会工作联合会等在人才培养、技术创新、就业创业、社会服务、文化传承等方面开展合作，着力培养学生的创新精神和实践动手能力，培养学生的职业技能和社会能力；积极培养中华优秀传统文化教育与推广人才，认真组织海外交流项目，开阔学生的国际化视野。

4．进一步完善人才培养模式

青年工作学院立足日常工作，推进专业建设，提升教学秩序。积极开展校企深度合作，推进产教融合，认真组织专业调研和完成 18 版、19 版人才培养方案编制工作。积极推进和完善"北青社工"模式，紧紧围绕京津冀一体化发展战略和首都经济社会发展的现实需求，根据就业岗位和核心技能，深入进行课程改革，进一步拓展青少年司法社工、青少年茶艺、搭建平台课程青年学等融合项目，开发建设"青年职场心理调适"（在线课程）和"青年心理学"等团青融合课程，改变传统实训方式，提升学生的专业素质、职业技能和社会服务能力。要求全体师生依托不同年级分阶段、分层次的专业实践积极开展社会服务，要求一年级学生参加不少于 80学时的志愿服务，二年级学生根据"4＋1"（一周 4 天上课，1 天参加专业实践）模式进行专业实践，三年级学生参加 8 周以上的顶岗综合实习。通过专业实践开展专业服务，不但使学生的专业能力和社会服务水平得到显著提升，同时真正实现了社会服务的可持续性发展。青年工作学院根据就业岗位和核心技能，深入进行课程改革，积极在日常教学中灌输和践行社会主义核心价值观，提升学生的专业素质、职业技能和社会服务能力，初步实现了政府满意、学生满意、服务对象满意的三赢目标。青年工作学院和通州区社会工作者联合会坚持党建引领，支部牵手，产教融合，务实创新，共同开展实习实训工作，同时指导学生就业。通州区社会工作者联合会成立实习实训督导工作组，精选 4 类项目（党建项目、健康促进、文化基地、社区社会组织孵化），采取微创投＋陪伴式督导的实战方式，让实习生培训后入进入项目，贯穿实习实训＋顶岗实习，达到专业实习实训和就业实践相结合的效果。

5. 稳步推进师资队伍建设

根据实际开展教师师德教育活动，强化服务意识和责任意识，特别注意要求专业教师参加政治理论学习，提升专业教师的理论觉悟和思想水平。4 名教师获评副教授职称，1 名教师获评讲师职称。多次召开专业建设研讨暨外聘教师交流会、综合实习与实训学期实践研讨会等会议，积极组织专业教师外出调研，探讨专业建设重大课题，并举行教师技能培训，开展教师实践技能考核，使教师总体教学效果明显提升。积极支持教师承担"社会工作专业人才培养方案优化研究"（杨峥威）、"心理咨询专业 2019 版人才培养方案优化研究"（于新红）、"法律事务专业人才培养方案实施与改进研究"（温慧卿）、"关于完善文秘专业人才培养方案的研究"（丁桂莲）、"新时代高职传统学科教学面临的挑战与对策"（赵志宏）、"社会实践对大学生发挥思政教育价值引领力的意义级路径探析"（陈卓）、"《秘书管理沟通实务》实训教学项目研究"（黄昕）、"'商法原理与实务'课程案例教学实训研究"（宋昕）、"'公司法原理与实务'实训项目研究"（任春玲）、"'中文速录'实训教学项目研究"（黄馨瑶）、"大师工作室建设研究"（丁晓鹏）、"'社会调查方法'在线课程建设"（杨峥威）、"'司法口才技能训练'混合式教学研究"（叶承芳）、"职教改革背景下基于混合式教学模式的教学实践研究"（王玥）、"'秘书管理沟通实务'网络课程建设"（黄昕）、"社会工作行政课程沙盘模拟实训"（王春晖）、"'青少年儿童心理测评与辅导'在线课程建设"（景晓娟）、"文秘专业小学期实训教学改革探索"（丁桂莲）等学院教改课题，积极支持 3 名教师赴美国和台湾地区做访问学者，2 名教师参加"2018 年国际志愿者合作组织会议"等国外学术交流，积极支持 1 名教师攻读博士学位，组织专业教师参加第二届"一带一路"社会工作合作发展论坛等各种专业培训和学术会议，并在相关学术会议上发表专题报告，扩大了社会影响力。

6. 完善教学实训条件建设

青年工作学院校内实训基地分工明确，实训室管理更加科学，积极利用校内实训基地组织茶艺鉴定工作，使用效率大幅度提升；充分利用北京市人民检察院、北京市第三中级人民法院、通州区社会工作联合会等校外实训基地开展专业实训和综合训练，校内实训基地分工明确，校外实训基地更加稳定。

7．服务与辐射能力建设显著增强

青年工作学院利用实训教学积极服务首都社会建设，除坚持"传统节日文化进社区"服务和武警天安门警卫支队心理服务等服务品牌项目外，全体师生依托校外实训基地，积极服务首都社会建设，受到服务对象好评，使学生的爱心和助人精神在志愿服务中得到延续和发展。还协助承办第七届国际学校社会工作年会（2018），接待韩国社会工作协会前主席来访，接待日本昭和女子大学教授来访，接待韩国和泰国教师来访。特别是为助力城市副中心基层社会治理工作创新，青年工作学院与通州区社会工作者联合会围绕基层社会工作"党建引领、产教结合"开展深度合作，使基层社会工作有效提升。目前，由通州区社会工作者联合会主办、青年工作学院提供技术支持，包括"提升能力补短板，努力争做优秀社工人才""社区活动策划与执行""学会心理减压，促进心理健康""党建引领社会治理创新""社区发展与和谐治理""社区工作中的有效沟通"等内容的"2020年通州区社会工作者继续教育培训"已经顺利结束，青年工作学院和通州社会工作者联合会共同组织的以承担通州地区基层社区微创投项目为核心任务的学生实训实习工作正按计划推进。

二、"十三五"科研成果综述

青年工作学院以青年学研究专委会为依托，充分发挥社区发展研究所和心理健康中心的积极作用，成功举办2018、2019两届青年学研究专委会年会，开展科研工作和社会服务，组织教师积极参加各种学术交流活动，参与各类研究课题，扩大对外交流，增加社会影响，特别是积极开展青年类专业建设，以2019版人才培养方案为抓手，整合全校优质师资，高质量编写《青年学概论》教材，认真建设"青年学原理与应用"平台课程，取得了较好的建设效果，真正实现了青年工作学院各专业的融合，体现了学校的青年特色和政治特色。特别是2020年，青年工作学院作为青年学研究专委会秘书长单位，在中国青少年研究中心、中国青少年研究会、共青团北京市委的领导下，在北京青年政治学院、北京市团校、中国科学院、中国社会科学院、清华大学、北京大学、中国人民大学、北京青年报社、上海青年干部管理学院、江西青年干部管理学院、广州市团校、深圳市团校等全国30多所高校、科研院所、共青团组织、青年院校（团校）等相关单位的支持下，深入学习贯彻习近平新时代中国特色社会主义思想和党的十九大五中、四中全会精神，推进新时代青年学与青年工作研究，助力新时代青年工作人才培养，在青年学学科建设、人才培养、科学研究、课程设置、教材编写、学术评价等方面取得了丰硕的成果，为新时代青年工作和青年发展事业提供更多理论支撑，为首都乃至全国各地培养更多的优秀青少年工作者提供专业支持。

1．承办2018年青年学研究专委会年会

为深入学习贯彻习近平新时代中国特色社会主义思想和党的十九大精神，推进

新时代青年学与青年工作研究，打造北京青年政治学院"青年特色"，助力首都青年工作人才培养，2018 年 6 月 8 日，由中国青少年研究会青年学研究专委会、北京青年政治学院（北京市团校）、共青团中央中国特色社会主义理论体系研究中心研究基地、北京青少年教育与发展研究基础、北青教育传媒集团等单位联合举办的"2018 青年学与青年工作研讨会暨中国青少年研究会青年学研究专委会第一次会议"在北京青年政治学院成功召开。在开幕式致辞中，北京青年政治学院党委书记程晓君表示，学院将努力搭建好青年学与青年工作交流研讨平台，与广大专家学者、青少年工作者一道，积极推进青年学研究和青年学科建设，为北京青年政治学院打造"青年特色"注入新的活力，为首都培养更多优秀青少年工作者。青年学研究专委会的主要职责包括三个方面：一是围绕青年学学科建设、人才培养、科学研究、课程设置、教材编写、学术评价开展研究，为构建中国特色青年学提供理论支持；二是组织青年学和青年工作调查研究，制定研究规划，为党和政府制定青年政策及青年工作决策提供信息和咨询服务，促进研究成果的应用；三是围绕青年问题、青年现象、青年热点开展研究，举办各种形式的学术活动、业务培训活动和科研成果的评估活动。北京青年政治学院作为主任委员单位，将发挥好统筹协调和服务保障作用。青年工作学院作为秘书处单位，将协助主任委员开展各项工作。

2. 承办 2019 年青年学研究专委会年会

为更好地学习贯彻习近平新时代中国特色社会主义思想，落实党中央、国务院《新时代爱国主义教育实施纲要》，积极响应党中央对爱国主义教育聚焦青少年的号召，引导广大青少年培养爱国之情、砥砺强国之志、实践报国之行，2019 青年学与青年工作研讨会暨中国青少年研究会青年学研究专委会第二次会议于 2019 年 12 月 20 日在北京青年政治学院（北京市团校）召开。青年学研究专委会主任、北京青年政治学院院长乔东亮教授发表了题为《为青年学和青年人开创更好的明天》的讲话，并就做好专委会未来的工作提出三点建议：第一，深刻领会党和政府关于加强青年学研究的指示精神，特别是习近平总书记关于青年工作的一系列重要论述，增强学科自信，加大引领力度，创新加强途径，在为全体专委会委员和全体青年学研究者、教育者和实际工作者搭建学术交流平台，提供展示成果、开展交流、取长补短机会的同时，注意以此为抓手，夯实青年学研究的基础，全面提升青年教育和工作水平。第二，充分利用专委会的专业团体作用，组织全体专委会委员和全体青年学研究者积极开展学术交流，引导全体青年学教育者和实际工作者开展教育教学研究和工作研究，提高全体青年学教育者和实际工作者的学术水平和工作技能，打造出一支政治素质高、业务能力强、服务意识优的青年工作人才队伍，培养更好更多的自觉把个人理想融入伟大中国梦的实现进程中的优秀青少年工作者。第三，加强沟通和交流，进一步加强专委会的内部建设，以学术团体的形式加强全体青年学研究者、教育者和实际工作者及其所在机构的交流和学习，不断完善和提高专委会的研究水平和服务水平，积极发挥专委会在青年学研究、教育、培养、引领方面的头雁效应，带动青年学研究、教育、培养、引领的全面进步。随后举行了以"青年·爱国·弘扬"为主题的 2019 青年学和青年工作研讨会开幕式，共青团中央权益部部长王锋，中国青少年研究会会长王义军，共青团北京市委副书记王洪涛，北京青年政治学院党委书记程晓君，青年学研究专委会主任委员、北京青年政治学院院长乔东亮出席开幕式并发表讲话，开幕式由程晓君主持。程晓君指出，作为高校要深入落实《新时代爱国主义教育实施纲要》，积极响应党中央对爱国主义教育聚焦青年的号召，围绕青年学学科建设、人才培养、科学研究、课程设置、教材编写等重要方面，把纲要落细、落小、落实。北京青年政治学院精心打造爱国主义教育12370模式"燧石工程"，这是北京青年政治学院为回答青年爱国问题交出的实践答案。

3．邀请中国青少年研究中心领导来院开展学术讲座

2020 年 11 月 4 日，青年工作学院联合相关单位特邀中国青少年研究中心副主任张良驯来院开展青年学学术讲座。在讲座开始前，青年学研究专委会主任、北京青年政治学院院长乔东亮与张良驯进行了深入交流，乔东亮表示，学院立足于青年政治特色，大力推动青年学研究和学科建设往深走、往实走，这次讲座就是一个难得的学习契机；青年工作学院在开展"一院一品"建设工作的过程中，要充分发挥自身的品牌效应，不断打造具有青年特色的精品课程。此外，乔东亮还希望通过教师挂职锻炼等方式与中国青少年研究中心进一步加强联系，促进人才交流，提升教师队伍的科研能力和水平。在讲座过程中，张良驯从青年工作的战略地位、中国青年运动的时代主题、青年工作的责任使命、青年一代健康成长的正确道路、青年工作的路径方法、共青团改革发展的目标和任务、必须加强党对青年工作的领导等七个方面，深入解读了习近平总书记关于青年工作的重要思想，并对其中的重要内容进行了详细的阐释。来自青年工作学院、科研处、青少年研究所、团校培训处的师生参加了讲座。

4．邀请北京市人民检察院检察官举办未成年人权益保护专题讲座和学术会议

2020 年 12 月 4 日，时值第七个国家宪法日和第十九个全国普法日，青年工作学院邀请北京市人民检察院第九检察部主任岳慧青、北京市人民检察院第一分院第七检察部副主任王磊举办未成年人权益保护专题讲座和学术会议，党委书记程晓君、副院长吕一中参加活动。讲座开始前，程晓君为岳慧青颁发了聘书，聘请岳慧青担任青年工作学院教学指导委员会委员。岳慧青进行了未成年人权益保护专题讲座。她以某校园欺凌事件为例，引入未成年人权益保护问题，并从法学、遗传学、教育学、社会学、心理学等角度阐述了未成年人的犯罪原因，同时通过国际少年司法及儿童权益保护比较分析了当下我国少年司法及儿童保护存在的问题，并提出了相应的应对措施。岳慧青希望青年工作学院能够整合专业优势，引导青年学生学法、知法、讲法并用法，能够与青年学生同向前行，真正实现教学相长，发掘中华优秀传统文化基因，助力青年学生成为新时代守法公民。在学术会议环节，岳慧青、王磊与青年工作学院的教师分别就"未成年权益保护中的心理照护研究""涉案未成年人社会调查报告规范研究""基于新媒体的《未成年人保护法》普法研究"等课题进行了深入探讨和交流。岳慧青曾先后荣获全国先进工作者、全国少年法庭先进个人等荣誉称号，荣立个人一等功1次，为北京市未成年人检察工作走在全国前列作出了重要贡献。

5. 立足学院开展科学研究形成学术成果产生学术影响

青年工作学院依托北京青少年研究中心、北京青少年研究发展基地、社区发展研究所和心理健康中心，组织全体委员和专业教师积极开展科研工作，出版学术专著，发表学术论文，参与各类研究课题，同时组织对外交流，增加社会影响。其中，科研成果有：刘金霞、宋昕的《青年权益及其法律保护》，王玥的《服务青年：共青团服务青年工作的理论与实践》，景晓娟的《共青团服务青年婚恋模式研究》，袁光亮的《新媒体时代的青年社会化》《青年学概论》《北京市青少年事务社会工作专业人才队伍建设现状、问题与对策》《新媒体对青年政治社会化的挑战及其应对》，刘金霞的《我国青少年权益保护的成就、问题与展望》《新世纪我国18至25周岁青年犯罪问题及防治对策》《青年权利主体资格的历史演进与发展》，许莲丽的《创新驱动发展战略下北京科技志愿服务模式研究》，杨峥威的《创新困境儿童社会服务，营造良好成长环境》。科研项目有：王振波的"文化的笔墨传承与北京市青少年书法教育研究"，许莲丽的"青少年志愿服务法律制度研究""《北京市志愿服务促进条例（修订）》研究"，杨峥威的"北京市党员'双报到'工作机制创新研究"，梁岩的"青年文化视域下的网络文艺生产研究"，宋昕、黄昕、温慧卿的"青少年茶文化美育课程资源开发与利用研究"，张靖华的"大众文化语境下北京青少年的文学经典阅读与成长"等。

6. 助力成功申报并启动"北京市特色高水平项目"建设

青年工作学院在青年学研究专委会主任的悉心指导、各部门的大力支持和全体委员的辛苦付出下，成功申报北京市特色高水平项目王岳川传统文化教育与推广工作室项目。王岳川传统文化教育与推广工作室项目由青年工作学院青少年工作专业群、王岳川大师、书法导报社合作建设。王岳川传统文化教育与推广工作室的建设总目标是：打造"国内一流、职教标准、文化引领、产教融合"的青少年传统文化教育推广人才培养基地，服务北京政治中心、文化中心和国际交往中心建设。王岳川传统文化教育与推广工作室项目的启动，标志着青年学研究专委会的以研促学有了平台和抓手。

7. 助力完成"一院一品一策"论证工作

青年工作学院在青年学研究专委会主任的悉心指导下，助力完成"一院一品一策"论证工作，初步确定青年工作学院"一院一品一策"的基本内容，具体为：一院——青年工作学院；一品——青年、政治特色；一策——培养"四有"青少年工作人才，"四有"指有信仰、有文化、有技能、有视野。初步确定依托中国青少年研究会青年学专业委员会,落实立德树人根本任务,引导学生树立正确的人生信仰;建设北京市大师工作室,贯彻"文化素质 + 职业技能"精神,提升学生的文化素养和文化自信;主动与北京市人民检察院、北京市第三中级人民法院、中国社会工作联合会、中国社会工作教育协会、通州区社会工作联合会等开展合作,着力培养学生的职业技能和社会能力;认真组织海外交流项目,开阔学生的国际化视野。青年工作学院"一院一品一策"的确定,确保青年工作学院明确的方向。

8.参与教育部职业院校专业目录修(制)订工作

在 2020 年教育部《高等职业学校专业目录》修订工作过程中,青年工作学院主持青少年工作与管理专业(专科层次)目录的修订工作,主持青少年工作与管理专业(本科层次)目录(草案)的编制工作,参与社会工作专业(专科层次)目录、党务工作专业(专科层次)目录、社区工作与管理专业(专科层次)目录、社会工作专业(本科层次)目录、党务工作专业(本科层次)目录的修订工作,为扩大专业和学校的影响力打下了坚实的基础。

9.组织"纵横书法 墨香青院"书法比赛

青年学研究专委会主任在青年学研究专委会会议上多次强调,文字是文化的基本载体,记载了文化发展的历史轨迹和丰富成果,并明确要求青年工作学院组织书法比赛。为更好地推进王岳川传统文化教育与推广工作室项目建设,在运用传统节日文化助力专业能力培养、开展"国学经典青年诵,爱国情怀心头涌"国学经典诵读活动的基础上,青年工作学院立足"人文素养好、有一技之长、社会责任感强的高素质实用型技能人才"的人才培养要求,从书法入手,贯彻"以服务国家社会为己任,以促进教育发展为追求,以人才培养为中心,以文化传承为使命"的宗旨,产教融合,精准对接,打造育人环境,建设工作室文化,并推动校园文化建设。在新冠肺炎疫情肆虐、无法按计划进行大规模的宣传活动的时候,2020 年 10 月至 11月,根据学校职业教育宣传周的要求,结合特高校项目大师工作室建设进程,青年工作学院积极成立青年书法社,并联合学院宣传部、学生处、团委等组织"纵横书法 墨香青院"书法比赛,并将学生参赛作品在网络和微信公众号进行推介,不但让学生亲身感受到文字的底蕴和魅力,也提升了学生的家国情怀、社会关爱和人格修养。

三、教学建设典型成果

(一)2020 年教学建设典型成果

1.人才培养模式改革报告——用技能化的优秀传统文化服务首都青少年教育

青年工作学院始终不忘学校教学初心,坚持"一老一小一青年""一文一技国际化"特色专业发展之路,自觉用技能化的中华优秀传统文化服务首都青少年教育。通过王岳川传统文化教育与推广工作室的建设,将中华优秀传统文化通过专业群有效地传递给广大青少年，实现学校、家庭、社区和社会系统的联手发力，为青少年的价值观培育营造良好的文化氛围，促使青少年真正成为中华优秀传统文化的传承者、弘扬者和践行者。

青年工作学院以书法、国画、茶艺为载体，以书法为核心技能，推动传统文化在专业群人才培养中的纵贯恒进，建设现代学徒制等青少年传统文化教育推广人才培养模式，打造"国内一流、职教标准、文化引领、产教融合"的青少年传统文化教育推广人才培养基地，形成人才培养模式规范，以青少年传统文化教育推广为载体开展国际交流，服务北京政治中心、文化中心和国际交往中心建设。

青年工作学院适应首都经济社会发展需要，瞄准核心技能，实行德技并修、工学结合的现代学徒制人才培养模式，以立德树人为根本，以创新协同育人机制为重点，按照"宽基础、强能力"的要求，在人才培养中实现课程内容与职业标准、教学过程与生产过程、教学考核标准与行业技术标准三个对接，强化技术技能传承育人，最终在产学研合作方面实现三个融合，即师资队伍的融合、教学资源的融合、教学内容的融合。

青年工作学院积极成立书法社、国画社、茶艺社等社团，利用推广中华优秀传统文化形成的书法、国画、茶艺等技能成果，开发、设计各种传统文化体验项目及体验产品；组织传统文化教育体验活动；组织青少年中华优秀传统文化教育与推广技能比赛；结合课程和培训内容，进行文化项目的设计及文化创意的孵化工作，促进学生创新创业。

2. 专业服务国家重大战略典型案例——自觉服务决胜全面建成小康社会的好教师

2020年是决胜全面建成小康社会的收官之年，社会工作教研室主任王春晖积极运用专业知识，发挥智力优势，自觉服务决胜全面建成小康社会。为深入学习贯彻习近平总书记关于扶贫工作重要论述和中央脱贫攻坚决策部署，王春晖受民政部社会福利中心和青海省民政厅的邀请，前往青海省西宁市参加"扶贫聚力 扶智成才"养老服务人才公益培训，面向青海省内的养老院院长和养老服务管理人员120余人开展主题为"养老机构社会工作管理"的专题讲座，受到培训学员的好评。为促进云南省社会工作专业发展，提升社会工作者职业水平，壮大参与脱贫攻坚基层力量，提升深度贫困地区基层工作人员社会工作服务能力，王春晖老师受云南省民政厅邀请，前往昆明为当地有关省级机关、直属事业单位、怒江州和迪庆州参加全国社会工作者职业水平考试的人员开展考前培训。为满足首都老年人服务需求，聚焦老年人权益保护，联合助老服务机构和爱心企业，共同建立起信息交流与发布、服务联动与转介、资源共享与链接的合作机制，形成持续助力全市老年人权益保护与服务工作的资源联合体，王春晖受邀参加"老年人权益保护与服务资源联合体启动仪式暨老年人权益保护圆桌论坛"，积极引导公益力量在老年人维权意识与维权能力培训、老年人侵权发现与报告、老年人法律援助与法律帮扶等领域发挥积极作用，共同为首都老年人筑起一道安全防线。

3．服务首都"四个中心"建设典型案例——党建引领，产教融合，为副中心基层社会治理工作助力起航

为助力城市副中心基层社会治理工作创新，2020年以来，青年工作学院与通州区社会工作者联合会围绕基层社会工作"党建引领、产教结合"开展深度合作。

双方根据青年工作学院的人才培养定位与通州区社工联未来几年的发展规划，并立足副中心社会发展角度为副中心基层社会治理工作从党建工作、社会工作、基层社会治理工作等方面开展全方位合作进行一一对接，认真贯彻习近平总书记"要把论文写在祖国的大地上"的教导，将学术与实践有效结合起来，实现民生赖之以兴、学问赖之以成、人才赖之以强，不但使基层社会工作有效提升，同时让学生有的放矢，学有所用，学有所成。目前，由通州区社会工作者联合会主办、青年工作学院提供技术支持、内容包括"提升能力补短板，努力争做优秀社工人才""社区活动策划与执行""学会心理减压，促进心理健康""党建引领社会治理创新""社区发展与和谐治理""社区工作中的有效沟通"的"2020年通州区社会工作者继续教育培训"已经顺利结束，青年工作学院和通州社会工作者联合会共同组织的以承担通州地区基层社区微创投项目为核心任务的18级学生实训实习工作正在按计划推进。

产教融合是职业教育的基本要求，青年工作学院与通州区社会工作者联合会将继续充分发挥各自优势，共同构建产教融合矩阵，聚焦产业发展，培养职业适应性人才，实现资源互补，发展共赢，为副中心基层社会治理工作助力起航，为青年工作学院专业建设和人才培养工作添砖加瓦。

4．校企合作、培育工匠精神典型案例——党建引领，支部牵手，校企合作培养基层人才

2020年起，青年工作学院和通州社会工作者联合会共同开展实训实习工作，19名北京青年政治学院的实习生到北京城市副中心实习。

青年工作学院党总支和通州区社会工作者联合会党支部坚持党建引领，支部牵手，产教融合，务实创新，共同开展实习实训工作，通州区社会工作者联合会成立实习实训督导工作组，精选4类项目（党建项目、健康促进、文化基地、社区社会组织孵化），采取微创投＋陪伴式督导的实战方式，让实习生培训后入组入项目，贯穿实习实训＋顶岗实习，达到专业实习实训和就业实践相结合的效果，同时经过面试官的综合评估，选出4位同学承担微创投项目的小leader，组建各类微创投团队，在学校老师和机构督导的陪伴下，以3周实习实训＋6个月顶岗实习的微创投周期完成创投项目，同时指导学生就业。

校企合作是职业教育的重要特征，青年工作学院与通州区社会工作者联合会将继续坚持党建引领、校企合作，聚焦基层社会治理，培养工匠精神和职业人才，共同推进首都社区建设和人才培养工作。

（二）2019 年教学建设典型成果

人才培养典型案例——立足青年特色　打造优秀人才。青年工作学院以中国青少年研究会青年学研究专委会为依托，进一步服务首都"四个中心"战略定位和团青工作发展需要，强化政治、青年和人文特色，推进产教融合、校企合作，积极开展青年类专业建设，以 2019 版人才培养方案为抓手，整合全校优质师资，编写高质量《青年学概论》教材，认真建设"青年学原理与应用"平台课程，取得了较好的建设效果，真正实现了青年工作学院内青少年工作与管理、社会工作、心理咨询、文秘、法律事务各专业的融合，体现了学校的青年特色和政治特色。

（三）2018 年教学建设典型成果

1. 人才培养模式改革报告——同向同行，在专业教学中融入思想政治教育

青年工作学院认真学习习近平总书记在全国高校思想政治工作会议（2016 年 12 月 7 日至 8 日召开）的讲话："要用好课堂教学这个主渠道，思想政治理论课要坚持在改进中加强，提升思想政治教育亲和力和针对性，满足学生成长发展需求和期待，其他各门课都要守好一段渠、种好责任田，使各类课程与思想政治理论课同向同行，形成协同效应。"这就意味着：①思政课程在思想政治教育中担负着主渠道功能，其教学质量、作用效果对培养我国社会主义事业新一代接班人起到极其重要的作用。②专业课也有着重要育人功能，对高校"立德树人"，对学生思想政治的意识和观念塑造，同样起着重要的作用。

经过认真学习和反复讨论，青年工作学院对于在专业教学中融入思想政治教育达成如下共识：①为实现中国梦和建设社会主义和谐社会培养合格的本土专业人才，是青年工作学院教师的专业使命和第一责任。②我国有独特的历史、独特的文化、独特的国情，决定了我国必须走自己的高等教育发展道路。本土专业教学必须根植于现代中国土壤，服务中国特色社会主义伟大实践，才能有源源不断的养料，才能保持旺盛的生命力。③培养学生自觉服务社会建设的政治品格，勇敢担当历史责任的素养，积极投身社会主义和谐社会建设的能力。

青年工作学院在专业教学中融入思想政治教育的指导思想是立足政治定位，重视专业知识，关注职业技能。青年工作学院始终坚持政治特色，以"三年一贯制"教育培养体系为抓手，遵循"课程思政"教学规律，首先用好课堂教学主渠道，同时利用党团教育实践活动，丰富拓展第二课堂，积极开展思想政治教育，确保学生在课堂上在实践中坚定政治方向、确立专业素养、提升职业技能。青年工作学院的具体做法有：①在理论教学中融入思想政治教育；②在专业实践中融入思想政治教育；③在社会服务中融入思想政治教育；④在科学研究中融入思想政治教育；⑤在日常教育中融入思想政治教育。

目前，"政治素质过硬"已经成为青年工作学院学生的亮丽名片，在就业市场上得到用人单位的高度认可，特别是法律事务专业近三年为各级公检法系统输送了 50 余名政治可靠、专业素质过硬的毕业生。今后，青年工作学院将在学院党委的领导下，紧扣"大思政"工作格局，积极发挥党政领导、思政专家、专业教师和辅导员协同指导作用，进一步将理论学习、社会实践与专业课堂紧密结合，特别是依托新媒体的育人功效，不断完善思想政治教育融入专业教学的"课堂思政"运行模式，加大"课程思政"建设力度，构建"大思政"育人合力。

2. 人才培养典型案例——坚持政治特色　造就学生亮丽名片

青年工作学院始终坚持政治特色，以"三年一贯制"教育培养体系为抓手，遵循"课程思政"教学规律，首先用好课堂教学主渠道，同时利用党团教育实践活动，丰富拓展第二课堂，积极开展思想政治教育，确保学生在课堂上在实践中坚定政治方向、确立专业素养、提升职业技能。

最高人民法院近三年在青年工作学院法律事务专业招收了 50 名毕业生，除专业技能突出外，政治素养过硬是其选择青年工作学院毕业生的关键因素。"北京青年政治学院青年工作学院的学生讲政治，守规矩，有纪律，来我们这的毕业生工作勤恳踏实，我们愿意与学院达成长期合作的意向"。2018 年 11 月，最高人民法院向青年工作学院发出商请推荐毕业生参加书记员招聘工作的函，青年工作学院有序组织、严格把关，共推荐 43 名同学参与应聘工作，希望能为最高人民法院大批量输送专业人才，为国家法治建设作出贡献。

四、下一步工作思路

虽然取得了很大的成绩和进步，青年工作学院依然存在一些严重的困难和严峻的问题，迫切需要得到解决，特别是突如其来的新冠肺炎疫情，对青年工作学院的教学科研工作造成了非常不利的影响。

（一）教学工作思路

一是认真开展"北京市特色高水平项目"建设工作：①以《习近平用典》为蓝本，建设以书法为核心载体的青少年传统文化教育校本平台课程，培养青少年的家国情怀、社会关爱和人格修养，为申报特高项目专业群奠定基础。②设计开发青少年教育活页式或工作手册式培训教材、培训包等相关线上线下产品，建设云端教学资源库，同时利用信息化教学手段，多信息点支持学生校内外自主学习。③争取成立全国传统文化与书画教育联盟，牵头组织和承办书法大赛等全国技能比赛，并联合书法导报社开设专栏、制作专辑进行媒体推介和网络推送。④积极建立高端智库平台，研发青少年传统文化游学活动项目，承接"一带一路"沿线国家的青少年书法教育活动，聘请国内外一流书法和传统文化大师为留学生开展培训。⑤积极成立书法社等学生社团，结合课程内容，进行文化项目的设计与文化创意的孵化工作，促进学生创新创业。

二是继续推进专业建设，开展专业论证，根据京津冀地区社会建设需要和学院实际重点打造专业品牌，申报特高项目专业群，提升专业核心竞争力，并力争得到学院、社会和学生的肯定。

三是组织教师、学生参加高职高专层次的专业能力与实务竞赛，提升师生的实务能力。

四是开展师德教育，强化政治意识、服务意识和责任意识，加强教师队伍建设，提高师资水平，继续引进专业人才。

五是进一步加大对外交流力度，"走出去，请进来"，开阔视野，提升知名度。

（二）科研工作思路

一是进一步深入学习贯彻习近平新时代中国特色社会主义思想和党的十九届五中、四中全会精神，大力弘扬爱国主义精神，引导广大青少年培养爱国之情、砥砺强国之志、实践报国之行，更好地凝聚学术智慧、加强实践交流，打造开放性的青年学交流研究平台，为青年学与青年工作提供智力支持和研究支撑。

二是以纪念建党100周年庆祝活动为抓手，继续推进科学研究和应用研究，根据中国青少年研究中心、中国青少年研究会、共青团北京市委的要求和青年学研究专委会实际确定研究重点和领域。

三是开展理想信念教育，强化政治意识、服务意识和责任意识，加强队伍建设，引进专业人才，提高研究水平，推出更多高水平高质量的研究成果，帮助、引导和教育广大青年度过他们人生中非常重要又非常宝贵的阶段，使他们真正成为党和政府的社会基础，成为中华民族伟大复兴的中坚力量，成为中国梦的信仰者、传播者和践行者。

第二章　学前教育学院 ①

根据国家发展战略、首都经济社会发展需求和学院"十三五"发展规划要求，依据中共北京青年政治学院委员会第一次党员代表大会报告中提出的学院改革发展的总目标和总要求，经 2018 年 6 月 7 日学院党委常委会研究决定，将原青少年教育与管理系的学前教育（师范）专业剥离，组建学前教育学院，现有学前教育专业和早期教育两个专业。

一、整体工作概述

学前教育学院成立以来，以立德树人为根本，以师德弘扬为引领，以院园融合发展为主线，以提高早期儿童教育师资培养质量为核心，从标准、平台、队伍、服务等关键要素破题和提升，深化教学改革，创新教学模式，积累了丰富的幼儿师资培养经验，培养了大批道德品行高尚、文化基础扎实、幼教理念先进、教学技能精湛、具有创新思维和实践能力的合格加特长的幼儿教师，形成了"濯师德、卓才艺、琢技能"卓越幼师培养的"三 ZHUO"品牌，成为高水平专业群人才培养高地，为满足首都高品质民生需求提供教育服务。

（一）办学规模稳定，办学条件得到改善，实现内涵式发展

2018 年成立时，学前教育学院仅有学前教育一个专业，2018 年 10 月申报早期教育专业获批，2019 年早期教育专业首次招生。学前教育学院全日制在校生总数已由 2015 年年底的 484 人增加到 2020 年年底在籍学生人数 721 人，在岗在编教师规模由 2018 年 15 人增加到 2020 年的 21 人；新建早期教育专业实训室 1 个，新建和改建学前教育实训室 3 个，教学面积增加至 500 余平方米，如图 2-2-1 所示。

（二）校企合作稳步推进、人才培养模式日趋成熟

高度重视校企结合、工学结合这一高职教育的有效人才培养模式的构建，确立

---

① 本章由厉育纲编写。

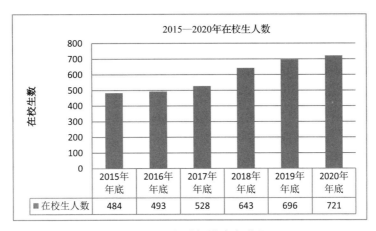

图 2-1-1　办学规模稳定增长

了"政—院—园"融合的校企合作、共同育人的培养方案。截至目前，共建校外实习就业基地 30 余家，满足大部分专业学生实习实训需要，如图 2-2-2 所示。

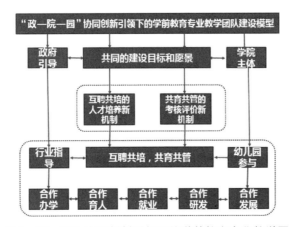

图 2-2-2　"政—院—园"协同创新引领下的学前教育专业教学团队建设模型

按照公费师范生培养规定，依托职教集团和各区教委建立长线联系，利用职教集团幼儿园成员单位和附属幼儿园，以就业面向和职业岗位为导向，以学生的职业素养和职业能力培养为目标，以工学结合为突破口，实现"政—院—园"三方合作、校内外"五环交替"、全学程四阶递进、职前职后双向贯通。

五年来，修订人才培养方案两次，完成全部课程的标准制订工作，在 2019 年度市教委人才培养方案诊断评价中名列前茅。

（三）课程思政与课程综合化改革彰显实效

1．深化"三融入"的课程思政改革

以"德育典范融入通识教育＋专业伦理融入专业课程＋师德元素融入第二课堂"为路径构建师德养成教育体系，研制并实施学前教育专业群"学生仪容仪表与日常规范"标准。师德典范融入通识课程，突出优秀楷模的榜样作用，引领新时期师范

生思想成长；专业伦理融入专业课程，重视学生自我修养的专业伦理，编制《专业课程思政教育操作手册》，将专业伦理养成纳入专业课程目标，有机渗透在专业教学过程中；师德元素融入第二课堂，开展"儿童教育经典影片赏析""儿童教育经典名著选读""十佳文明之星"等系列学生主题活动，发挥学生活动的教育功能。

2．深化面向工作任务的课程综合化改革

基于幼儿园教师岗位典型工作任务，开展课程模块化、综合化改革。形成以幼儿园教师所需要的能力及蕴含的典型工作任务为依据，建设职业性和专业性突出的"三融合"（主干课程设置与职业岗位工作内容相融合，实践教学标准与职业资格标准相融合，人才培养过程与实际工作过程相融合）课程，由通识教育课程模块、教师教育课程模块、保教知识与能力必修模块、艺术教育能力课程模块、职业能力拓展选修模块和教育实践活动六个模块组成的课程体系，形成以职业能力培养为主线的"专通结合、五环交替、四阶递进、双向贯通"的"政—校—园"合作共育人才的培养模式。

（四）师资队伍建设成效显著

五年来，师资队伍的职称结构和年龄结构有了较大的改善。

从职称结构看，2015 年年底，原学前教育专业教师队伍专任教师 11 人，其中，高级职称 6 人，中级职称 4 人，助教 1 人。2020 年年底，学前教育学院专任教师队伍 21 人，其中，高级职称 9 人，讲师 8 人，助教 4 人。

从年龄结构看，2015 年年底，原学前教育专业教师队伍 50 岁以上 3 人，40~50 岁 3 人，30~40 岁 3 人，30 岁以下 2 人。2020 年年底，50 岁以上 4 人，40~50 岁 7 人，30~40 人 8 人，30 岁以下 2 人。

三年来，学前教育学院共培养了 1 个市级教学创新团队，1 名北京市级专业带头人，3 名北京市级青年骨干教师。2 名教师参加院级教师基本功大赛获得一等奖，1 名教师获得师德十佳个人。

（五）就业服务成效突出，毕业生就业率不断提高

坚持"以服务为宗旨，以就业为导向"，狠抓毕业生就业工作。加强毕业生就业服务体系建设，建立"全程指导、全员参与、全面服务"的毕业生就业工作机制。通过课堂教学、专题讲座、模拟招聘等方式提高毕业生的就业技能，帮助学生树立正确的价值观，转变就业观念。积极开拓新的就业渠道，通过"走出去，请进来"，召开双选会、招聘会等多种形式，提高毕业生就业率，每年毕业生平均就业率超过 98%。

（六）技能大赛屡获佳绩

自 2016 年参加全国职业院校学前教育专业教育技能大赛以来，学前教育学院在学前教育专业教学团队全体教师的努力下，屡获佳绩，如表 2-2-1 所示。

表2-2-1 "十三五"期间学前教育学院参加技能大赛获奖情况一览表

年度	学前教育专业教育技能市赛奖项	学前教育专业教育技能国赛奖项	声乐市赛	器乐演奏市赛
2016		三等奖（教指委）		
2017	团体二等奖	三等奖		三等奖1人
2018	团体一等奖、二等奖	二等奖	二等奖2人，三等奖1人	二等奖1人，三等奖2人
2019	团体一等奖、二等奖	三等奖	二等奖2人，三等奖1人	三等奖3人
2020		三等奖		

（七）"1+X"证书工作稳步推进

2019年5月，参与幼儿照护"1+X"证书的论证工作，2020年9月，启动早期教育专业幼儿照护"1+X"证书改革，把"幼儿照护"证书课程融入专业课程的教学，使得"幼儿照护"证书的考证内容与"0~3岁婴幼儿卫生与保育""亲子活动设计与指导"教育教学内容相结合。

（八）教科研工作取得进展

在"十三五"期间，学前教育学院师资团队获得市教委规划项目4项，院级科研课题5项，院级教改课题近20项，学前职教集团规划课题2项；主编研究论文集2部，主编并出版教材7部，参编教材5部。

二、主要工作成效

（一）树立了"花开学前三ZHUO"育人品牌

2018年，基于学前教育学院的学科特色以及学前教育学院立德树人的根本任务，学前教育学院创建了"花开学前"的育人品牌。其中有"红梅花开"代表师德师风建设，学前教育学院的老师要有红梅气质、红梅品格；"向阳花开"代表党的建设，"向阳花开心向党"，"向阳"是方向，"花开"是愿景、是效果，也是学前教育学院的人才培养目标。通过深入讨论，形成了"濯师德、卓才艺、琢技能"的"三ZHUO"品牌。"濯师德"是全体师生从立德树人的根本任务出发，树两代师风，修两代师德，净化全体教师和学前教育公费师范生的师德修养，提升品行。"卓才艺""琢技能"是从未来岗位的能力需求出发，通过专业课、技能展演、校内外实训，培养学前教育专业学生音、琴、舞、美、画、讲、做、研、管的能力，力求学生一专多能。总之,学前教育学院始终注重学生核心价值观与专业理念双认同、双融合教育,在各门课程教学中挖掘思想政治教育功能,渗透职业理想信念教育和幼儿教师职业道德教育,发挥课堂教学的育人主渠道作用,健全完善《学前教育专业师范生日常行为规范》,注重思想道德教育与日常行为养成相结合;积极开展"阳光学前"志愿服务、"花开学前"宿舍文化节、趣味运动会等系列文体活动,举办职业技能竞赛、"学前之花"评选表彰等系列活动,创新实践育人、协同育人新形式,培养出认同中国特色社会主义主流价值观、主流审美观,社会责任感强、人文素质高、热爱学前教育事业,具有良好的教师职业道德,掌握系统的学前教育专业知识,才艺兼备、擅长保教,能从事幼儿教育工作的"卓越幼师",使其成为幼儿健康成长的启蒙者和引路人。

主动作为,勇敢担当,奋发向上,努力争取,"向阳小花心向党",在学院各位教师和导师的引领下,"小花"们开始稳步前行,在庆祝中华人民共和国成立 70 周年活动和疫情防控志愿活动、爱国卫生运动等重大活动中发挥了重大作用,"花开学前"育人效果日益彰显。

(二)产教融合和专业联动发展,彰显职业教育的改革典范

学前教育学院坚持开门办学,开创了基地、招生、教学、研究、就业"五位一体"育人模式,为北京青年政治学院学院附属幼儿园办学方面贡献"智力支持",使专业建设与附属幼儿园发展紧密联动,积极探索"校内基地生产化、校外基地教学化",探索了共享基地型、集团联盟型、校地合作型等不同类型的产教融合模式,完成北京市学前教育专业布局与幼教行业需求契合度调研,为学校获批北京学前教育职业教育集团理事长单位做出贡献。

以专业内涵建设为主线,打造"特色专业",学前教育专业入选教育部《高等职业教育创新发展行动计划(2015—2018 年)》认定的"教育部双师型教师培养培训基地""骨干专业",北京市首批"特高计划骨干专业"项目、北京市优秀教学创新团队。

(三)课程建设和教学创新持续深化,彰显人才培养的领先水平

围绕立德树人根本任务,强化工学结合、德技并修,积极探索培养方式改革,深入推进教学创新,开展职业导向的课程改革,实施"三有"课堂教学创新,推进"1+1+X"证书认证试点工作和赛教融合工作,提升学生岗位能力。五年来,学生在各类技能大赛中获国家级奖项 4 项,市赛一等奖 3 项,二等奖 12 项;教师资格证通过率、专升本录取率在同类院校中遥遥领先。

(四)社会服务和国际合作量质并重,彰显服务首都的重大贡献

先后服务世行项目云南学前教育师资培训专家、国侨办海外华裔子女"寻根之旅"夏令营活动、"一带一路"学前教育专业论坛和"丝路工匠"杯学前教育专业技能大赛等，推动社会服务专业化、国际化；探索学前教育专业和早期教育专业 TAFE 教学模式改革，推动学前教育职业标准与国际接轨。

在学校成立附属幼儿园后，派出两名教师担任主要领导职务，发挥学前教育教学团队社会培训优势，彰显专业服务地方民生需求的重大贡献。

三、存在问题

一是师资队伍数量与在校生规模不适应，尤其是作为骨干专业，高级职称教师比例还不够高，师资队伍的年龄结构也有待进一步改善。

二是校内实训空间不足。由于学前教育专业目前有 20 个班、早期教育专业有 2 个班，实训空间有待进一步扩增，尤其是舞蹈实训空间严重不足。

四、未来发展思路

一是坚持立德树人，着力提升培养质量。坚持党的教育方针，深入贯彻党的十九大精神，坚定社会主义办学方向，深化德技并修、育训并举的人才培养改革，培养一支热爱学前教育事业、师德高尚、幼儿为本、才艺兼备、擅长保教的高水平幼儿教师队伍。

二是着力标准引领，聚力关键突破。从标准建设切入，推动学前与早教专业人才培养和教育教学适应国家战略、托育产业需求；重点在课程标准以及"1+X"证书制度实施、人才培养模式改革等方面实现突破。

三是打造一流实力，办出一流特色。对接首都婴幼儿托育事业发展需求，以学前教育职教集团为依托，联合行业龙头和市、区级示范园，建设多功能产教综合体，完善二级管理，建立现代院校治理体系，打造一流专业水平、塑造"花开学前"特色品牌。

学前教育是"办好人民满意的教育"的重要组成部分。立足首都北京"四个中心"的功能定位，学院作为北京学前教育职业教育集团理事长单位，将进一步深化产教融合校企合作，启动"1+1+X"证书制度试点工作，积极落实《国家职业教育改革实施方案》，推动实现高质量发展。

第三章　信息传媒艺术学院 ①

信息传媒艺术学院是在原计算机系、传播系、艺术系基础上根据教育改革发展需要整合成立的二级学院。全日制在校生规模年均 800 余人，教职工 45 人。学院下设 6 个专业教研室，同时承担全校计算机公共课程的教学任务。在"十三五"期间，学院累计投入数千万元进行实训室改造和教学设施设备升级，拓展多家校外实训基地，构建了良好的教学实训条件，融媒体工程师学院成功获批北京市第二批高水平实训基地建设项目。学院广大师生在各级各类职业技能大赛中取得优异成绩，一等奖获得数占全校一等奖总数的 1/2，国赛获奖数占全校获奖数的 1/3。

一、专业建设

信息传媒艺术学院拥有信息类、传媒类、艺术类三大专业群，在"十三五"期间开设计算机应用技术、计算机网络技术、软件与信息服务、新闻采编与制作、游戏设计、美术、数字媒体艺术设计等 7 个高职专业，设有网络编辑、影视制作、媒体资产管理、空间设计、平面设计等 5 个专业方向，新建专业 1 个，整合调整专业 2 个。经过多年建设与发展，各专业群形成团队、企业、服务等品牌优势。

（一）信息类专业（1+X 试点、市级创新团队、国赛一等奖）——团队优势

软件与信息服务专业立足国家重点发展的战略性新兴产业，创建于 2012 年。计算机应用技术专业立足于大数据与移动智能开发产业，在首都具有巨大的人才需求，创建于 2001 年。软件与信息服务、计算机应用技术专业均为教育部首批"1+X"证书制度试点专业，获批"北京市专业创新团队"，拥有"北京市职教名师""北京市高等学校青年英才"等，连续多年获得全国职业院校技能大赛一等奖、北京市职业技能竞赛一等奖。

（二）传媒类专业（市场新热点、供需两旺、校企真题真做）——企业优势

新闻采编与制作专业与首都传媒与文化产业发展高度契合，创建于 2002 年。在

---

① 本章由张瑞芬编写。

全国高职院校中创办首家网络编辑专业方向，并开发拓展网络编辑、影视制作、媒体资产管理等专业方向，形成融媒体特色专业建设思路。该专业"互联网+"人才培养模式两次被评为全国高职院校专业建设典型案例，连续多年招生就业良好。校企深度融合，企业真实项目带动学生创新创业，学生账号签约公司——在校生实践运营账号成功与企业签约。

（三）艺术类专业（教学标准、墙绘品牌、扶贫项目）——服务优势

美术、数字媒体艺术设计专业适应具有北京特色媒体艺术设计广阔的市场需求，创建于 2000 年。牵头制定高职院校艺术设计类专业教学标准，牵头制定游戏设计专业教学标准。打造了"北青墙绘"特色文化品牌，为首都多个社区开展文化景观墙绘、形象标识等设计，获得中国创意设计大赛一等奖。助力扶贫攻坚，师生承接完成朝阳区花家地南里公园改造方案和怀柔大地村形象标识、党员教育基地（村史馆）内外墙面、室内展馆空间、环境改造全套设计项目。

学院深入贯彻落实北京市《关于深化职业教育改革的若干意见》文件精神，制定"一院一策一品"建设方案，坚持教学、科研、培训、服务、招生就业"五位一体"的发展思路，通过打造融媒体重点专业群，整合优质资源；深化产教融合，承接真实项目产品，推进师徒制教学；实施"3 个 1"师资队伍建设计划，提升"双师"素质；开展分类特色课程建设，加强在线教学资源开发，开发职业培训项目，拓展专业市场，加强国际合作，开展全方位交流；搭建三级平台，打造"一技"品牌，实现职业教育的"高质量、有特色、国际化"发展的建设目标。

二、课程建设

大力推进课程建设，不断丰富课程资源。承接学校在线开放课程建设项目，共开发建设了"面向对象程序设计"（王红霞）、"数字媒体制作"（夏磊）、"书籍装帧"（潘擎）、"计算机文化基础"（刘乃瑞）等课程。结合专业发展，围绕"青年、政治"特色主题，对共青团工作对 IT 类专业的需求进行了重点调研，共同申报"团青干部信息技术实务"课程开发项目，围绕"网上共青团"和团青干部素养提升设置 4 个模块进行开发。研发团青课程"与媒体面对面——共青团干部与媒体打交道技巧"，启动了九大部分内容：认识媒体、认识新闻、应对记者、认识青年、共青团新闻发言人的素养、共青团干部媒体形象设计、共青团发言人的语言艺术、共青团新闻发布会的组织、模拟网民（记者）见面会。

三、师资队伍建设

学院建设有高学历、高素质、高技能的"双师"素质教师团队。现有在编教师

37 人,其中高级职称教职工 20 人,博士、硕士学位教师比例为 89.4%,北京市中青年骨干教师 14 人。拥有一支稳定的校外兼职教师队伍。高度重视师德师风建设,组织教师参加师德师风专项培训。积极鼓励教师参加多种形式的业务学习和社会实践,参加信息技术培训的教师达 30 人次。注重教师团队建设,现拥有市级专业创新团队 1 个。多名老师获得全国职业院校技能大赛优秀指导教师荣誉称号,窦楠、夏磊、王红霞、温绍洁、刘乃瑞、齐爱琴等教师在北京市教师教学能力竞赛中获得二等奖。注重科研引领教学,在"十三五"期间累计主持各类研究项目 50 余项,出版专著、论文集 10 余本,发表论文百余篇,发表艺术作品百余幅。多名教师举办、参加各类艺术作品展览,艺术设计类作品在各类竞赛中获奖。

四、教学改革

主办"教育部职业院校艺术设计类专业教学指导委员会高职艺术设计类专业教学标准立项开题暨培训会"。承担"游戏设计"专业教学标准的一级主持工作,坚持开展以展促教、以展促学,连续多年组织开展实训作品、毕业作品展。传媒类专业创新设计展示单元:绘心(影视单元)、匠心(新媒体运营单元)、归心(创意短片单元)、初心(毕业生单元),共有 19 部纪录片、16 个网编作品、10 部创意短片,集中展示毕业生三年的学习和实践成果,汇聚成毕业作品角逐各单元奖项。艺术类专业搭建展板、展台,将美术绘画作品、空间设计、平面设计作品以实物的形式向全员师生展出,集中体现了专业人才培养成果,并组织"不忘初心、牢记使命"课程汇报展、学生下乡写生风景作品展、实训学期汇报展等各类课程结课展。

积极开展教育教学改革研究,在"十三五"期间,信息传媒艺术学院建设教改项目共立项 41 项,内容涉及课程开发、教学模式改革、教学资源建设、校企合作、社会服务等人才培养各环节,如表 2-3-1、表 2-3-2、表 2-3-3、表 2-3-4、表 2-3-5 所示。

表 2-3-1　2016 年信息传媒艺术学院教育教学建设项目

项目类别	项目编号	项目名称	项目负责人	立项单位
重点项目	ZDCX201601	"互联网+"创新创业导向的新媒体人才培养与专业建设	师静	传播系
一般项目	YB201601	互联网+媒体资产管理专业课程建设研究与探索	梁岩	传播系
	YB201602	新媒体专业微信公众号内容管理及运营实训教学模式的研究	张前程	传播系
	YB201603	"电视片写作"课程实训指导书建设	金俊荣	传播系
	YB201604	网络编辑专业"新闻采访与写作"创新实践教学研究	雷丽平	传播系

续表

项目类别	项目编号	项目名称	项目负责人	立项单位
一般项目	YB201605	媒体资产管理专业课程考试改革研究	宋爽	传播系
	YB201609	审美教育融入专业课程教学实践探索	陈佳	艺术系
	YB201610	高职校企合作式课堂的开发与实践——以"家具设计与制图"课程为例	于小飞	艺术系
	YB201631	"程序设计基础"课程建设	冀津	计算机系
	YB201632	"Asp.Net 网站设计"课程建设	温绍洁	计算机系
	YB201633	校企共建 PDCA 移动应用实训教学模式	石刚	计算机系
	YB201634	计算机网络技术专业人才培养模式研究	秦勇	计算机系
	YB201635	软件测试技术课程案例库建设	尹逊伟	计算机系

表 2-3-2　2017 年信息传媒艺术学院教育教学研究项目

项目类别	项目编号	项目名称	项目负责人	所在单位
一般项目	YB201717	"互联网 +"格局下的影视摄影基础标准流程在线课程设计	管波	传播系
	YB201718	"新媒体策划"校企合作教学研究	胡蕊	传播系
	YB201719	"文艺史"课程实践教学研究	陈小英	传播系
	YB201720	油画专业课程中的临摹课程教学研究	申树斌	艺术系
	YB201721	"空间陈设艺术"课程的教学研究与实践	赵丹	艺术系

表 2-3-3　2018 年信息传媒艺术学院教育教学研究项目

项目类别	项目名称	项目负责人	部门
一般项目	近五年青年网络热点事件及舆论引导案例库建设	陈小英	信息传媒艺术学院
	青年热点事件及问题模拟网民见面会课程开发	雷丽平	信息传媒艺术学院
	高职空间艺术专业项目实训教学研究	林巧琴	信息传媒艺术学院
	计算机应用技术专业课程体系研究	石刚	信息传媒艺术学院
	网络互联与实现课程教学改革研究	秦勇	信息传媒艺术学院
	Ajax 开发实训课程案例库建设	齐爱琴	信息传媒艺术学院
	"数据库技术"在线开放课程建设	温绍洁	信息传媒艺术学院

表 2-3-4　2019 年信息传媒艺术学院教育教学研究项目

项目类别	项目编号	项目名称	项目负责人	学院
一般项目	YB201914	"JavaEE 框架技术"课程建设	温绍洁	信息传媒艺术学院
	YB201915	新闻采编与制作专业"微剧本创作"教学改革研究	雷丽平	信息传媒艺术学院
	YB201916	基于技能大赛的高职"Python 程序设计"课程教学模式改革与探索	齐爱琴	信息传媒艺术学院
	YB201917	"软件易用性及界面测试"课程建设	王红霞	信息传媒艺术学院

表 2-3-5　2020 年信息传媒艺术学院教育教学研究项目

项目类别	项目编号	项目名称	项目负责人	学院
重点项目	ZD202002	融媒体工程师学院建设	张瑞芬	信息传媒艺术学院
一般项目	YB202014	"艺术类课程在线研究与探讨"	何迪	信息传媒艺术学院
	YB202015	"数据新闻报道"在线课程建设	胡蕊	信息传媒艺术学院
	YB202016	新闻采编与制作专业"电视片写作"在线教学研究	雷丽平	信息传媒艺术学院
	YB202017	"家具设计与制图"在线开放课程建设研究	林巧琴	信息传媒艺术学院
	YB202018	"视觉传达设计——在线开放课程建设"	潘擎	信息传媒艺术学院
	YB202019	基于思维导图的计算机文化基础课程教学研究	秦勇	信息传媒艺术学院
	YB202020	新闻采编与制作专业 O2O 教学模式研究	师静	信息传媒艺术学院
	YB202021	"自动化测试技术"在线课程资源建设	王红霞	信息传媒艺术学院
	YB202022	"J2EE 框架技术"在线课程资源建设	温绍洁	信息传媒艺术学院
	YB202023	"图形图像处理技术"在线教学设计与组织模式研究	夏磊	信息传媒艺术学院
	YB202024	"SketchUp"在线开放课程	赵丹	信息传媒艺术学院

五、校企合作

拓展实践教学，加强校企合作。与北京中软国际教育科技股份有限公司（简称"中软国际公司"）、北京四合天地科技有限公司、北京翡翠教育科技有限公司、完美世界教育科技（北京）有限公司、酷溜网（北京）信息技术有限公司、密云360（密云生活网）、北京容艺教育科技有限公司、北京学佳澳软件科技发展有限公司、中青网（中国青少年计算机信息服务网）等单位开展广泛合作。将校企合作培养扩大至各学院各专业。信息类全部毕业年级学生到中软国际公司开展"5R"和"2+1"综合项目实训，传媒类全体学生到新浪教育等机构开展实训合作，艺术类全体毕业年级学生与完美世界（教育）开展全方位实践合作，强化并突出真题真做，在各专业人才实践培养上迈出了更加坚实的步伐，坚持强化学生职业技能，开展真实项目开发，孵化社会需要的产品，新闻采编与制作专业利用实训学期，聚焦融媒体发展热点，创建运营64个账号，发布短视频1 000余个，16个运营账号成为企业签约账号。

六、"1+X"证书

自2019年开始，教育部重点围绕服务国家需要、市场需求和学生就业能力提升，启动"1+X"证书制度试点工作。信息传媒艺术学院计算机应用技术、软件信息与服务专业为教育部首批Web前端开发"1+X"证书制度试点专业，专业通过试点改革，深化教师、教材、教法"三教"改革，促进专业设置与产业需求对接、课程内容与职业标准对接、教学过程与生产过程对接。2019年12月28日，教育部Web前端开发"1+X"职业技能证书首考在信息传媒艺术学院实训室顺利举行，全国30个省（自治区、直辖市）考点同时开考。2020年学院继续推动职业技能等级证书试点范围，数字媒体艺术设计专业、游戏设计专业成功申报游戏美术设计证书，并组织开展与课程体系的有效对接和首批考生考试组织工作。

七、技能竞赛

坚持以赛促学、以赛促改、以赛促教，使学生专业技能得到锻炼与提升。"十三五"期间共获得教育部全国职业技能竞赛一等奖2项、二等奖4项、三等奖5项，获得人社部主办"全媒体运营师"行业技能竞赛国赛三等奖1项，获得北京市教委职业技能竞赛一等奖11项、二等奖11项、三等奖17项，如表2-3-6、表2-3-7、表2-3-8、表2-3-9所示。

表2-3-6　2016年技能大赛获奖情况

赛事名称	取得成绩	指导教师	参赛学生
嵌入式产品开发	国赛一等奖	李子平、石刚	常迪、徐颖
嵌入式产品装配	国赛三等奖	李子平、石刚	鲍博润、章友全
云计算技术与应用	国赛三等奖	秦勇、李燕萍	康瑞、张翠翠、王颖
云计算技术与应用	市赛二等奖	秦勇、李燕萍	康瑞、梁伟倩、王颖
嵌入式技术应用开发	市赛二等奖	李子平、石刚	常迪、徐颖、鲍博润、王雪志
信息安全管理与评估	市赛三等奖	秦勇	李雪、张翠翠、王晨
计算机网络应用	市赛三等奖	秦勇、尹逊伟	王颖、邓军、章程
4G 全网建设技术	市赛三等奖	秦勇、钱国梁	陈泽春、史陇芸
物联网技术应用	市赛三等奖	温绍洁、王红霞	章友全、陈英昊、刘响

表2-3-7　2017年技能大赛获奖情况

赛事名称	取得成绩	指导教师	参赛学生
软件测试	国赛一等奖	王红霞、温绍洁	陈爽、张冬雪、侯博睿
大数据技术与应用	国赛二等奖	石刚、齐爱琴	宋建宇、王子息、张依然
光伏电子工程的设计与实施	国赛三等奖	张海丰、丁其鹏	凌国鸿、鲍博润、陈英昊
云计算技术与应用	国赛三等奖	李燕萍、王冠宇	张雪涛、陈泽春、孙帅
软件测试	市赛一等奖	温绍洁、王红霞	侯博睿、张冬雪、陈爽
软件测试	市赛三等奖	温绍洁、王红霞	梁宇、刘兴宇、胡若冲
信息安全管理与评估	市赛二等奖	尹逊伟、周同	刘玉琪、张明玉、史陇芸
信息安全管理与评估	市赛三等奖	尹逊伟、周同	苏岩、秦朝、李闯
光伏电子工程的设计与实施	市赛二等奖	张海丰、石刚	凌国鸿、陈英昊、鲍博润
光伏电子工程的设计与实施	市赛三等奖	徐志立、李子平	郭宇坤、孙俊杰、苗润昕
移动网络部署及维护优化	市赛二等奖	钱国梁、周同	袁苏北、秦朝
嵌入式技术与应用开发	市赛三等奖	李子平、丁其鹏	章友全、陈英昊、邱鹏程
嵌入式技术与应用开发	市赛三等奖	李子平、丁其鹏	董力博、樊铜浩、贺子豪
云计算技术与应用	市赛三等奖	王冠宇、李燕萍	孙帅、陈泽春、张雪涛
大数据技术与应用	市赛三等奖	齐爱琴、石刚	刘美、丁一、张依然

表 2-3-8　2018 年技能竞赛获奖情况

赛项名称	取得成绩	指导教师	参赛学生
软件测试	国赛二等奖	王红霞、温绍洁	李强、郭琳、胡凯强
移动互联网应用软件开发	国赛二等奖	石刚、丁其鹏	郭飞、李自宇、张旭
云计算技术与应用	国赛三等奖	李燕萍、王冠宇	孙帅、丁一、吕静鑫
大数据技术与应用	市赛一等奖	石刚、齐爱琴	苗润昕、廖福星、白宇
大数据技术与应用	市赛二等奖	石刚、齐爱琴	刘艳兰、李青、郎雅君
嵌入式技术与应用开发	市赛二等奖	李子平、张夕汉	邱鹏程、凌国鸿、翁文蓬
软件测试	市赛一等奖	王红霞、温绍洁	李强、郭琳、胡凯强
软件测试	市赛三等奖	王红霞、温绍洁	孙啸、柴月飞、胡鑫慧
软件测试	市赛三等奖	王红霞、温绍洁	张硕、赵一、刘琦
物联网技术应用竞赛	市赛三等奖	彭涛、杨荣	孟庆岳、陈睿、杨硕
信息安全管理与评估竞赛	市赛二等奖	尹逊伟、周同	邢鑫悦、杨明明、张琪
信息安全管理与评估竞赛	市赛三等奖	尹逊伟、周同	孙佳望、任新宇、王芸楠
移动互联网应用软件开发	市赛二等奖	丁其鹏、张海丰	郭飞、李自宇、张旭

表 2-3-9　2019 年技能竞赛获奖情况

赛事名称	取得成绩	指导教师	参赛学生
软件测试	国赛二等级	王红霞、温绍洁	杨俊峰、艾欣欣、郭玮
大数据技术与应用	国赛三等级	齐爱琴、李子平	张立波、陈睿、廖博轩
手机游戏设计及开发	市赛一等奖	刘乃瑞、马映红	陈睿
手机游戏设计及开发	市赛一等奖	刘乃瑞、马映红	孙江
大数据技术与应用	市赛一等奖	齐爱琴、李子平	孟庆岳、张立波、李金宇
大数据技术与应用	市赛二等奖	齐爱琴、李子平	宋欣、廖博轩、陈睿
人工智能系统部署与应用	市赛一等奖	齐爱琴、刘乃瑞、周同	席祖强、何凯强、李鹏
人工智能系统部署与应用	市赛三等奖	齐爱琴、刘乃瑞、周同	申艳多、于海跃、左鹏飞
软件测试	市赛一等奖	王红霞、温绍洁	张逸飞、康博文、杨俊峰、郭玮、艾欣欣、孙江

　　在多项行业协会和知名企业主办的比赛中获得奖项，包括第三届两岸高校电子书编创大赛总决赛二等奖、金犊奖广告影片类优秀奖、ACA 世界大赛中国赛区总决

赛最佳表现奖、庆祝生物多样性行动成立二十五周年海报宣传画征集大赛优秀奖。2019 ACA 世界大赛省级决赛一等奖,第十三届中国创意设计大赛一等奖,2019 中国高校影视作品推优及展映活动微电影作品一等奖、纪录片二等奖,北京市教育系统控烟主题创意大赛二等奖。2020 年人社部主办的"全媒体运营师"行业技能竞赛国赛三等奖;2020 ACA 世界大赛中国赛区竞赛北京赛区三等奖,4 名同学入选中国总决赛获优秀作品称号,北京青年政治学院获得"优秀院校赛区"荣誉称号;2020 北京市无障碍海报、动漫创意大赛市级三等奖、优秀组织奖;北京密云区组织的蜂业标识设计竞赛活动学生作品成功进入前 100 项入围作品。连续多年在北京市大学生创新创业竞赛中获奖。组织开展技能竞赛月系列竞赛活动,共设置短视频制作、摄影、融媒体运营、主题墙绘设计、水彩、水粉、油画、计算机应用技术等多种竞赛赛项,每年评选出各级各类奖项 90 余项。

八、社会服务

发挥专业特色,服务首都社会发展。为望京街道南湖中园社区环境美化提供设计与创作服务。积极与区县合作,以"中华人民共和国成立 70 周年"为主题,进行了"百米画卷"绘画艺术创作,用手中的画笔讲述着"美丽大兴"的故事,勾勒出一幅幅"乡村振兴"的美好画卷,助力区县经济社会发展。组织师生 60 余人两次赴延庆区香营乡新庄堡村开展"诗画'杏'福"主题文化墙绘制实践活动,绘制完成 24 面、600 余米充满乡村劳作生活气息的街道墙画,得到了教育部思政司、市委教育工委、延庆区委宣传部、香营乡政府和新庄堡村民的充分肯定和高度赞赏。

携"北青墙绘"品牌进社区。围绕"社区建设需要,结合专业技能竞赛,开展主题创作与实践,美化社区环境"思路,数字媒体艺术设计教研室全体教师以爱国主义、二十四节气、十二生肖、绿色环保及航空报国(社区居民主体为航空航天从业人员)等主题指导学生开展主题创作,最终 56 名同学参加设计并提交 14 组作品进入决赛;根据专业教师评选,评选出优秀作品;通过在社区开展线上线下居民投票评选,最终确定 2 组方案,在现场进行两面共 86 米长的景观墙绘制创作。将党的建设、专业教学与学习实践、社会服务三者实现了完美结合,"三结合"方式将党建带进社区、将学习带进社区、用专业服务社区,将"北青墙绘"品牌擦得更亮,如图 2-3-1 所示。

2020 年是脱贫攻坚决战决胜之年,信息传媒艺术学院与驻村第一书记赵世杰老师所在大地村于 4 月份建立共建关系,依托专业优势,承接大地村村史馆改造设计工作,助力提升大地村文化建设水平。根据功能规划需要,大地村村史馆主要分为五大模块:红色岁月、改革开放、乡村振兴、民俗文化、室外空间,如表 2-3-10 所示。信息传媒艺术学院数字媒体艺术设计教研室老师全员参与,分工协作,组织专项工作队伍,经过多轮沟通与修改完善,大地村村史馆改造设计方案完成定稿,得到大地村两委班子高度评价和认可,如图 2-3-2 所示。

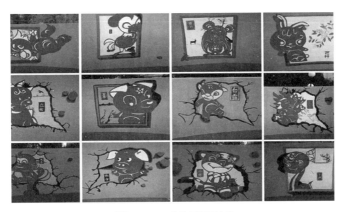

图 2-3-1　"北青墙绘"

表 2-3-10　社会服务

专业	负责教师	负责内容	辅助学生
平面方向	赵艳婷	村史馆标志设计	2018 级平面
	潘擎	室外部分（主墙和侧面墙、过道图片及文字排版）	2018 级平面
	窦楠	室内空间图片及文字排版	2018 级平面
空间方向	林巧琴	1. "红色岁月"展厅 2. 整体平面功能布局设计	2018 级金乐、赵子玄 2017 级武美玲
	赵丹	"改革开放"展厅	2018 级杨可心、刘建飞 2017 级李蕊廷
	王豪	"乡村振兴"展厅	2018 级章柬之、何萌 2017 级邹佐
	于小飞	"民俗文化"展厅	2018 级李时雨、王文源 2017 级孙江北

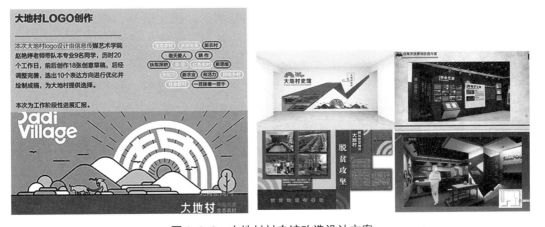

图 2-3-2　大地村村史馆改造设计方案

第四章　现代管理学院 [①]

　　现代管理学院在"十三五"期间，经历了两个阶段，第一阶段是2016—2018年管理系阶段，第二阶段是2018年至今的现代管理学院阶段。管理系是北京青年政治学院历史最悠久的系部之一，伴随着北京青年政治学院一起发展。

　　2015年正值迈进"十三五"之际，管理系在经历了2009年拆分为管理系和财金系之后，又一次重组，合并为新的管理系，共有工商企业管理、会计、电子商务和金融与证券（后改为证券与期货）4个专业，以及金融服务研究所。2015年10月8日《北京青年政治学院"十三五"发展规划编制工作方案》正式公布，全系教职工在系学术委员会的带领下开启了北京青年政治学院"十三五"建设进程。

　　2016年1月21日学校公布《中共北京青年政治学院委员会关于制定学院第十三个五年规划的指导意见》，管理系根据意见精神，在总结"十二五"工作的基础上，根据北京市经济社会发展对财经类人才需求和职业教育特点，结合北京青年政治学院的总体发展方向，以现代服务业为人才培养背景，力求找准办学定位，进行职业教育改革，突出技能教学的总体思路，以创新驱动寻求专业发展突破点，制定《北京青年政治学院管理系"十三五"发展规划》，规划着力解决专业与行业对接、实践教学与岗位技能对接、校企合作与就业对接的突出问题和明显短板。制定"十三五"时期管理系发展总体方向，全面把握高职教育发展的新趋势、新特点，针对北京市经济社会发展对财经类专业群提出的新要求，深化改革，创新思路，紧紧围绕首都城市定位、抓住京津冀协同发展的历史契机，落实管理系发展的在职业教育改革，加强岗位对接，突出技能培养，在实践教学的总体思路上寻求专业发展和突破。以创新驱动带动专业发展，进一步解放思想、深化改革、开拓创新，力争实现从教师队伍职业化、专业培养技能化，招生规模从数量到质量、从外延到内涵的全面提升。截至2018年，全系共有教师31名，在校学生约830名。通过执行"十三五"规划，增强了广大教职工的责任感和主人翁意识，形成全院师生齐心协力谋发展的良好局面。

---

　　① 本章由高嵩编写。

2018 年根据北京青年政治学院新的发展定位和改革需要，围绕"一老、一小、一青年，一文、一技、国际化"的办学理念，打造智慧养老专业群，完成了智慧养老专业工程师学院建设的论证和准备工作，并通过中央财政项目《2019 现代职业教育质量提升计划——养老产业专业群建设——老年服务与管理实训室建设》《2019 现代职业教育质量提升计划——智慧养老工程师学院建设》的建设，为申报北京市特高校工程师学院项目奠定扎实的物质基础，成功获批北京市职业院校特色高水平建设项目——东华软件智慧养老学院建设。同时，老年服务与管理专业教师团队入选北京市职业院校创新团队建设项目，以及若干"1+X"证书培训项目成功立项。北京青年政治学院智慧养老职业教育进入快速发展时期。

"十三五"期间，现代管理学院在进行专业建设时，将教学研究和科学研究专业建设和教学改革紧密结合在一起，通过研究活动提高教师队伍的素质，提高教学质量。2016—2020 年，科研成果丰硕，发表四级以上论文 47 篇，一般论文 81 篇，主编参编教材著作 27 部，主持省厅级以上项目 17 项，主持院级项目 22 项。

一、"十三五"教学成果综述

在"十三五"期间，完成新管理系的组建，全面整合财经类专业群优势，进入现代服务业财经类专业群职业教育发展阶段。新建现代管理学院，突出学校"一老"办学特色，打造智慧养老专业群，开办一流智慧养老职业教育高地，成功获批北京市职业院校特色高水平建设项目——东华软件智慧养老学院建设，老年服务与管理专业团队入选北京市职业院校创新团队建设项目。

《网络广告设计（第 3 版）》被评为教育部"十二五"规划教材（2015 年发布），入选国家级"十二五"规划教材；与北京市商业学校达成"3+2"中高职衔接人才培养合作协议；新增北京市高等学校教学名师 2 名，北京市职业院校专业带头人 1 名，北京市职业院校骨干教师 1 名；连续 4 届承办北京市职业院校技能大赛京港澳金融投资赛项；投入经费 1 000 余万元，建成了智慧养老云综合服务平台、财经类专业群共享虚拟仿真实训平台，新建更新实训室 13 间，总资产达到 2 000 余万元。

为进一步深化以赛促学，从根本上提升学生的学习热情，从根本上改变教育教学方法，2019 年现代管理学院共参加 7 项北京市教委主办的市赛项目，获得二等奖 1 项、三等奖 5 项，参与学生 55 人，预选学生 104 人，老年服务与管理专业代表北京市参加国赛，成绩位列北京市代表队之首。

1. 北京市特色高水平项目建设

2018 年，面对北京市日益严峻的老龄化趋势，学校决定以养老产业和智慧养老服务为突破口，充分发挥现代管理学院专业优势组建智慧养老专业群，在涉老企业信息化管理、涉老电子商务、老年在线教育、养老机构智慧医养服务等养老应用领域为涉老企业和养老机构培养智慧养老应用人才。在学校领导的亲自领导和指导下，经过全院教师的共同努力，出色完成智慧养老专业群人才培养方案的制定、办学定位的确定工作并投入教学实践。积极配合学校双高特色专业建设，突出学院"一老"特色，打造智慧养老专业群，完成了智慧养老专业工程师学院建设的论证和申报工作，通过一系列的建设，为申报北京市特高校工程师学院项目奠定扎实的物质基础，成功获批北京市职业院校特色高水平建设项目——东华软件智慧养老学院建设。

2. 现代管理学院建设

2018年根据北京青年政治学院新的发展定位和改革的需要，学院党委决定实施教学综合改革，围绕"一老、一小、一青年，一文、一技、国际化"的办学理念，将原管理系的4个专业和社工系老年服务与管理专业合并，新组建了现代管理学院（二级学院），将办学定位调整为服务北京民生事业发展服务，面对日益严峻的老龄化趋势，学校决定充分发挥现代管理学院专业优势组建智慧养老专业群，在涉老企业信息化管理、涉老电子商务、老年在线教育、养老机构智慧医养服务等养老应用领域为涉老企业和养老机构培养智慧养老应用人才。重点打造"一老"特色，2018—2020年围绕"一老"特色开展了大量的改革探索，取得了阶段性成果。专业定位逐步清晰，影响力不断增强。

3. 教学研究成果

科研成果丰硕，发表四级以上论文47篇，一般论文81篇，主编参编教材著作27部，主持省厅级以上项目17项，主持院级项目22项。

2015—2016学年开展以创新和创业为主题的实践教学改革。开展以创新和创业为主题的实践教学改革，完成了学院委托重点教改课题"电子商务专业创新创业试点建设"（编号：ZDCX201602）、基本研究工作，基本形成了管理系创新和创业课程体系框架。并通过加强校企合作2+1培养模式，集中优势资源，在培养高层次毕业生方面有所突破，提高毕业生就业竞争力，形成了管理系创新和创业特色。

本学年共申报教学改革课题11项，覆盖人才培养、课程体系建设、实践教学体系建设、教学方法改革等多个方面。

4. 专业建设

在"十三五"期间，专业（群）影响力显著增强。老年服务与管理专业2016年度被教育部、民政部、国家卫生计生委（现卫健委）评为首批国家级示范专业点；电子商务专业名列"2017年中国职业院校物流＆电商专业竞争力排行榜"百强单位第6名；智慧养老专业群教师团队2020年度被评为"北京市职业院校专业创新团队"；老年服务与管理专业获批教育部首批"1+X"老年人照护，第二批"1+X"失智老年人照护试点；会计专业获批第三批"1+X"共享财务、业财一体化职业技能等级证书试点两类证书的考评点资质；2017—2019年连续三年成功承办北京市职业院校技术技能大赛"京港澳职业院校投资理财"赛项；参加市级以上技术技能大赛40 余项，获得各级各类奖项 30 余项；老年服务与管理专业 2019 年参加全国职业院校技能大赛养老服务技能赛项取得北京市最好成绩；会计专业成功入选北京市教委国际化澳大利亚 TAFE 职业教育改革试点项目；东华软件智慧养老学院获批北京市职业院校特色高水平建设项目。

引进国际高端培训项目有效提升学生技能。围绕涉老专业的社工和管理特色建设，2019 年度引进中国台湾乐活养老、日本音乐照护培训项目，培训师生、校友600 余人次。

5. 年度专业建设和教学工作

（1）2016 年。全面完成 2016 年教学工作。管理系四个专业全年共开设各类课程 160 门（含选修课），其中 2015—2016（2）开设 93 门，2016—2017（1）开设63 门，教师周平均工作量超过 10 节。广大教师具有较高的责任意识，保持了非常好的工作状态，全年无教学事故发生，课堂秩序优良。

组织实施并完成 2016 版人才培养方案编制工作。各专业在总结 2011 版人才培养方案的基础上，结合北京市经济社会发展趋势和人才市场需求，对 2016 版人才培养方案进行了全面的梳理研究并完成编制，新版人才培养方案更具专业特色，更加实用。

（2）2017 年。做好团青课程融合工作。王丽静如期完成"青年团队管理"团青融合课程相关调研、教材编写、课程录制等工作，课题组完成相关课题研究及文章撰写情况如下：

①生蕾等老师撰写了《青年组织与"双创"实践效应研究》《青年组织与青年行为的作用机理》等；

②杨文杰、李纲、张国芝老师等参加团青培训活动项目；

③杨文杰老师组织团青融合课程改革与暑期专业调研活动，在团青融合工作中，老师们认真完成了现代管理学院部署的各项任务。

（3）2018 年。现代管理学院成立。确定智慧养老为现代管理学院建设重点工作。通过暑假期间专业调研和专业研讨，定期召开专业建设研讨会，确定养老产业专业群建设的"23361"工作思路和主线，即 2 条主线：养老产业　创新创业——骨干专业融合老年产业的专业 + 跨境电商方向；4 个特色：国际化特色、信息化特色、交叉融合特色、产教融合特色；3 支队伍：养老产业产学研团队、创新创业教师导师团队和创新管理团队；6 门课程：青年团队管理、管理会计综合实训、跨境电商、创新创业、养老机构运营管理、老年互联网金融（集授课、社会培训、服务产业于一身）；1 个工程师学院：智慧养老工程师学院。以申报三年行动计划骨干专业为契机，进一步明确专业定位，确定养老产业专业群和国际化会计专业的建设思路，按照"名师、名课、名教材"的目标细化每年的工作目标、内容及预期效果。

会计专业成功入选北京市教委职业教育国际化澳大利亚 TAFE 项目。2018 级老年服务与管理专业学生的"尊老孝老　薪火相传"项目入选第二届全国大学生孝文化节，北京青年政治学院成为全国高校行孝联盟单位。

（4）2019年。养老产业专业群建设稳步推进，产教融合企业不断拓展。进一步明确了养老产业岗位群需求。在学校主要领导的大力支持下，现代管理学院组建了养老机构运营管理、人才培养方案与课程体系建设和智慧养老三个小组，形成了养老机构运营与管理、养老产业新业态、养老产业岗位群组成、核心技能和具体领域、智慧养老平台建设方案、产业化运作模式、同类院校老年服务与管理课程设置情况、三年行动计划中的特高专业群和工程师学院建设对标等成果，对养老产业的岗位分布、核心技能总体需求更加熟悉。传统经管类专业确定了围绕涉老机构运营与管理、养老金融和智慧养老领域特色发展的目标。

校外合作成绩显著。为打造养老产业专业群，进一步拓宽实践教学场所，为实践教学改革提供保障，在校领导的积极支持下，2019年先后与中国老年保健协会、首厚·康健养老机构、慈爱家照料中心、朝阳区民政局、北京红十字颐年护老院、香山长者公馆、寸草春晖养老院、君康年华有限公司、诚和敬驿站养老有限公司、福寿多养老机构、吉祥苑养老机构和中国老年学与老年医学学会等10余家机构建立了稳定的合作关系。

2019年志愿服务与专业教育融合改革取得初步成效。老年服务与管理专业将志愿服务与专业教学有机融合，坚持十年接力跑，志愿服务不断壮大。"北青"孝老红十字志愿服务队，入选中国红十字总会和中央电视台联合举办的"守护夕阳——为老服务志愿者荣耀盛典"表彰名单老志愿服务颁奖典礼。

（5）2020年。稳步推进教学改革，结合学校特高校建设部署，积极推进相关建设工作的开展。2020年获批北京特高实训基地建设项目。集电子商务（智慧养老）、老年服务与管理、工商企业管理三个专业一体化发展，打造智慧养老专业群，建成了"智慧养老云综合服务平台"，确立了"1234"人才培养模式，系统规划人才培育、资源共享、技术创新和社会服务的具体建设任务，成功获批北京市特色高水平实训基地——东华软件智慧养老学院和北京市职业院校教学创新团队——老年服务与管理专业。

积极推进"1+X"证书试点建设。老年服务与管理专业获得教育部首批"1+X"证书老年照护和教育部第二批"1+X"证书失智老年人照护两个试点，我校同时获批老年照护和失智老年人照护考评点。

完成2019年版人才培养方案制订工作。组织各专业带头人，结合专业调研情况对2016年版人才培养方案进行重新梳理和修订，完成北京市教委2019年度教学计划诊断工作准备，未收到不良反馈。为进一步推进养老产业专业群建设，推动传统经管类专业转型升级，结合学院2019年版人才培养方案制订工作，确定了管理学基础、市场营销和养老机构运营与管理3门平台课程，电子商务专业确定向智慧养老方向转型。5个专业人才培养方案的完成，迈出了养老产业专业群建设实质性的一步。

会计专业成功入选北京市教委 TAFE 改革试点。通过多方争取，积极申报，会计专业获批北京市教委国际化职业教育改革澳大利亚 TAFE 职业教育改革项目。目前，2019 级会计专业已经逐步融入 TAFE 教学模式。

6．现代职业教育体系建设

继 2019 年获批教育部第二批"1+X"两项试点后，2020 年成功申报并获批教育部第三批试点项目共享财务服务、业财一体化职业技能等级证书试点，试点的职业技能等级证书达 4 个，已占学校总数的 50%。课证融合改革 10 余门课程，培训学生 280 余人次，组织失智老年人照护（中级）考评，通过率 88.6%；财务共享服务（初级）通过率 90.14%，位居全国同批次考试第二名。

深度思考产教融合，打造"一院一策一品"。系统梳理"十三五"时期工作，确定"十四五"期间重点打造国内一流三个品牌，确立重点项目 17 项。服务终身教育，策划社会培训资源。申报智慧康养培训基地，与北京市朝阳区民政局等 13 家机构签署了战略合作协议，3 位教师赴一线养老机构挂职，确定联合望京医院等单位合作开发 4 门课程，进行康复治疗类专业调研和申报工作。

7．师资队伍建设

"十三五"期间，师资队建设水平不断提升。截至 2020 年 12 月，共有教师 32 名（含行政岗位），"双师型"教师占比近 90%。在教师队伍中，从事党务工作 1 人、教学管理 1 人、学生工作 2 人，其余为专职教师。专职教师学历结构全部为研究生以上学历，其中博士 9 人（含博士后 1 人、在读博士 1 人），硕士 16 人；教授 1 人，研究员 1 人，副教授 10 人，中级职称教师 16 人。

2016 年 3 月 29 日，管理系完成 2016 年春季北京地区高等学校教师资格认定工作，全体专职教师全部符合认定标准，张红琴老师获评 2016 年度"第十二届北京市教学名师"。

江洁于 2018 年度获评"第十四届北京市教学名师"。现代管理学院教学名师占学校"十三五"期间总数的 50%。

2018 年度张国芝获评"北京市职业院校专业带头人"，韩文琰被评为"北京市职业院校优秀骨干教师"。

会计专业教师团队获得教学能力比赛市级二等奖，基本功比赛一等奖、二等奖。杨敏捷老师获得学校青年教师基本大赛第一名的成绩。

狠抓教师队伍建设，组织教师参加"京台养老服务论坛""海峡两岸养老产业论坛"等学术交流活动 30 余人次；强化师德教育和教师基本功培养。

8．课程及教材建设

（1）杨英梅任主编、王蕊宁萍任副主编的《网络广告设计（第 3 版）》被评为教育部"十二五"规划教材（2015 年发布）。

（2）王丽静老师负责的"青年团队管理"团青融合课程、陆艳老师负责的

"ERP 企业沙盘实训"课程如期完成相关调研、教材编写、课程录制等工作，已正式上线。

（3）2017 年高嵩老师参与组织和编写的共青团融合课程教材《共青团活动项目管理概论》在北京大学出版社出版。

（4）2015—2016 学年第一学期管理系获批学院优质课程名单，如表 2-4-1 所示。

表 2-4-1 2015—2016 学年第一学期管理系获批学院优质课程名单

序号	课程名称	负责人
1	客户服务礼仪与沟通技巧	王燕
2	财务会计	王京
3	纳税会计	李磊
4	会计信息系统应用	张红琴
5	管理学	王丽静
6	市场营销	马智萍
7	商务沟通与谈判实务	程宝元
8	企业物流管理	唐平
9	网络广告策划	杨英梅
10	商业自动化	赵星
11	证券投资基金	张辉
12	个人信贷	赵晶

2018 年课程建设与实践教学。重点开展养老产业跨专业课程建设研讨，三年行动计划中确定重点课程 3 门，完成院级重点在线课程建设项目"ERP 企业沙盘实训"。将专业实训学期打造成与企业深度合作的平台。与希毕迪（北京）教育科技有限公司联合举办"全国跨境电子商务"培训班。

（5）"1+X"证书（学院方案，二级学院附申报材料）。

①参与电商直播带货专业标准、电子商务师认证考试命题工作；

②参与教育部第四批"1+X"证书身心活化、音乐照顾、智慧养老机构运营与管理等证书的标准制订工作。

9．职业技能大赛

在"十三五"期间，现代管理学院（含原管理系）积极组织各专业学生参加各级各类职业技能竞赛，以赛促学，以赛促教。建立了赛学融合机制，全员参与，取得了优异战绩，锻炼了一支竞赛经验丰富、技能熟练的教师队伍，提高了学生的实际应用能力，有力地推动了各专业整体教学质量的提高。参加市级以上技术技能大赛 40 余项，获得各级各类奖项 30 余项。老年服务与管理专业 2019 年参加全国职业院校技能大赛养老服务技能赛项，取得北京市最好成绩。

（1）2016 年竞赛工作。2016 年共组织学生参加 4 大类专业技能、创新创业、企业运营决策和"互联网 +" 4 大类 11 个赛事活动，取得了优异成绩，2016 年管理系师生共参加以下技能竞赛：

①北京市高职院校技能大赛（高职组）比赛 3 项，包括电子商务技能大赛、会计技能大赛和市场营销技能大赛，其中会计技能大赛获得北京赛区二等奖、三等奖，市场营销大赛获得北京赛区三等奖。

②"财刀网"——税务知识竞赛，获北京赛区一等奖。

③第九届全国大学生网络商务创新应用大赛，获北京赛区特等奖。

④主办京港澳投资大赛，取得优异成绩和实践教学丰硕成果，被北京市教委立为 2017 年北京市高等职业院校竞赛项目。

⑤北京市职业院校会计专业技能普测，取得优异成绩。

⑥第 12 届新道杯全国大学生企业模拟经营沙盘大赛，荣获三等奖。

⑦第九届全国大学生网络商务应用大赛（工信部和中国互联网协会主办），我院 2014 级电子商务专业刘昱昊等 4 位选手的参赛作品获得北京赛区特等奖、全国总决赛现场赛三等奖。

（2）2017 年竞赛工作。完成北京市教委"京港澳职业院校金融投资大赛"组织活动。2017 年 5 月 21 日，由北京市教育委员会主办，北京青年政治学院承办的 2017 年北京市高等职业院校技术技能大赛"京港澳职业院校金融投资大赛"北京地区总决赛在北京青年政治学院顺利举办。大赛共有 11 所高职类院校参加，每所学校均派出三支代表队，涵盖股票、外汇、期货三个大项。我院参赛队分别取得了二等奖和三等奖的成绩。

2017 年参加北京市高职院校技能大赛（高职组）比赛 4 项，具体有银行技能大赛、电子商务技能大赛、会计技能大赛和市场营销技能大赛，其中，会计技能大赛取得北京赛区三等奖，银行技能大赛获得北京赛区三等奖。

（3）2018 年竞赛工作。为进一步提高人才培养质量，提升学生的职业技能和职业素养，推进赛学结合，营造"崇尚一技之长"的良好氛围，2018 年组织 2016 级、2017 级工商企业管理等 5 个专业 62 名学生，组成 20 个参赛队，参加以全国大学生"创意、创新、创业"电子商务挑战赛为代表的教育部、北京市教委、行业协会等主办的各类职业技能比赛 6 项，并承办一项北京市职业技能竞赛"北京市教委京港澳投资大赛"。参赛队在各赛事中取得优异成绩，荣获全国职业院校"养老服务技能"大赛、北京市教委京港澳投资大赛一等奖 1 项，二等奖 2 项；市场营销技能二等奖、三等奖；养老护理技能大赛三等奖；会计技能大赛三等奖；2018 年"慈爱嘉新动力杯"京津冀高校养老护理技能大赛个人一等奖 2 项，个人二等奖项，个人三等奖 2 项，个人优秀奖 3 项，团体二等奖 1 项；第九届全国大学生"创意、创新、创业"电子商务挑战赛（北京赛区）二等奖 1 项，三等奖 1 项。进入第四届互联网 + 大学生创新创业大赛（北京赛区）复赛。此外，现代管理学院学生还代表学校参加大学生英语、诗词大会等多项比赛并获得佳绩。

会计专业参加注册税务师协会主办的全国财税技能大赛，获得华北赛区三等奖，使我院成为唯一获得奖项的北京地区院校。

（4）2019年竞赛工作。2019年积极承办和组织师生参加职业技能竞赛。为了进一步深化以赛促学，从根本上提升学生的学习热情，从根本上改变教育教学方法，2019年现代管理学院共参加7项北京市教委主办的市赛项目，获得二等奖1项、三等奖5项，参与学生55人，预选学生104人。老年服务与管理专业代表北京市参加国赛，成绩位列北京市代表队之首。

10．实训基地建设和校企合作成果丰富

2016年建设完成财会与金融实训中心、现代商贸实训中心，学生可在商业银行实训室、证券交易实训室、ERP实训室、财务实训室、票据实训室、现代商务实训室进行仿真环境专业实训。

2016年管理系与阿里巴巴集团、中国高校实践教学研究院等企业签订战略合作协议，在高水平职业人才培养、核心业务能力和创新创业教育等方面开展定制培养，切实提高管理系各专业的教育教学质量和就业竞争力。

2016年7月我院与中国高校实践教学研究院签订高级营销人才订单培养协议。从大二下半年开始组织优秀学生利用业余时间赴企业参加市场开发、高级营销业务培训和项目实习，培训结束择优录用，有效提高了学生的就业竞争力，为我系深度校企合作开辟了新路。

2016年进一步加强实训室建设。2016年9月管理系完成中央财政支持项目"人才培养质量建设——现代职业教育质量提升计划——企业沙盘模拟经营实训室建设"，投资总计96.788 1万元，以及北京市教委支持项目"实训基地建设——财务、营销技能实训与竞赛平台建设"，总计110.439万元。此项目的建成为管理系4个专业提供市场调查问卷设计、数据统计分析、市场营销决策、问卷回收与整理、电子商务综合实训、网络营销策划、电商企业模拟经营实训、供应链财务实训、财务会计实训、成本会计实训、财务软件应用实训、会计职业资格证考试训练等12个实训项目，并承担电子商务技能大赛、会计技能大赛等竞赛项目，丰富了管理系实践教学内容，推动专业的改革与发展。ERP沙盘实训室建设项目，有效改善了会计从业资格考试练习系统、信息发布系统与设施，财务综合实践信息化竞赛平台，电子商务及网络营销综合实训与竞赛系统，市场调查与信息采集分析实训教学平台，增强了管理系企业文化和职业教育氛围。

实训室使用效果。2016年管理系实训中心10间实训室共承担82门课程、3 200余学时，实训室设施运行正常，满足各门课程实践教学需求；在课余时间，管理系实训中心大力支持管理系学生完成电子商务技能大赛、会计技能大赛、市场营销技能大赛、京港澳金融投资大赛等赛事训练，提升学生竞赛能力；同时，实训中心支持学生会与各类学生社团活动30余次，如红五月、理财社、双选会等活动。

　　2019 年产教融合企业不断拓展。为打造养老产业专业群建设，进一步拓宽、拓展实践教学场所，为实践教学改革提供保障，在校领导的积极支持下，2019 年先后与中国老年保健协会、首厚·康健养老机构、慈爱家照料中心、朝阳区民政局、北京红十字颐年护老院、香山长者公馆、寸草春晖养老院、君康年华有限公司、诚和敬驿站养老有限公司、福寿多养老机构、吉祥苑养老机构、中国老年学与中国老年医学学会等 10 余家机构建立了稳定的合作关系。引进国际高端培训项目，有效提升学生技能。围绕涉老专业的社工和管理特色建设，2019 年度引进日本音乐照护培训项目，培训师生、校友 600 余人次。

　　在"十三五"期间，现代管理学院不断改善和加强内外实训基地建设，加大校企合作力度。为配合学校双高特色专业建设，突出学院"一老"特色，打造智慧养老专业群，完成了智慧养老专业工程师学院建设的论证和准备工作，并通过中央财政项目《2019 现代职业教育质量提升计划——养老产业专业群建设——老年服务与管理实训室建设》《2019 现代职业教育质量提升计划——智慧养老工程师学院建设》的建设，建成北京青年政治学院智慧养老综合服务云平台，为申报北京市特高校工程师学院项目奠定扎实的物质基础。

　　现代职业教育质量提升计划——养老产业专业群建设——老年服务与管理实训室建设，项目下拨及追加预算共计 190.00 万元。本项目充实了养老机构康养服务基本业务和基本技能训练基地的功能，为开展全国老年护理职业技能竞赛训练提供必需设备，有效改善实践教学和竞赛训练环境。项目建设主要针对互联网 + 康复护理实训室和互联网 + 健康评估实训室功能需求，共计采购健康康复类硬件实训设备，共 57 类，283 台（件），应用于老年人健康及行动能力评估、老年人行动能力康复、老年人照护、失智老年人照护对应的职业技能实训和等级证书考核；支持学生考取老年照护职业技能等级证书初、中、高级，失智老年人照护职业技能等级证书初级、中级等。

　　政府采购公开招标金额 190.00 万元，包括压力检测系统、智慧养老实验性数据采集系统等 378 台套。

　　现代职业教育质量提升计划——智慧养老工程师学院建设项目。项目下拨及追加项目预算共计 180.00 万元。本项目为北京青年政治学院智慧养老专业群特色专业群和实训基地建设提供了实践应用平台，改善实践教学环境；充实了关于养老企业智慧养老服务信息化应用和基本业务管理实训教学系统；联合开发了智慧养老实践课程，包括"养老企业信息化咨询""养老企业信息化管理""养老行业大数据技术及应用""智慧养老云平台系统及应用""智慧养老云平台运营""智慧养老市场营销""智慧养老电子商务"，有效提升实践教学水平。建立校企合作人才培训机制，2017 级老年服务与管理、工商企业管理和电子商务专业开设培训班，由企业高管和技术专家讲授课程。

　　人才培养质量建设 - 现代职业教育质量提升计划 - 模拟经营实训室建设项目，为北京青年政治学院教学专项建设项目，预算共计 84.093 万元。本项目是适应北京青年政治学院智慧养老专业群特色专业群和实训基地建设，改善基本教学环境，为现代管理学院会计专业、期货与证券专业、工商企业管理专业实训室更换老旧计算机设备 135 台及相关配套设备。

二、"十三五"科研工作综述

科研成果丰硕，发表四级以上论文 47 篇、一般论文 81 篇，主编或参编教材或专著 27 部，主持省厅级以上项目 17 项，主持院级项目 22 项。

2016 年大力推动教研科研工作，以研究促教学谋发展。2016 年管理系完成院级重点教改立项 1 项、一般项目 6 项；科研工作也取得优异成绩，成功申报 1 项省部级社科基金项目，共完成院级重点项目 2 项、院级一般项目 3 项、论文 20 篇（其中核心 5 篇）、省部级课题 2 项、著作（含教材）4 部。

2017 年团队积极努力，合作搞好教研科研工作，取得优良成果。完成著作 3 部、主编及参编教材 9 部、发表二级论文 1 篇、三级论文 1 篇、四级论文 7 篇、五级论文 22 篇，主持及参与省部级课题 4 项、院级课题 3 项，教师参加学术交流、访学、研修活动 20 余人次，为学生举办各类讲座 9 场。

主办第七届金融服务论坛，主题为"互联网金融与青年创新创业"，来自教育、实业和学术科研领域专家学者畅所欲言，集思广益，为互联网金融的发展和青年创新创业出谋划策，取得了良好的效果。在此次论坛的成果之上，金融服务研究所将继续努力，将学校团青特色人才培养与国家双创实践、互联网金融的未来发展更加紧密地结合在一起，进一步深化专业建设，提升人才培养质量。

2018 年是现代管理学院全面进行落实"一老一小一青年"办学宗旨，向智慧养老专业群建设和人才培养特色转型的第一年。各专业围绕智慧养老开展了丰富多彩的调研和科研活动，为专业转型积累关于智慧养老的国家政策、人才需求、企业现状和人才培养教育现状的一手资料，以及相关科研成果和科研资料，为今后的专业群建设规划和人才培养方案奠定基础。为此，学院组织养老服务与管理、电子商务（智慧养老）、工商企业管理等专业开展智慧养老理论、智慧养老应用现状、智慧养老信息化的专业人才培养的功能领域的科学研究，共完成科研项目和教改立项 43 项，其中，科研项目 29 项、教学改革项目 14 项。科研重要成果有刘霞老师参与的"国有资本授权关系及实现模式研究"国家社科基金重点项目 1 项，以于泽浩老师"北京市居家养老有效供给模式研究"为代表的省部级项目 8 项。

2019 年科研工作稳步推进。现代管理学院老师们共发表论文 21 篇，其中核心期刊 11 篇（5 篇为三级核心论文），出版专著 1 部，参编教材 1 本。

科研项目，由本学院老师主持市级科研项目 8 项（2019 年完成市教委项目 3 项，其中 1 项为重点课题），作为主要参加人的研横向项目 4 项。16 人次参加各种学术会议，累计 21 人次参加社科考察，15 人次参加各种进修学习，其中 2 人次参加各种学术会议，并提交会议论文。

2020 年全体教师共发表论文 27 篇，其中核心期刊 10 篇，参与撰写专著 2 部；主持科研项目 5 项，包括 1 项省教育厅科研项目、1 项国家社科基金项目；新增 3 项企事业单位委托项目，教师的课程思政论文在《中国德育》杂志征文中获奖。

三、科研项目及成果

1. 2016 年

2016 年共申报各级各类科研项目 29 项，涵盖教育改革、财政金融、市场营销、电子商务、青年创业、企业管理等领域，包括省部级重点项目 1 项，省部级一般项目 10 项，院级重点项目 3 项，院级一般项目和其他项目 18 项。完成 2015 至 2016 年跨年度科研项目 13 项，其中，院级重点项目 2 项。

2016 年 27 人发表 101 项科研成果，其中，2016 年 1 月 20 日管理系马智萍老师北京市教育委员会 2013 年度青年英才计划项目和教师职业技能计划项目的资助项目如期完成。

2016 年 3 月 4 日根据北京市教育委员会《关于开展 2013—2015 年北京高等学校教育教学改革立项工作的通知》（京教函〔2013〕338 号）等文件精神，学院开展 2013 年北京高等学校教育教学改革项目结题工作，管理系韩文琰老师承担的"基于北京区域发展的高职金融专业人才培养模式研究"课题如期完成。

2016 年共完成教改项目 9 项，其中院级重点项目 1 项。

2. 2017 年

2017 年共申报各级各类科研项目 8 项，涉及财政金融、团青改革、青年学、思想教育和职业竞赛等领域，包括省部级一般项目 4 项，院级一般项目和其他项目 4 项。2017 年发表研究成果 45 项，包括高嵩《共青团项目管理概述》（北京大学出版社），韩文琰《社会企业融资：英国经验与中国之道》（发表于《东南学术》），赵星《商业自动化》（中国轻工业出版社），韩文琰《统计学原理与技能应用》（清华大学出版社）等。

3. 2018 年

2018 年共申报各级各类科研项目 13 项，在经济学、财政金融、团青改革、青年创业、社会学、养老等领域开展研究，包括国家社科基金重点项目 1 项，刘霞参与"国有资本授权关系及实现模式研究"；省部级项目 10 项，张红琴主持北京市哲学社科规划项目"北京青年创业动机、创业能力及创业绩效研究"，李红武主持北京市社科基金项目"北京市老龄护理专业人员的培养与发展规划研究"，梅丽萍主持北京市哲学社科规划项目"北京市青少年校园欺凌问题治理研究"，二级学院承担企业委托项目 2 项，2018 年发表研究成果 43 项，其中，江洁《保险扶贫的四个路径》《以保险助力精准扶贫》《中国保险业亟需完善评价体系》《保险扶贫的四个路径》发表于《人民论坛》，江洁《乡村振兴背景下保险扶贫政策感知对农民创业意愿的影响研究》发表于《福建论坛》，韩文琰《立法认证：解决我国社会企业融资难的重要途径——现实审视与国际比较》发表于《甘肃政法学院学报》。

4．2019年

2019年共申报各级各类科研项目8项，涵盖青年、社会学、养老和互联网经济等领域，包括省部级社科基金项目项目6项，高嵩主持北京市哲学社科规划项目"智能服务型居家养老运营管理机制研究"，李校红主持"基于阅读疗法的青少年阅读引导模式研究"等。地市厅局等政府部门项目2项，于泽浩主持"北京老年教育整合模式创新与实践"，张海丰主持"人口老龄化背景下田园生态养老模式发展的路径与政策研究"。2019年发表研究成果23项，其中，陆艳《首都社区智慧养老可视化服务模式研究》由青海人民出版社出版；胡剑《北京市青少年禁毒研究》由中国社会出版社出版；李红武《北京市社区养老服务驿站存在的问题及对策分析》发表于《中国社区发展报告（2018—2019）》；生蕾《互联网金融供给侧结构性改革实证分析》发表于《征信杂志社》；于泽浩《北京市老年居家服务项目使用影响因素及有效供给分析》发表于《兰州学刊》；于泽浩《中国城乡老年人志愿服务参与意愿的影响因素分析》发表于《西北人口》；于泽浩《整合服务框架及其在居家养老中的运用》发表于《新视野》；于泽浩《中国城乡老年人主观幸福感影响因素分析》发表于《中国健康教育》；于泽浩《城市老年社区居家卫生保健服务体系建设的思考》发表于《管理观察》；马智萍《"课程思政"理念下市场营销教学改革探讨》发表于《国际公关》。

5．2020年

2020年主持参与科研项目5项，包括省教育厅科研项目1项、国家社科基金项目2项，梅丽萍参与"居家养老视域下正式照料对家庭照料的影响及政策创新研究"，李楠参与"新时代中国推动建设开放型世界经济研究"，王建辉参与企事业单位委托项目"国家开放大学学分银行电子商务行业新媒体运营和商务数据分析认证单元开发""电子竞技员国家职业资格鉴定标准开发""网约配送员国家职业资格鉴定标准开发"；省教育厅社科项目1项；北京青年政治学院科研项目4项。2020年17人发表研究成果32项。其中，韩文琰《我国地方政府专项债券的发行历程与展望》发表于《地方财政研究》；韩文琰《中国"以房养老"：梳理、审视与重构》发表于《价格理论与实践》；于泽浩《促进养老服务业内涵式发展》发表于《中国社会科学报》；江洁《以农村"双创"助推新型城镇化与乡村振兴协同发展》发表于《重庆社会科学》；江 洁 *Research on Agricultural Carbon Emissions and Regional Carbon Emissions Reduction Strategies in China* 发表于 *Sustainability*；江洁《数字货币冲击与商业银行应对策略》发表于《银行家》；江洁《新冠疫情对脱贫攻坚的影响及应对》发表于《决策建议》；张国芝《党的领导是战胜疫情根本保证》发表于《西城论坛》；张红琴《创业动机、创业能力与创业绩效相关性分析》发表于《管理观察》；张红琴参编《企业上市财务方略》出版于天津科学技术出版社；宁萍《浅谈国有企业改革中岗位体系建设的问题及建议》发表于《财经与管理》；宁萍《浅议老年客户市场营销》发表于《财经与管理》；李红武参编《社区老年教育发展的困境分析及策略应对》出版于社会科学文献出版社；马智萍《全媒体营销时代中小企业品牌建设研究》发表于《中小企业管理与科技》；王丽静《谈"两课堂、一平台"课程思政模式》发表于《中国德育》；王丽静《〈青年团队管理〉团青特色课程建设研究》发表于《知识经济》。

四、学术活动

在"十三五"期间，现代管理学院注重提升师资队伍的学术水平，鼓励教师积极参加各级各类学术会议、学术交流和教学能力竞赛活动，以加强与同行的联系，了解业界和学术界的在科研、教学等领域的最新前沿和动态，开阔眼界，提升自我。以下是2016—2020年现代管理学院教师参加学术活动统计，如表2-4-2、表2-4-3、表2-4-4、表2-4-5、表2-4-6所示。

表 2-4-2　2016 年现代管理学院教师参加学术会议统计表

序号	会议名称	本部门参加人员人数及姓名	会议时间	会议地点	提交论文（篇）
1	2016 年全国高校电子商务与电子政务联合实验室年会	2 人，高嵩、杨英美	2016.6.2	武昌理工学院	1
2	北京高教学会计算机教育研究会 2016 年会	2 人，高嵩	2016.5.21	中国石油大学	1
3	高校转型创新创业实习就业校企合作高峰论坛	2 人，高嵩、唐平	2016.4.8	北京大学	1
4	2016 中国信息经济学会年会	2 人，高嵩	2016.10.4	中山大学	

表 2-4-3　2017 年现代管理学院教师参加学术会议统计表

序号	会议名称	本部门参加人员人数及姓名	会议时间	会议地点	提交论文（篇）
1	科技金融研讨会	1 人，生蕾	2017.7	中央财经大学	
2	北京高教学会计算机教育研究会 2017 年会	1 人，高嵩	2017.5.19	北京邮电大学	1
3	2017 全国高校电子商务学术年会	1 人，高嵩	2017.7.21	西安交通大学	1
4	京津冀鲁计算机教育学术研讨会	1 人，高嵩	2017.8.4	山东枣庄学院	
5	2017 海峡两岸互联网大数据应用研讨会	1 人，高嵩	2017.8.22	中科院先进技术研究院	1

序号	会议名称	本部门参加人员人数及姓名	会议时间	会议地点	提交论文（篇）
6	2017 中国信息经济学会年会	1 人，高嵩	2017.11.17	北京邮电大学	1
7	全国高校电子商务与电子政务联合试验室 2017 年会	1 人，高嵩	2017.12.9	西安交通大学	

表 2-4-4　2018 年现代管理学院教师参加学术会议统计表

序号	会议名称	本部门参加人员人数及姓名	会议时间	会议地点	提交论文（篇）
1	大国博弈与中国经济发展	1 人，生蕾	2018.8.16	清华大学五道口金融学院	1
2	城市空间结构与社会融合	1 人，生蕾	2018.8.2	清华大学	
3	经济转型中的政府与社会	1 人，生蕾	2018.11.15	五道口	
4	北京大学中国财富管理论坛	1 人，生蕾	2018.11.10	北京大学	
5	中国房地产市场的前景与投资策略	1 人，生蕾	2018.11.25	清华科技园	
6	2018 年津台养老事业发展产教融合研讨会	5 人，李校红、刘霞、李红武、王丽静、张国芝	2018.10.20	天津城市职业学院	
7	北京市"全面加强网络安全推进教育信息化"专题网络培训示范班	1 人，张海丰	2018.6	在线学习 + 现场研讨	
8	企业自主创新高峰论坛	1 人，江洁	2018.11.18	清华大学	
9	信息化教学论坛	1 人，王丽静	2018.5.26	北京	
10	《共生》未来企业组织进化路径分享会	1 人，王丽静	2018.9.19	北京	
11	湖北省高职院校"阅读推广策划"培训及研讨会	1 人，李校红	2018.6.13	武汉	
12	BALIS 首届科研评价服务业务研讨会	1 人，李校红	2018.11.16	北京	
13	青年学与青年工作研讨会暨中国青少年研究会青年学研究专委会第一次会议	1 人，李楠	2018.6.17	北京青年政治学院	1

表 2-4-5　2019 年现代管理学院教师参加学术会议统计表

序号	会议名称	本部门参加人员人数及姓名	会议时间	会议地点	提交论文（篇）
1	北京高教学会计算机教育研究会 2019 年会	1 人，高嵩	2019.5.19	线上	1
2	2019 全国高校电子商务学术年会	1 人，高嵩	2019.12.21	河南理工大学	1

表 2-4-6　2020 年现代管理学院教师参加学术会议统计表

序号	会议名称	本部门参加人员人数及姓名	会议时间	会议地点	提交论文（篇）
1	北京高教学会计算机教育研究会 2019 年会	2 人，高嵩、张夕汉	2020.10.19	北京宽沟会议中心	
2	2020 全国高校电子商务学术年会	1 人，高嵩	2020.11.21	西安外交大学	
3	全国高校电子商务与电子政务联合试验室 2020 年会	1 人，高嵩	2020.11.19	西安外交大学	
4	2020 中国信息经济学会年会	2 人，高嵩、张国芝	2020.11.27	中山大学	

五、研究机构

2009 年原管理系拆分为管理系和财金系。财金系根据专业建设和发展需要，充分发挥人才优势，服务北京金融市场研究，成立金融服务研究所，开展金融服务职业教育和科学研究，王燕任所长，生蕾任副所长。2018 年以来，生蕾主持工作，针对北京市金融市场人才需求开展工作，组织召开 2018 年、2019 年北京青年政治学院金融论坛。

第五章　国际学院 ①

一、专业建设成效

"十三五"期间，随着经济转型升级和人才市场需求的变化，根据《普通高等学校高等职业教育（专科）专业目录》和《高等职业学校专业教学标准（试行）》，结合实际办学条件，立足服务北京"国际交往中心"战略定位和面向国际化发展，国际学院不断调整专业布局 ②，统筹专业发展重点，突出专业优势内涵，着力打造特色高水平骨干专业和国际化特色品牌。

"十三五"期间，旅游英语专业招生和就业在北京市高职院校同类专业中始终保持显著优势。2016 年旅游英语专业启动了与北京市外事学校旅游外语专业的中高职衔接 3+2 项目，并扎实推进。2020 年旅游英语专业（出入境服务与管理）入选北京市职业院校特色高水平骨干专业，成为北京市职业院校唯一入选的语言类专业，在全国"双高"建设中发挥了示范引领作用。2018 年新增的中外合作办学学前教育专业，成为北京学前教育职教集团的国际化特色品牌，在全国高职院校中外合作办学学前教育专业建设中发挥示范引领作用，为启动 2021 年与北京国际职业教育学校的学前教育专业开展中高职衔接 3+2 项目奠定了良好的基础。

作为国家教学标准体系建设的核心成员单位，以教育部职业院校外语类专业教学指导委员会教学改革项目为契机，在前期高等职业教育旅游英语专业目录修订、顶岗实习标准制定和专业教学标准开发规程研究的基础上，首席执笔完成了专业教学标准修订。与此同时，完成了高职英语类专业毕业生社会需求与培养质量跟踪评价报告、中职旅游外语专业目录修订和旅游相关行业语言服务类规范制定等工作。专业团队成员多次在全国职业院校英语教师、旅游类专业师资培训或论坛中进行贯标指导或示范交流，在国内高职院校英语类专业和中高职旅游类专业英语教育教学改革中树立了标杆，起到了示范引领作用。

---

① 本章由老青、程云艳编写。

② 中外合作办学；会计专业 2017 年停止招生，国际商务专业 2018 年停止招生，新闻采编与制作专业（数字动画艺术）2019 年停止招生。

二、师资队伍建设

在"十三五"期间，国际学院各专业师资队伍建设更加聚焦师德师风、信息化教学能力和"双师"素质等关键要素，呈现"一主线两提升三拓展"的特点，即以师德师风建设为主线，助力信息化教学能力和"双师"素质提升，提升国际交往与合作、产学研和创新创业等能力。

结合上级有关精神和学校相关制度，国际学院首先将师德表现作为教师业绩考核、职称评定、岗位聘用、评优奖励的首要内容，引导教师把教书育人和自我修养相结合，以德立身、以德立学、以德施教，成为政治素质过硬、业务能力精湛、育人水平高超的高素质人民教师代表。其次，将教师信息化教学能力的培养与提升从教学设计延伸至课堂教学和实训环节，与教师教学能力融为一体，使之成为"互联网＋"时代英语类专业师资队伍建设体系中不可或缺的标准，引导教师专业化与职业化的发展与提升。再次，将获取职业资格证书、完成行企挂职经历、指导职业技能竞赛融为一体，夯实英语"双师"素质特色建设内涵，尤其在整合校内外优质师资资源、建立团队协作共同体、构建对接职业标准课程体系、模块化教学模式等方面下大力气。最后，将服务"首都国际语言环境建设"任务和对口参与涉外窗口服务行企项目作为拓展师资的国际交往与合作、产学研创能力的切入点，注重营造"长带新""匠牵徒""青超老""师助生""中加外"的多维多层、互促互帮、共同成长与协同发展的"英语＋"环境；逐步优化行企师资队伍结构，逐步提升优秀青年匠才和往届优秀毕业生占比，保持稳定的"一带一路"沿线国家的外籍教师占比，推进专业国际化进程。

旅游英语专业教学团队成员获国家级职业教育教学成果奖、北京市职业教育／高等教育教学成果奖、教育部外语教指委教学成果奖累计 16 人次；此外，团队成员获北京市职业院校信息化教学大赛奖、全国职业技能竞赛优秀指导教师和北京市职业院校技能竞赛优秀指导教师称号，指导学生参加英语类国赛市赛获奖累计 22 人次，均位居北京独立设置高职院校英语类专业之首。

三、教学资源建设

在"十三五"期间，国际学院坚持以校企合作为契机，以"十二五"和"十三五"职业教育国家规划教材建设为主体，以践行"一带一路"倡议为驱动，以服务行企培训应用为落脚点。

首先，英语类专业教学资源建设有了较大的发展，尤其是在国家级职业教育规划教材方面取得了不俗的成绩，主编出版的英语类教材在种类、数量、配套数字资源、获奖、入选国家规划教材、行企合作数量和用于行企相关培训的规模等方面，均位居北京市独立设置的高职院校英语类专业之首。代表性教材成果包括"十二五"职业教育国家规划教材《旅游职业英语》系列、《旅游英语视听速记实训教程》等；服务"一带一路"倡议的高职"英语 +"实训指导书《会展英语职场实训指导书》《跨文化学习系列读本：商务实战篇》等；服务行企培训教材读本中英双语版立体化的《中华人民共和国出境入境管理法绘本》《中华人民共和国旅游法绘本》等。

其次，国际学院引进先进的信息化教学设备、鼓励教师参与教学能力大赛，始终致力于信息化教学资源的开发与建设，主要成果包括：

（1）行企共建课程资源。依托本校主编的国家规划教材，与高等教育出版社合作完成了"旅游职业英语口笔译实务"助训软件研制和微课资源建设，并在朝阳区外国人出入境服务大厅员工英语培训中使用。与北京外国语大学在线合作，开展"旅游英语"在线课程建设，部分成果列入北京市旅游行业协会导游分会"北京导游学历提升定制班（英语专业）"共享资源，参与外语教指委慕课平台"导游英语""饭店英语"课程资源建设。

（2）自建自购资源平台。自建了凸显出入境服务领域核心技能特色的"英语速记""两法"等教学资源；购置了突出跨文化交流特色的中国文化英语学习、"一带一路"沿线主要国家国情文化与跨文化交际网络学习平台。

（3）引用国际平台资源。引进职业英语托业桥（TOEIC Bridge）测训资源、多语种仕必阁（Speexx），以及朗文英语等语言学习资源。

（4）校际共享实践资源。开拓共享中高本衔接的北京非物质文化遗产资源、跨文化体验互动教学资源平台，包括世界著名旅游城市的实践教学资源库，以及智慧圆明园、北京民俗等沉浸式、互动式"英语 +"实训教学资源。

四、实践基地建设

在"十三五"期间，按照各专业人才培养方案的调整和专业课程的更新建设，尤其是 2018 年以来，为满足中外合作办学各专业需求，国际学院申请财政专项，先后新建了数字动画艺术专业实训室和学前教育专业中英双语实训室，为不断优化平台和持续有效推进实训项目，构建"工学交替、产学研创"一体化的校外实训基地平台，提升专业学生的岗位适应能力和就业竞争力奠定了坚实的基础。

旅游英语专业校外实训平台建设以出入境服务公司、国际旅行社和景点景区为主，辅以出国留学服务机构和英语教育机构。在校外行企"实践—实训—实习"和就业基地中，出入境旅游类占 70%，英语综合类占比近 30%，满足对口就业。出入境服务类顶岗实习基地包括北京双雄对外服务公司等 20 多个使领馆签证中心，以及北京留学服务行业协会会员单位近 20 家；涉外旅游业务服务类顶岗实习基地包括北京市旅游行业协会会员单位、北京凯撒旅游等近 30 家，以及北外国际、新东方学校的各游学研学部门；此外，还有北京市公园管理中心的北海公园、颐和园等。中高本校际共享实训基地以北京市外事学校和北京联合大学旅游学院为主。

中外合作办学学前教育专业校外实训基地以国际（双语）幼儿园（北京青年政治学院附属幼儿园、启明国际幼儿园、中加王子岛幼儿园、红黄蓝国际幼儿园等近20个幼儿园）、国际教育培训机构（北外壹佳、新东方等近30个校区）为主，为中外合作办学学前教育专业第一届毕业生实习就业奠定了坚实的基础。

五、技术及社会服务

在"十三五"期间，国际学院坚持深化产教融合，不断构建和打造不同类型的技术服务平台，开展多项品牌效应的社会服务，提升影响力。

首先，拓展提升校企技术技能平台。旅游英语专业与北京双雄对外服务公司长期开展校企深度合作，建立了服务"一带一路"国际交往，校企"英语+"多元复合应用型技术技能人才培养的产教融合平台和技术技能平台。校企双方共同参与高等职业学校旅游英语专业目录修订和简介编写、高等职业学校旅游英语专业顶岗实习标准制定、高等职业学校旅游英语专业教学标准开发规程研究和高等职业学校旅游英语专业教学标准修订等国家标准建设，相关成果获得了教育部职业院校外语类专业教学指导委员会教育教学特等奖和国家级职业教育教学二等奖。北京双雄对外服务公司与北京青年政治学院之间的合作已达到高度互信，合作成效拓展在党建工作、人才培养方案制定、专业人才培养模式改革、课程教学资源共建、实训实习基地拓展、"双师"素质提升、学生实习就业、企业员工培训、社会志愿服务活动开展、扶贫项目支援等各个方面，实现了产教融合规范化、制度化、常态化。

其次，深化夯实校行技术技能平台。旅游英语专业与北京旅游行业协会导游分会、中国旅游学会旅游教育分会的行校合作不断加强，近两年共同完成了北京导游外语（英语）讲解服务规范制定与贯标培训、北京导游学历提升定制班面授课程（英语）建设与实施、全国职业院校旅游类专业英语教师培训等项目，多次获评中国旅游学会旅游教育分会年度优秀会员单位。

另外，聚焦打造校政技术技能平台。旅游英语专业与北京市朝阳区外办、北京市朝阳区外国人出入境服务大厅的校政合作，近年完成了出入境服务大厅一线员工四期的岗位英语培训，以及北京旅游酒店服务业一线员工的迎冬奥英语培训。旅游英语专业（出入境服务方向）基于行企政专业性英语类技术技能平台建设的质量和规模，均位居北京独立设置高职院校英语类专业之首。

作为首都国际语言环境建设的主要参与单位，持续协助北京市民讲外语活动组委会完成每年一届的北京外语游园会等重点项目，成为北京高职院校英语类专业中的唯一代表，曾被《北京日报》等多家媒体报道，并多次获得组办单位的好评。作为国内首个"京津冀出入境服务领域产教联盟"牵头单位，与国内出入境行业排名首位的北京双雄对外服务公司、北京旅游行业协会导游分会等行企结盟，针对北京国际交流高端化、外语服务需求多元化和国际交往资源特色化，深化专业对口服务内涵，提升专业技术服务水平。聚焦联盟为主体的行企单位拓展各类校企合作项目，包括指导行业服务规范编制、策划对外窗口服务行企员工培训、主创英语类在线课程和服务英语类职技赛训等，如北京市旅游行业协会导游分会的北京导游外语讲解服务规范（英语）编制、北京市朝阳区外国人出入境服务大厅的员工岗位英语培训、北京外国语大学网络教育学院的北京导游学历提升定制班和"旅游英语"在线课程建设，以及北京导游技能大赛英语讲解等，举起了北京高职院校英语类专业在出入境服务领域的头牌，发挥了示范带头作用，部分合作成果获评中国高校远程和继续教育优秀案例奖。

六、国际化特色发展

国际学院以"请进校园"为主，拓展其在高等职业教育大类专业中的积极作用。专业教师参与北京高职院校唯一的中外合作办学学前教育专业的建设和英语类课程的教学改革，探索"英语+"课证融通、课赛结合等举措，指导学生参加全国职业院校技术技能比赛英语口语赛项并荣获一等奖，实现北京高职院校在此项国赛中一等奖零的突破；此外，主办了首届北京市职业院校中外合作办学论坛、协助承办了首届"丝路工匠"国际技能大赛部分相关赛项，组织学生协助完成了以日韩为主的近 30 个国家来华留学生学习交流的英语助教志愿服务工作，为力促北京学前教育职业教育集团中唯一的中外合作办学专业向好发展、提升国际合作影响力做出贡献。

专业教师（人均 1 次 / 学年）立足服务北京"国际交往中心"战略定位，以"走出校园"为主，直接投身服务于"一带一路"峰会和 APEC 首脑会议等相关重要任务。在 "Conference & 15th China CALL Conference" "International Seminar on College-Enterprise Cooperation in Tourism" 等"一带一路"沿线国家为主的国际教育教学论坛或会议上完成主旨发言或分论坛英语主持，用英语展现北京职业教育的改革与发展，讲好中国故事。参与上述活动的英语教师数量和占比居北京高职院校英语类专业之首。

依托"京津冀出入境服务领域产教联盟"成员单位（北京双雄对外服务公司），协助在京驻华使馆开设首个"丝路"签证服务中心（库曼斯坦签证服务中心），利用中土两国践行"一带一路"倡议这一最新成果，为旅游英语专业学生在推动两国旅游合作发挥作用等方面搭建平台。此外，"京津冀出入境服务领域产教联盟"为促进泰国教育部职业教育委员会，依托学校在京设立唯一的泰国职业院校师资培训基地。作为北京高职唯一的院校代表，专业师生参加了清华大学主办的第七届和第八届"世界和平论坛"；专业师生每年参加"欢动北京"、国际青少年文化艺术交流周、"魅力校园"、"北京外语游园会"，以及北京市侨办委托开展的各类国际性冬令营和夏令营志愿服务，受到了主办方的肯定与赞赏，吸引了多家媒体进行宣传报道。

第六章　马克思主义学院 ①

一、马克思主义学院（高精尖分中心）

在"十三五"期间，北京青年政治学院马克思主义学院完成了从前身社科部，到马克思主义学院的转化，实现了从校内自身建设向服务高职院校、服务社会的转化，思想政治理论课整体建设标准和建设水平迈上了新的台阶。

（一）马克思主义学院与分中心成立

2018 年 5 月 26 日，北京青年政治学院与北京高校思想政治理论课高精尖创新中心在北京会议中心共同举办"改革开放 40 周年高职院校思想政治理论课教育教学创新发展"研讨会暨北京青年政治学院马克思主义学院揭牌仪式、北京高校思想政治理论课高精尖创新中心北京青年政治学院分中心（以下简称"高精尖分中心"）揭牌仪式。

成立大会当天，北京市委教育工委常务副书记郑吉春，教育部社科司原巡视员、教育部高校思想政治理论课教指委副主任徐维凡，北京市委教育工委宣教处副处长寇红江，新疆农业职业技术学院党委书记、全国高职高专党委书记论坛主任委员会主任委员、全国高职思政联盟理事会副会长李玉鸿，北京经济管理职业学院党委书记张连城，中国人民大学马克思主义学院党委书记、常务副院长、北京高校思想政治理论课高精尖创新中心常务副主任王易，中国人民大学书报资料中心党委书记、北京高校思想政治理论课高精尖创新中心副主任武宝瑞，北京政法职业学院副院长杨玉泉，北京汇佳职业学院副院长杨海平，北京科技职业学院副校长杨志刚，广东轻工职业技术学院马克思主义学院教授、全国高职思想政治联盟常务副秘书长储水江，北京青年政治学院党委书记程晓君、院长乔东亮、党委副书记祝文燕、纪委书记易帅东、副院长周永源、副院长叶向红等领导和专家出席研讨会。

北京市委教育工委常务副书记郑吉春在讲话中指出，新时代以习近平同志为核心的党中央高度重视马克思主义理论的学习宣传教育和研究，多次对高校马克思主义学院和学科建设做出了重大部署和重要指示，高校马克思主义学院建设进入了历

---

① 本章由周颖编写。

史最好机遇期。北京青年政治学院成立马克思主义学院并建立思想政治理论课高精尖分中心、举办思想政治理论课教育教学创新发展研讨会，是落实习近平总书记在纪念马克思诞辰 200 周年大会上的重要讲话精神的具体行动，彰显了社会主义大学的鲜明底色。他要求，广大高校思想政治工作者要有学习研究宣传习近平新时代中国特色社会主义思想的政治自觉和理论自觉，深刻认识马克思主义学院建设和提升思想政治理论课教育教学质量的重要意义，推进习近平新时代中国特色社会主义思想这一马克思主义中国化最新成果进教材、进课堂、进头脑；要建设用好马克思主义学院以及思想政治理论课高精尖分中心，在建设思路上高位谋划，在建设布局上精准科学，在建设举措上博采众长；要以改革开放和攻坚克难的巨大勇气，在改革纵深端上下功夫、在教学支撑点上下功夫、在课程供给侧上下功夫，着力提高高职院校思想政治理论课教育教学的效果，为培养德智体美全面发展的社会主义建设者和接班人作出新的贡献。

党委副书记、院长乔东亮主持开幕式阶段，党委书记程晓君、北京高校思想政治理论课高精尖创新中心副主任武宝瑞、教育部社科司原巡视员、教育部高校思想政治理论课教学指导委员会副主任徐维凡分别致辞。

程晓君在致辞中对上级领导和兄弟院校的支持表示感谢，对来自各院校的教师表示热烈欢迎。她指出，进入新时代，学院党委审时度势，成立马克思主义学院，是贯彻落实习近平新时代中国特色社会主义思想，加快推进马克思主义学科建设和发展，加强意识形态工作和宣传思想阵地建设的重要举措，也是坚持立德树人，培养德智体美全面发展的社会主义建设者和接班人的客观需要。她强调，在北京市委教育工委、北京市教委和中国人民大学的信任与支持下，学校党委、全校上下将勠力同心，高标准建设好分中心，为高职高专院校提升思想政治理论课建设和青年马克思主义者培养作出应有的贡献。

武宝瑞代表北京高校思想政治理论课高精尖中心致辞，他对分中心的成立表示祝贺，预祝并希望分中心在北京市委教育工委、市教委、市团委的领导下，在中心的指导和各院校的帮助和共同努力下，建设成为高水平的高职高专思想政治理论课示范基地，为高职高专院校思想政治理论课提供精准化、高水平的服务与指导，培养一批青年马克思主义者和团青工作骨干。

徐维凡在致辞中对研讨会的召开、马克思主义学院的成立和分中心的成立表示衷心的祝贺，他指出，作为高等教育的半壁江山，高职院校有着自己的特殊性，高职思想政治理论课的建设也有自己的特点，需要在实践当中找出符合其规律的工作措施和办法，分中心的建立将会为高职思想政治理论课建设提供更加有针对性、有效性的服务指导。他表示，全国高校思想政治理论课教育指导委员会高职分教指委也将加强与分中心的合作，在发挥高校思政课教学指导委员会专家和教研室的作用、组织开展线下面对面集体大备课、制作和推广一批高校思政课精品示范公开课等方面共享资源，共同推进。

北京市委教育工委常务副书记郑吉春和北京青年政治学院党委书记程晓君为北京青年政治学院马克思主义学院揭牌。

北京高校思想政治理论课高精尖创新中心常务副主任王易、副主任武宝瑞共同向高精尖分中心授牌。

（二）马克思主义学院建设发展规划

依据学校《"十三五"建设发展规划》和《"十三五"人文素质教育专项规划》，结合学校思想政治理论课建设实际，马克思主义学院成立之初就制定了详尽可行的建设发展规划，作为"十三五"期间规范马克思主义学院和思想政治理论课建设的指导性文件，规划主要从建设目标、指导原则、功能和职责、建设措施、当前主要任务五个方面进行了规定。

第一，建设目标。落实全国高校思想政治工作会议精神，提升学院思想政治理论课教学与管理质量，加强马克思主义理论研究与传播，促进师资队伍建设与培养；依托高精尖分中心，建设北京市高职高专思想政治理论课指导服务平台。以"一平台多应用"为建设思路，建设并实施以马克思主义理论文献服务平台、马克思主义优秀成果展示、高校思想政治理论课教学资源服务平台、高校思想政治理论课程服务平台为主要服务对象，以大学生思想政治教育质量量化评估、大学生思想动态及舆情研判为辅助服务的一体化指导服务体系。共建"青少年工作与管理"专业；筹建"思想政治教育"专业；依托"高精尖分中心"，配合实施"青年马克思主义者和团青骨干培养计划"；承接马克思主义中国化最新理论成果研究项目；推进青年学学科建设。

第二，基本原则。坚持标准，依照教育部印发的《普通高等学校马克思主义学院建设标准（2019年本）》，对比《高等学校马克思主义学院建设标准（2017年本）》（以下简称《马院建设标准》），按照北京市相关文件会议精神，结合马克思主义学院实际情况，以高于《思政课建设标准》和尽可能贴近《马院建设标准》的条件要求，建设北京青年政治学院马克思主义学院。整体协调，马克思主义学院的筹备与建设，要充分贯彻、体现学院综合改革的总体思路，并在具体进度上适度先行。突出重点，以做好思政理论课教学、做好马克思主义理论研究和师资队伍培养为目标，在做好日常教学的基础上，以"高精尖分中心"建设方案为指引，构建马克思主义学院机构、人员、经费和相关职能。体现导向，机构设置坚持职能和效能相结合，人员配备要坚持内外结合、德才兼备、群众公认、择优选拔。

第三，功能与职责。从课程标准与体系建设、学科建设、马克思主义科学研究、社会服务与核心价值引领等四个方面出发，构建机构的基本功能，履行机构职责。以高精尖分中心为平台，将中心成果向北京地区高职院校推广，服务北京高职院校思想政治理论课课程建设和马克思主义研究能力建设，推进思政课建设"分类指导"工作。培植学科建设增长点，彰显学校政治特色。

第四，建设措施。主要从机构名称、领导体制、主要机构、行政及党务岗位、课程建设、学科与专业建设、教资队伍建设七个方面做出详细规划，全面而细化地落实学院《"十三五"人文素质教育专项规划》。在课程建设方面，强化建设课程体系。办好三门必修课，即"思想道德修养与法律基础""毛泽东思想与中国特色社会主义理论体系概论"和"形势与政策"；建设和储备选修课程，即准备随时开设的思政类选修课程达到9门，其中本科阶段相关课程有"当代世界政治与经济""马克思主义哲学原理"和"中国近现代史纲要"；探索和开发特色课程，如团青融合等相关专项课程。在师资队伍建设方面，规划配齐专职教师。增加3名专职思政教师，达到或高于教育部《新时代高等学校思想政治理论课教师队伍建设规定》（教育部令第46号）中提出的1：350的师生比标准，使马克思主义学院的专职思政理论课教师增至11名。成立学术委员会。以"三三制"为结构，建立马克思主义学院学术委员会，即马院编制内教师专家委员不超过三分之一，校内相关专业背景专家委员不低于三分之一，校外聘任相关专家委员不低于三分之一。学术委员会负责审议学科和专业建设与发展战略、教学和科学研究改革的重大政策与措施等相关学术事项，具体规则另行制定。成立教学指导委员会。主要由学校主管副书记、教学主管副院长、教务处处长、马院院长、马院总支（直属支部）书记、马院教研室及教师代表组成。具体规则另行制定。加强师资培养培训。依托北京高校思想政治理论课高精尖创新中心与北京青年政治学院高精尖分中心合作协议，委托定向培养马克思主义相关学科博士研究生，以强化师资队伍建设。继续依照《北京青年政治学院进一步推进思想政治理论课建设工作方案》，严格执行落实思想政治理论课教师队伍建设相关规划与措施。

马克思主义学院建设发展规划，有力地促进了马克思主义学院和思想政治理论课在"十三五"期间的建设和发展。

（三）分中心建设发展规划

依据学院《"十三五"建设发展规划》和《"十三五"人文素质教育专项规划》，依据北京高校思想政治理论课高精尖创新中心对分中心的定位，结合马克思主义学院建设发展规划与合作协议，北京青年政治学院分中心成立之初订立了分中心发展建设规划，用以指导分中心的建设和发展。

高精尖分中心是在北京高校思想政治理论课高精尖创新中心指导下，面向高职高专思想政治理论课建设和青年马克思主义者培养的研究机构，立足高职高专，着眼思政课堂，发挥指导服务作用，结合团青特色，着力培养高职高专思想政治理论课骨干教师、青年马克思主义者领军人才和青年政治骨干队伍，实现三项功能，搭建三个平台。

第一个功能是认真学习、贯彻、落实习近平新时代中国特色社会主义思想，加强理论研究和创新。以马克思主义学院成立为契机，打造高水平的高职高专思想政治理论课建设示范基地，力争做到理论内涵有支撑、课程建设有提升、人才培养有推进、科学研究有标志、学科建设有贡献。第二个功能是全面加强北京市高职高专思想政治理论课建设。依托中心的理论和人才资源，对高职高专思想政治理论课的课程规划、教材建设、教学内容、教学方法进行有的放矢的指导和服务，特别是做好习近平新时代中国特色社会主义思想"三进"工作，统一部署，逐步推进。第三个功能是发挥人才培养孵化器的作用，大力培养高职高专思想政治理论课教师、青年马克思主义者和青年政治骨干。拟以共青团北京市委和中国人民大学为主导，联合相关院校，以思想政治理论课教师和共青团干部为主要培养对象，以理想信念教育为核心，开设党性教育、理论学习、实践锻炼、工作锤炼、对外交流等方面的课程，进行专题性集中教育培训。

第一个平台是思想政治理论课全方位育人及师资队伍提升平台。加强思想政治理论课学科建设；推进课堂理论教学，建设基于网络辅助教学的过程化考核与评价体系；建构思政课实践教学模式。分中心每年选送思政课教师参与北京高校思想政治理论课教师访学研修项目；分中心选派已经取得博士学位的专、兼职思政课教师，进入中心博士后工作站开展合作研究。第二个平台是北京市高职高专思想政治理论课指导服务平台。针对高职高专，依托中心资源，组织建设一批思想政治理论课示范教学资源包，包括示范教学视频、教学课件、题库等教学资源，形成教学资源使用的示范效应。面向高职高专，实施以马克思主义理论文献服务平台、马克思主义优秀成果展示、高校思想政治理论课教学资源服务平台、高校思想政治理论课程服务平台为主要服务，以大学生思想政治教育质量量化评估、大学生思想动态及舆情研判为辅助服务的一体化指导服务体系。第三个平台是青年马克思主义者和团青骨干培养平台。以共青团北京市委和中国人民大学为主导，联合相关院校，以思想政治理论课教师和共青团干部为主要培养对象，实施精英化的"青年马克思主义者和青年政治骨干培养计划"。通过集中教育培训，着力培养一批对党忠诚、信仰坚定、素质优良的思想政治理论课教师和青年政治骨干。

二、师资队伍建设

"十三五"期间，是全国高校思想政治理论课教师团队建设的重要时期，在学校党委的高度重视和具体指导下，马克思主义学院思想政治理论课教师师资队伍建设取得了较大成绩和较优效果。

（一）优化师资队伍总体结构

在"十三五"期间，北京市高校从 2016 年开始落实实施思政教师专项补贴和思政教师专项考核，同时学校为兼职思政教师配套相应经费，思政教师待遇得到全面改善，职业认同感和自豪感全面提升。2017 年社科部顺利完成北京高校思想政治理论课专项督查工作。

"十三五"期间，尤其是马克思主义学院成立以来，马院有1位教师被评为北京市思想政治理论课特级教授，1位教师被评为北京市思想政治理论课特级教师。5位教师被评为副高级职称，1名教师被评为正高级职称。马院高职称比例达到87.5%，远高于其他院系，师资队伍质量全面提升。

在"十三五"期间，专职思政教师队伍数量呈现出较大幅度增长，2020年专兼职思政教师累计19名，其中专职思政教师8名。

（二）强化师德建设

马克思主义学院强化党组织建设，深入系统学习贯彻落实习近平新时代中国特色社会主义思想，"不忘初心、牢记使命"，在思想行动上自觉增强"四个意识"、坚定"四个自信"、做到"两个维护"，扎实履行主体责任，忠诚担当、扎实工作；不断夯实党员及全体思政教师的理想信念。强化思政课教师的首要岗位职责是讲好思政课的理念，思政课教师要引导学生立德成人、立志成才，树立正确世界观、人生观、价值观，坚定对马克思主义的信仰，坚定对社会主义和共产主义的信念，增强中国特色社会主义道路自信、理论自信、制度自信、文化自信，厚植爱国主义情怀，把爱国情、强国志、报国行自觉融入坚持和发展中国特色社会主义事业、建设社会主义现代化强国、实现中华民族伟大复兴的奋斗之中，为培养德智体美劳全面发展的社会主义建设者和接班人作出积极贡献。通过党组织建设和思政教师集体备课等形式，督促思政课教师始终在政治立场、政治方向、政治原则、政治道路上同以习近平同志为核心的党中央保持高度一致，模范践行高等学校教师师德规范，努力做到政治强、情怀深、思维新、视野广、自律严、人格正，自觉用习近平新时代中国特色社会主义思想武装头脑，做学习和实践马克思主义的典范，作为学为人的表率。

（三）提升对外交流整体水平

在"十三五"期间，学院积极推进师资队伍建设工作，全面落实并强化思想政治理论课教师培训和研修要求。

马院建立健全思政课教师专业发展体系，定期组织开展教学研讨，保证思政课专职教师每年至少接受一次专业培训，新入职教师应参加岗前专项培训。定期安排思政课教师实地了解中国改革发展成果、组织思政课教师实地考察和比较分析国内外经济社会发展状况。在"十三五"期间，学校以每生每年30元的标准安排专项经费，用于保障思政课教师的学术交流、实践研修等，并根据实际情况逐步加大支持力度。

在"十三五"期间，马克思主义学院积极鼓励专兼职思政教师参与各类学术交流，以充足的资金和时间全力支持教师"走出去"开阔视野，"融进去"拓展本领，"讲出来"提升学术能力，通过广泛交流了解、把握相关课程建设情况、学术前沿信息等，每年暑期，马克思主义学院专职教师平均 20 人次外出调研、参会、培训等。

三、"十三五"教学成果综述

马克思主义学院前身是社科部，五年来，一直致力于思想政治理论课教学改革，完成北京市教委、教工委各项工作。

2016 年开始落实实施思政教师专项补贴和思政教师专项考核，同年社科部顺利完成北京高校思想政治理论课专项督查工作。在课程建设与改革方面，基本实现了兼职教师的合理流动机制，完善小班化教学授课模式，实现了课堂理论讲授＋实践教学模式＋网络教学模式一体化。

2018 年筹建北京青年政治学院马克思主义学院，同时与中国人民大学合作，建立北京青年政治学院思想政治理论课高精尖创新分中心。分中心根据北京市职业教育总体定位、工作安排和高职思政课整体工作实际，以加强自身理论研究创新和服务北京高职思政课建设为当前工作重心，以人才培养为规划目标，以马克思主义学院思政课建设为根本，打造基础扎实，有较高水平的高职高专思想政治理论课建设示范基地，在学校党委的领导和指示下，成功组织承办了思政课青椒论坛第十期。在我校马院及高精尖分中心的直接指导下，在天津城市建设管理职业技术学院、广州轻工职业技术学院成功举办了两期高职单独序列的青椒论坛。

2019 年 1 月，马院在《马克思主义学院（高精尖分中心）建设发展规划》的基础上，梳理拟定了《马克思主义学院关于落实推进学院综合改革相关要求，逐步开展系列教育教学改革的请示》，该请示列举了强化成绩管理、补考、重修一体化管理教改措施、学生思想政治理论课成绩综合使用改革措施、思政课社会实践论文指导与评选改革措施、形势与政策课综合调整改革四项教学改革措施，思政课教学改革由此进入攻坚关键时期。

五年来，马院科研成果丰硕。申报科研、教研课题 50 项，其中省部级课题 3 项，北京高校思想政治理论课高精尖中心重大创新项目 2 项，团中央中国特色社会主义理论研究中心一般项目 1 项；发表论文 94 篇，其中 CSSCI 刊物 14 篇，有 3 篇思想政治理论课慕课（MOOC）教学改革论文发表于《思想理论教育导刊》；出版著作 13 部，教材 2 部；获校级教学成果奖 3 项，科研成果奖 2 项。

1 位教师被评为北京市思想政治理论课特级教授，1 位教师被评为北京市思想政治理论课特级教师。

四、实践教学特色

按照思政课"05 方案"规定，保证思政课教学黄金时间，在全体大学生中以足额学时开设三门思政课程。小班教学率 2014 年为 34%，2015 年为 38%，2016 年达到 55% 左右，数年来无百人课堂。三门课程按照教育部思想政治理论课建设标准和高职思政课的教学内容、教学规律及高职学生的学习特点，分别制定了具有特色的课程建设标准。因课制宜、不断探索，思想道德修养与法律基础教研室推出"案例和体验式教学法"，毛泽东思想和中国特色社会主义理论体系概论教研室推出"问题主线式专题教学法"，形势与政策教研室推出"时事讨论式新闻播报教学法"等，活跃了课堂，增添了理论学习的趣味性，以良好的教学效果得到师生的一致认可。

马克思主义学院构建了双轮驱动实践教学体系，所谓双轮驱动，一是指课内、课外双轮驱动。课内实践教学 16 学时、1 学分纳入教学计划，写进课表，期末成绩占 20%，制定和实施严格而细致的专项考核，形成覆盖学生 100%、指导教师 100%，分小组单独辅导，以小组形式上交调研报告、展示 PPT 调研过程的理论教学实践体系。课外实践教学与团委、学工部及专业系部结合，以社会调研、社会服务、社会热点为内容的学生骨干和学生理论社团参与的暑期社会实践。2015 年社科部成立学生"星火"理论社团，加大了暑期社会实践力度，目前有 20% 的学生参加理论社团活动，理论社组织宣讲团和读书会，宣讲习近平治国理政和十八大以来的重大会议精神，实现对课堂知识的活学活用。同时，马院还连续五年组织了"形势与政策"课外知识竞赛，2016 年参加了北京高校的选拔赛。

二是指素质、能力双轮驱动。以"思想道德修养与法律基础"为基础的素质拓展模块，重点培养学生的爱国情操、爱社会主义的理想信念；以"毛泽东思想和中国特色社会主义理论体系概论"为基础的理论提升模块，培养学生理论与实践结合的能力，运用理论解决实际问题的能力，以及通过社会实践提升理论认识的能力。

三是指实践教学知识体系与能力培养模块双轮驱动。近五年来专建和共建了北京市丰台区双石一社区、大兴区礼贤镇王庄村、北京禁毒教育中心、天安门武警国旗班、东城区助人社工事务所、宋庆龄故居等一大批校外实践基地。

三门课统一利用新媒体技术提高思想政治理论课教学效果，充分利用网络技术手段和教育资源，推进思想政治理论课教师使用网络教学资源系统，进一步开发网络教育资源。思政课教学必须"面对面交流、心与心沟通"，运用网络信息量大、即时性和互动性强的特点，以 Blackboard 网络教学资源平台为基础，进行深度开发和运用。主要做法是：教师围绕课程内容和实践教学要求进行网络课程建设，上传个性化网络课程内容、细化考试方案与成绩构成；学生在课内、外网上参与，自主贯穿全过程的相关学习活动并提交作业；教师对学生的互动与参与予以及时评价和反馈；系统记录教师评价和批改，自动生成和汇总学生成绩。积极推行思想政治理论课网络化考试改革，三门课全部实现了上机考试，覆盖学生 100%。2016 年，启动北京市教育教学改革项目"高职院校思想政治理论课大规模在线开放课程模式创新研究"，开发网络在线课程，同时，马院教改重大项目"高职院校思想政治理论课在线课程建设研究——以'毛泽东思想和中国特色社会主义理论体系概论'为样本"也相继跟进，目前该项目已结项。鼓励思政课教师使用"雨课堂"、"云班课"、超星"学习通"等新媒体教学模式，调动学生的课堂学习积极性和参与度，实现过程化考核。

总之，教法改革的主要特色体现在网络教学：一是指网络辅助课程全面推广，主要以慕课、微课、Blackboard 教学资源平台为载体，实现线上教学、线上线下混合式教学改革；二是指利用网络在线平台建构学生参与式的过程化考核与评价体系，实现对学生学习和课业成绩评定的过程化与精细化，如表 2-6-1 所示。

表 2-6-1　马克思主义学院"十三五"时期实践教学获奖情况

	获奖时间	获奖种类	获奖等级	授奖部门
实践教学成果获奖情况	2015 年	北京青年政治学院学生社会实践	优秀成果奖	北京青年政治学院
		北京青年政治学院社会实践	优秀团队	北京青年政治学院
		北京高校思想政治理论课学生社会实践优秀论文评选	二等奖	北京市教育工作委员会
		首都大中专学生暑期社会实践	先进工作者	共青团北京市委员会、市委宣传部、市教委、教工委、首都精神文明办、北京市学生联合会
		北京高职院校思想政治理论课青年教师教学能手大赛	三等奖	北京市教育委员会、高职高专联盟
		北京高校青年教师社会调研优秀项目	二等奖（2 项）	北京市教育工作委员会
		"起点杯"大学生课外学术科技作品竞赛	二等奖	北京青年政治学院团委
		首都大中专学生暑期社会实践	先进工作者	北京市教育工作委员会、北京市委教育工委
		北京高职院校思想政治理论课青年教师教学能手大赛	三等奖	北京市委教育工委
		北京青年政治学院社会实践	优秀指导教师	北京青年政治学院
		北京青年政治学院学生社会实践	优秀成果奖	北京青年政治学院
		社团活动	优秀社团	北京青年政治学院团委
	2016 年	首都高校思想政治理论课学生社会实践论文指导	一等奖	北京市教育工作委员会

续表

	获奖时间	获奖种类	获奖等级	授奖部门
实践教学成果获奖情况	2016年	首都高校思想政治理论课学生社会实践	优秀组织奖	北京市教育工作委员会
		首都大中专学生暑期社会实践	优秀团队奖（3项）	共青团北京市委员会、市委宣传部、市教委、教工委、首都精神文明办、北京市学生联合会
		北京高校青年教师社会调研优秀项目	二等奖	北京市教育工作委员会
		北京市属高校"创想杯"多媒体课件制作与微课程应用大奖赛	三等奖	北京市教育工作委员会、北京市高师培训中心
		思想道德修养与法律基础教研室	师德先进集体	北京青年政治学院
		第四届院级教育教学成果奖	二等奖	北京青年政治学院
		第四届院级教育教学成果奖	三等奖	北京青年政治学院
		毛泽东思想和中国特色社会主义理论体系概论教研室	优秀教研室	北京青年政治学院
		北京青年政治学院大学生暑期社会实践	优秀指导教师	北京青年政治学院学工部、团委、社科部
		北京高校青年教师社会调研优秀项目	优秀成果奖	北京市委教育工委
		北京青年政治学院第四届教学成果奖	三等奖	北京青年政治学院
		北京青年政治学院大学生暑期社会实践	优秀团队	北京青年政治学院
	2017年	形势与政策教研室	优秀教研室	北京青年政治学院
		北京市职业院校信息化教学比赛	二等奖	北京市教育委员会
		北京青年政治学院社会实践	优秀指导教师	北京青年政治学院
		社团活动	优秀社团	北京青年政治学院团委
		社团活动	优秀社长	北京青年政治学院团委
		北京青年政治学院社会实践	先进个人	北京青年政治学院团委

续表

	获奖时间	获奖种类	获奖等级	授奖部门
实践教学成果获奖情况	2018年	北京青年政治学院社会实践	优秀成果	北京青年政治学院团委
		"毛泽东思想和中国特色社会主义理论体系概论"课教学课件大赛	二等奖	北京高校中国化马克思主义教学研究会
		首都大中专学生暑期社会实践	先进工作者	北京市教育工作委员会、北京市委教育工委
		首都大中专学生暑期社会实践	优秀团队	北京市教育工作委员会、北京市委教育工委
		首都大中专学生暑期社会实践	先进个人	北京市教育工作委员会、北京市委教育工委
		社团活动	2018年思想政治教育宣讲优秀团队	北京青年政治学院团委
	2020年	第六届"思政课情景剧"之微课程比赛	特等奖、优秀指导教师	天津海河教育园区
		"青年服务国家"2020年首都大中专学生暑期社会实践	最佳组织奖	北京青年政治学院

五、教学研究成果

马院获学校第三届教育教学成果"思想政治理论课实践教学"二等奖，完成人：周颖、薛薇、袁宏松、韩凤荣、王琪。

马院获学校第三届教育教学成果"基于网络辅助教学的思政课过程化考核与评价教学实施体系"二等奖，完成人：祁志钢、薛薇、袁宏松、张子荣。

马院获学校第三届教育教学成果"社团—校外—课堂三位一体的高校思政课实践教学模式构建"二等奖，完成人：杨春桃、张国军、祁志钢、周颖、袁宏松。

六、课程建设

（一）"毛泽东思想和中国特色社会主义理论体系概论"课程建设主要围绕信息化建设展开

依托学院 Blackboard 和学习通两大教学信息化平台，展开课程信息化建设，增强任课教师信息化素养，提高任课教师信息技术应用水平。毋庸置疑，对于课程信息化建设工程，任课教师是关键性要素，为此，教研室多次组织老师参与相关培训。经过几年努力，任课教师相应水平和能力有了较大幅度的提高，能够熟练使用学院 Blackboard 和学习通两大教学信息化平台。

2015 年开始，毛泽东思想和中国特色社会主义理论体系概论教研室建设在线课程。作为思政课，"毛泽东思想和中国特色社会主义理论体系概论"课教学工作在需要任课教师个性化发展的同时，更加强调课程的集体统一性，在信息化教学方面更是如此。经过努力，"毛泽东思想和中国特色社会主义理论体系概论"课建成了教研室统一的在线课程"'毛泽东思想和中国特色社会主义理论体系概论'在线"。

从 2015 年开始，依托课程信息化建设，"毛泽东思想和中国特色社会主义理论体系概论"课程开始实行无纸化考试，这一考试形式的改变，不仅符合绿色、低碳、循环发展的时代潮流，更有效解决了新冠肺炎疫情形势下考试问题。

（二）"思想道德修养与法律基础"课程建设成果

改革补考方式，实现考教分离。在"十三五"期间，思想道德修养与法律基础教研室对原有分散补考方式进行了改革，实现考教分离，由原来的"谁挂学生，谁管补考"方式，转为教学与补考工作相分离，由专人负责考试环节的考试、监考、录分等工作。网络平台的使用，加强了集体备课的协作效果。设置公共账号，采用互相交换课件学习备课模式，教师可通过查看他人网络平台，下载、参考 PPT、教案等教学资料。主动寻求合作，合力共谋发展。主动寻求部门内部和部门间合作契机，相互接力，形成合力，共谋发展。与其他教研室联合开展爱国主义教育基地全员覆盖模式探索，与图书馆共同开展读书月征文活动，与管理系、文法系长期合作，开展爱国主义教育基地参观教育活动，与文法系开展"清风杯"有奖知识竞赛、辩论赛。建设实践教学体系，实现全员覆盖。根据"喜闻乐见，操作性强"的原则，教研室完成社会实践教学体系研究和建设工作，"必选项"包括 6 个爱国主义教育基地，"自选项"包括 10 个主题项目，截止到"十三五"结束，该项目实现马院学生全员覆盖。打造教学大纲，取得广泛认可。分别完成 2016 年版、2018 年版和 2019 年版的教学大纲和教学标准的打造工作，其中 2019 年版教学标准被评为院级优秀课标。稳步应对疫情冲击，转变教学考试方式。新冠肺炎疫情期间，教研室根据新的教育教学情况，开展多元网络教育教学，并采用超星学习通软件，实现远程大规模考试，无教学事故和考试事故发生。

（三）"形势与政策"课程实现"不断线"

深入推进不断线授课。为全面贯彻落实本、专科生思想政治理论课"05 方案"和《教育部关于加强新时代高校"形势与政策"课建设的若干意见》（教社政〔2018〕1 号）精神，为进一步增强形势与政策教育的针对性和实效性，帮助学生开阔视野，及时了解和正确对待国内外重大时事，使大学生在改革开放的环境下有坚定的立场、有较强的分析能力和适应能力，从 2018 年开始，北京青年政治学院实施《北京青年政治学院形势与政策不断线授课改革方案》，全校 49 个班开始实施不断线授课。授课方式包括小班授课、讲座和观看视频，最终成绩由各学期成绩汇总得出。

每年举办"大学生时事知识竞赛"。为引导学生更加深入了解时事热点、国内外形势与政策，由党委宣传部、马克思主义学院主办"大学生时事知识竞赛"，2020年以"百年未有之大变局下，我们是应该深耕欧美市场，还是应该在亚洲开辟新的市场"为主题开展辩论赛。学校共有 457 人参加初赛，152 人进入决赛。

组织学生参加各种形势报告会和党委书记讲座。2020 年 12 月 11 日下午，北京榜样优秀群体"走进百所高校　走进百万大学生"报告会在北京青年政治学院礼堂举行，形势与政策教研室组织 260 余名学生参加，六位北京榜样优秀群体代表给师生带来了一场感人至深、催人奋进的"思政课"。

开设一门新课。马克思主义学院在师资力量欠缺的困难面前，勇于挑战，敢于担当，2020 年又新增了一门课程，即"习近平新时代中国特色社会主义思想概论"课。为落实中共北京市委教育工作委员会关于《北京高校"习近平新时代中国特色社会主义思想概论"课程教学方案》通知的要求，中共北京青年政治学院党委决定自 2020—2021 学年第一学期起，在 2020 级新生中，全面开设"习近平新时代中国特色社会主义思想概论"课程，总学时 32 学时（理论教学学时 28、实践教学学时 4），该门课 2 学分。并且成立了习近平新时代中国特色社会主义思想概论教研室，由教学副院长担任教研室主任，组成一个专兼职教师队伍。

创新一门思政课。初定题目为"中国近现代史与青年"，作为学校限制性选修课，以党史、新中国史、改革开放史、社会主义发展史和共青团发展史为主线，培养青年学生的家国情怀和为中华民族伟大复兴的责任担当。2019—2020 年期间，马院围绕新时代"五四"精神解读的主题设计了 10 个专题，由 10 位专兼职教师主讲，目前已经制作了 PPT 和视频，这部分新开发的课程也可以作为"中国近现代史与青年"课程的补充。

附："一院一策一品"："燧石工程"爱国主义教育基地理论宣讲

（一）基地概况

2020 年 4 月 26 日，首都文明办发布了北京市市级部门首批新时代文明实践基地推荐名单（50 个），北京青年政治学院"燧石工程"爱国主义教育基地（以下简称"基地"）入选。基地分为理论宣讲类、教育服务类、文化服务类、科技与科普服务类和健康健身类。基地与香山革命纪念馆、中国人民抗日战争纪念馆、李大钊烈士陵园共同被推选为"理论政策宣讲类"基地。

经过学校相关部门多次研讨，在充分吸收教委主管部门意见与建议后，初步形成了以党委宣传部、团校培训处、马克思主义学院、青年工作学院、团委等部门共同参与的"一条主线五个平台三支队伍"建设模式。"一条主线"即高扬爱国主义伟大旗帜,弘扬"五四"精神;"五个平台"即搭建"戏剧舞台、宣讲讲台、访谈节目、虚拟展馆、实践平台"五个宣讲平台,构建"表演、宣讲、访谈、观摩(VR)、实践"五种教育形式;"三支队伍"即组建表演队伍、宣讲队伍、研究队伍,从而打造"文艺铸魂 + 课程引领"的爱国主义教育模式。

(二)理论宣讲主题

结合党史、新中国史、改革开放史、社会主义发展史和共青团发展史讲述百年青年力量。

1.百年党史,英雄力量

党史重点突出"英雄"主题,用好英雄事迹和英雄精神这一"教科书"。

2.新中国史,复兴力量

新中国史重点突出"复兴"主题,全面展示中华民族走上伟大复兴的壮阔道路的伟大历程。

3.改革开放史,创新力量

改革开放史重点突出"创新"主题,深刻领悟党经过 40 多年的艰辛探索,靠创新开辟了中国特色社会主义道路。

4.社会主义发展史,信念力量

社会主义发展史重点突出"信念"主题,了解社会主义在磨难和淬炼中奔涌向前之路,引导师生讲信念、讲信心,树立共产主义远大理想和中国特色社会主义共同理想。

5.共青团史,奋斗力量

共青团史突出"奋斗"主题,结合《燧石》音乐剧全面反映共青团的成立与发展,反映共青团在不同年代矢志不渝跟党走,为党和国家建设积极贡献青春力量的生动事迹。

(三)课程队伍及内容

1.百年党史,英雄力量

邀请井冈红军人物研究分会中国革命前辈的后人讲述父辈英雄的故事,讲述时长为 5~8 分钟,由父辈的生动故事展开,升华到英雄精神,讲述中国共产党百年奋斗史中青年英雄的力量,如"拐杖碑的故事"。呈现形式是舞台宣讲 5~8 分钟、1 500 字宣讲稿件或 PPT、相关图片及其他资料、背景视频。故事储备 10 个左右,宣讲稿和图片资料准备成熟后即启动短视频拍摄,形式同《北京榜样》或《这就是中国》。

2.百年历史,信念力量

邀请马克思主义学院教师围绕党史、新中国史、改革开放史、社会主义发展史和共青团发展史讲述百年奋斗史背后的信念力量。从小故事入手，融入思政课的相关理论，讲理想和信念，树立青年的"四个自信"。讲述时长为 5~8 分钟，要求有故事，有理论，有思考，有互动，有升华。呈现形式是舞台宣讲、1 500 字宣讲稿件或PPT、相关图片及其他资料、背景视频，宣讲稿和图片资料准备成熟后即启动短视频拍摄，形式同《北京榜样》或《这就是中国》。

3. 百年历史，青年力量

邀请青年工作学院青年工作与管理专业 2019 级学生分组，每组围绕党史、新中国史、改革开放史、社会主义发展史和共青团发展史讲述百年奋斗史背后的青年故事和青年力量。从小故事入手，从青年视角切入，要求讲出新时代青年对百年历史的新感悟新思考，讲出强国一代的责任和担当。讲述时长为 5~8 分钟，要求有故事，有感悟，有创新，呈现形式是舞台宣讲、1 500 字宣讲稿件或其他展现形式、相关图片及其他资料、背景视频，宣讲稿和图片资料准备成熟后即启动短视频拍摄。形式同《北京榜样》或《这就是中国》。

4. 百年历史，青春力量

按照马克思主义学院前期课程策划；围绕"五四"精神继续开发短视频宣讲课程，如表 2-6-2 所示。

表 2-6-2　申报开发及自立开发课程题目

姓名	申报开发课程题目	自立开发课程题目
张子荣	五四运动的历史背景	五四运动的时代意义
袁宏松	伟大的"五四"精神	—
周颖	新时代"五四"精神的内涵与青年担当	—
薛薇	"五四"时期的社会生活	五四运动前后的毛泽东
尹磊	五四运动的历史背景 《燧石》剧中的历史人物与故事	青年运动史中的五四运动
景海俊	五四运动的历史背景 五四前后的社会思潮	—
杨春桃	爱国主义的时代表现 时代与青年人的爱情	—
祁志钢	青年人的信仰选择之路 北京青年政治政治学院与"燧石"	—
牛璐瑶	北京青年政治政治学院与"燧石"	—
申淑玮	时代与青春人生价值	青年人的责任与担当

（四）下一步课程建设要求

根据基地职能和宣讲工作实际要求，理论宣讲课程应具备如下特征：

（1）每门课程时长应控制在 5~8 分钟，适合现场讲授和片段性讲授，适合网络碎片化展示；

（2）每门课程建设成果应包括完整讲稿、PPT 演示稿、相关图片和视频资料，视频资料由宣传部统筹制作；

（3）教师可以根据实际需要，在保留课程主题的基础上，对课程名称进行细节修改；制作课程讲稿、PPT 演示。

（4）课程成果须经过基地建设工作小组成员集体验收合格，方视为开发完成。

（5）教师个人开发建设的课程属职务作品，北京青年政治学院享有相关知识产权，教师个人享有署名权、主讲优先权。

七、信息化大赛：职业技能大赛获奖情况

2017 年获北京市职业院校信息化教学比赛高职组信息化课堂教学比赛项目二等奖；2018 年，获北京市职业院校信息化教学比赛高职组信息化课堂教学比赛项目二等奖。

第七章　人文素质教育中心[①]

人文素质教育中心（简称"人文中心"）于 2018 年 6 月成立，是学校设立的二级教学单位之一，下设大学语文、大学体育、大学数学三个教研室，主要承担大学语文、大学体育、商务数学等基础类课程课堂教学、课外实践项目教学指导、竞赛比赛指导等任务。现有专任教师 11 人，其中，教授 1 人、副教授 2 人、讲师 7 人、助教 1 人，分别占 9.1%、18.2%、63.6%、9.1%；具有博士研究生学历 1 人、硕士研究生学历教师 8 人、本科学历 2 人，分别占 9.1%、72.7%、18.2%。

按照学校第一次党员代表大会和《北京青年政治学院推进教育教学改革实施方案》的整体规划，人文中心主要牵头统筹规划、协调实施学校文化育人功能的整体实现，协助学校落实立德树人根本任务、促进学生全面发展。通过课内课外相结合、校内校外相结合、理论实践相结合，培养学生扎实的文化基础、深厚的文化底蕴和人文精神，构建完善的人文素养教育体系，促进学生全面发展；依托公共课平台，加强人文素养模块课程建设；赛训结合，强化人文素养模块通用技能实训，促进师生体质健康提升；改进教学手段，丰富人文素养类网络教学资源建设。

一、"十三五"教学成果综述

（一）成立以来，人文中心不断强化党支部建设

深入系统学习贯彻落实习近平新时代中国特色社会主义思想，不忘初心、牢记使命，在思想行动上自觉增强"四个意识"、坚定"四个自信"、做到"两个维护"，扎实履行主体责任，忠诚担当、扎实工作；不断夯实党员及全体教师的理想信念、师德师风、廉洁自律基础，深刻领会时代精神；深入学习贯彻习近平关于职业教育工作的重要指示，引导全体教师坚持"四个相统一"，争做"四有好老师"，当好学生的"四个引路人"，积极探索符合北京青年政治学院实际的教育教学研究与改革。

[①] 本章由张靖华、杨斌、李秀萍、刘培庆、李立红编写。

（二）成立以来，人文中心不断夯实主体责任

在学校党委的正确领导下，在学校各职能部门、二级学院等的大力支持下，人文中心积极配合学校"人文素质教育工程"建设整体工作，大力总结、凝练学校文化育人工作成效，落实人文素养、一技之长、社会责任感"三位一体"人才培养方案，夯实"一文"基础，凸显学校"文化"特色，打造学校"文化育人"品牌。

2018年，先后牵头组织申报教育部"中华优秀传统文化传承基地""培育建设高校思想政治工作精品项目"2个，申报"北京市教育工委2016—2017年北京高等学校党建和思政工作优秀成果、创新成果"等项目2项，报送"职业院校管理水平提升行动计划（2015—2018年）"工作总结"典型工作案例"1份，完成"三年行动计划"人文素质教育专项1个；其中"弘道明德，文以化人——北京青年政治学院文化育人的理论与实践模式"获批教育部"高校思想政治工作精品项目"，《融入办学目标，培植特色精品——北京青年政治学院文化育人三十多年不断线》获《中国教育报》刊登报道；中央电视台数字频道录制专题片《文化育人不断线》，全方位报道学校的文化育人工作。

2019年，围绕"中华传统礼乐文化"主题，确定"敬畏"情感基调，采取"讲、读、寻、传、演、行"的方式，组织开展北京青年政治学院"爱国心、奉献情、奋斗行"——礼敬中华优秀传统"礼乐文化"系列活动，打造"六个一"工程；牵头组织申报教育部"2019年中华优秀传统文化传承基地"，进入北京市六强；牵头组织申报教育部"全国职业院校文化建设50强案例"；连续两年举办《中国诗词大会》北京青年政治学院选手遴选、推荐"活动，每年组织遴选、推荐10名选手参加《中国诗词大会》北京赛区选拔赛。2020年，人文中心主任张靖华副教授受邀担任《中国诗词大会》（第六季）北京赛区选拔赛评委；配合推进学校德育品牌建设工作，丰富"12370爱国主义教育模式——燧石工程"内容精神内涵；综合推进学校人文素质教育工程建设，以文化人，以文育人。

2020年，面向全校师生牵头组织开展"使命在肩、奋斗有我"中华经典诵写讲大赛，最终遴选、推荐15名师生代表学院参加北京市教委组织的"第二届中华经典诵写讲大赛北京市初赛"。经过市初赛组委会专家层层评审，学校师生一举斩获包括2个一等奖在内的13个奖项，其中，陈小英、牛璐瑶、李建英、Lina Köster（刘丽娜，德国）等4名获奖者代表北京市参加教育部面向全国开展的复赛，牛璐瑶代表北京市参加教育部组织的决赛；主要依托大学语文、大学体育教科研力量，整合全院师资力量，牵头组织、设计"北京青年政治学院生命教育系列微课"，引导师生直面疫情、关注健康、关爱生命。

（三）成立以来，人文中心不断深耕教学、专注科研

大学语文教研室依托课堂，拓展教育教学形式、丰富教育教学内容，构建"读、写、讲、演、赛'五位一体'教育教学改革模式"；大学体育教研室赛训结合、健康

引导，充实课堂教学内容、多样化活动形式；大学数学教研室立足专业，进行针对性分层教学模式探索。截至目前，人文中心教师共申报、承担教育部教指委人文社科研究、北京市社科基金等各级各类项目 23 项，其中省级以上项目 3 项、地市厅局级以上项目 7 项、院级项目 13 项；共出版《大学语文》《商务数学》《有氧运动与科学减脂》等教材、专著 6 部；共发表学术论文 16 篇，其中核心期刊 5 篇（含 CSSCI 1 篇）。

（四）成立以来，人文中心不断奋斗拼搏

先后获得北京市教委等颁发的"第二届中华经典诵写讲大赛'优秀组织单位'""服务保障中华人民共和国成立 70 周年庆祝活动先进集体""师德师风建设先进集体""思想政治工作先进集体"（2 次）等 5 个集体奖项；大学体育教研室被评为"优秀教研室"，5 名成员全部荣获"服务保障中华人民共和国成立 70 周年庆祝活动先进个人"荣誉称号，刘培庆老师被评为优秀教研室主任、优秀教师；大学语文教研室被评为"优秀教研室"，李秀萍老师被评为优秀教研室主任、优秀教师；杨茂义老师被评为"师德先锋""师德十佳个人"；何扬老师赴国庆办挂职半年，被评为"优秀共产党员""国庆 70 周年突出贡献个人"；5 名运动队扎实训练、积极参加首都高校秋季田径运动会、首都高校乒乓球锦标赛、北京市大学生篮球联赛、首都大学生足球联赛、全国啦啦操锦标赛等各级各类比赛 11 次，共荣获第一名、一等奖、优秀组织奖等 17 个奖项，其中，学生徐欣勇夺"2018 首都高校第十届秋季田径运动会"铅球组冠军，是我校大学生田径运动队在该级别比赛中的首枚金牌；大学数学连续两年组队参加"北京市高职高专大学生数学竞赛"，荣获一等奖 3 项、二等奖 13 项、三等奖 8 项、优秀指导教师奖 3 人、优秀组织奖 1 个；葛岩老师指导学生参加"全国高职高专技能竞赛（导游组）"学生荣获三等奖，获"优秀指导教师"荣誉称号。

二、课程建设成果

以人才培养方案修订为契机，以课程建设为抓手，以师资培养为核心，依托教研室，统一思想、群策群力，积极提高课程建设质量和教师教育教学水平。利用暑假，各教研室针对课程深入调研，形成调研报告 3 份，对各自课程现状、前沿信息、兄弟院校做法等进行深入分析，对未来课程建设进行规划、定位。

（一）大学语文教研室课程建设成果

大学语文教研室出版《大学语文》（清华大学出版社）教材 1 部、修订教案 16 个、修订课程标准 1 份，每学期集体备课不少于 5 次、每学期开展集体听公开课 1 次、在线精品课程建设 1 项，编写修订《国学经典进课堂荐读书目》。连续两年组织"《中国诗词大会》北京青年政治学院选手遴选、推荐"活动，每年推荐 10 人参加北京赛区选拔;依托课堂教学,每学期开展"大语杯"演讲比赛,弘扬中华优秀传统文化、践行社会主义核心价值观,夯实学生人文综合素养基础,提高学生审美意识和语言综合应用能力,以赛促教、以赛促学,推进"大学语文"课程思政建设、教学综合改革;积极研讨,做好"大学语文"教学一体化建设,依托课堂教学,不断拓展教育教学形式、丰富教育教学内容,构建"大学语文读、写、讲、演、赛'五位一体'教育教学改革模式",即"国学经典进课堂诵读、誊写,主题演讲比赛,人文演绎实训(经典名著情景剧自编自导自演),《中国诗词大会》比赛选手遴选、推荐"系列活动。2020 年 7 月 17 日,《人民日报》新媒体平台"人民号"转载了《北京青年政治学院大学语文打造"读、写、赛、演、游""五位一体"课程思政模式》,进一步扩大了学校大学语文课程建设的影响力、美誉度。2020 年 9 月 23 日,中国消防救援学院慕名而来,专程调研学校大学语文课程建设。

(二)大学体育教研室课程建设成果

大学体育教研室克服人少课多的困难,认真开展体育课堂教学,集中排课、集体备课、相互听课,规范课程标准制定等工作;认真准备、集体研讨,积极组织开展全校 2 000 多名同学完成大学生体质健康测试,促进学生体质健康持续改善;克服场地等困难,多部门沟通、协调,调整方案、重设赛项,顺利开展了学校第 30 届运动会;扎实训练、积极备赛,5 个运动队分别参加北京市大学生篮球联赛、首都大学生足球联赛、2019 年首都高校乒乓球锦标赛、全国啦啦操锦标赛等各级各类比赛 8 次,共荣获第一名等 8 个奖项;配合学院 70 周年国庆训练,设计、开展学生体能训练、指导,教研室全体成员荣获"先进个人"荣誉称号,人文中心被评为"先进集体";完成学校体育相关工作数据统计、报送,协助制定完善体育场馆、体育教学设施设备、健身器械等使用管理制度。

(三)大学数学教研室课程建设成果

大学数学教研室积极开展教研室集体备课、听课、评课,专题研讨、共同提升;针对学校相关专业,编写、出版适合高职高专经管类专业学生使用的《商务数学》教材 1 本;探索多样化教学模式,积极引导学生自主开展网络探究性学习,认真完成课堂教学;教研室教师积极参与国庆 70 周年工作,赴共青团北京市委员会国庆办挂职半年,被学校党委评为"国庆 70 周年突出贡献个人";积极组织学生参加北京市高职高专大学生技能竞赛(数学)比赛,荣获一等奖 2 项、二等奖 5 项、三等奖 5 项。

三、教学研究成果

成立以来,人文中心全体教师坚持"结合课程教学、深入开展教学研究",全体教职工辛勤努力,在科研领域硕果累累、成绩斐然。

（一）科研项目

2018 年，人文中心教师积极申报各级各类科研项目共计 16 项，包括省级以上项目 3 项、地市厅局级以上项目 7 项、院级项目 6 项，其中，主持课题 2 项，张靖华主持申报的"大众文化语境下北京青少年的文学经典阅读与成长"为北京市社会科学基金项目，李秀萍教授的"文学传统与青少年人文素质教育研究"为北京市教委财政科研类专项项目。2019 年，人文中心教师共申报、承担各级项目 8 项，包括省级以上项目 2 项、地市厅局级以上项目 3 项、院级项目 3 项，其中，主持课题 4 项，李秀萍教授申报的"文学传统与职业院校人文素质教育关系研究"为教育部教指委人文社科研究项目，张靖华申报的"礼敬中华传统礼乐文化"、李秀萍教授申报的"文学欣赏与青少年成长关系研究"为院级项目。2020 年，人文中心教师共申报、承担各级项目 10 项，包括省级以上项目 3 项、院级项目 7 项，其中，主持课题 4 项，分别为张靖华老师主持的"'五位一体'大学语文课程建设研究"、刘培庆老师主持的"大学体育课程线上教学研究"、杨斌老师主持的"青少年身心健康发展与体育教育教学的研究"、马文晋老师主持的"'太极拳课程'混合教学模式研究"，均为院级项目。

（二）科研成果

2018 年，人文中心教师在国内各级学术刊物公开发表学术论文共计 11 篇，其中，核心期刊 3 篇（内含 CSSCI 1 篇）。花楠老师出版专著《运动与形体塑造》，由中国书籍出版社于 2018 年 8 月出版。

2019 年，人文中心教师在国内各级学术刊物公开发表学术论文共计 5 篇，其中，核心期刊 2 篇，普通刊物 3 篇；出版专著 1 部，参与专著 1 部、教材 3 部。张靖华主编、大学语文教研室全员参与的《大学语文》教材，由清华大学出版社于 2019 年 8 月出版；李立红主编《商务数学》，由北京师范大学出版社于 2019 年 7 月出版；马威主编、大学体育教研室全员参与编写的教材《大学体育教程》，由中央民族大学出版社于 2018 年 6 月出版；汪建秋主编的《体育教学与体育文化融合研究》，由吉林出版集团股份有限公司于 2019 年 1 月出版；花楠主编《有氧运动与科学减脂》，由九州出版社于 2019 年 9 月出版。

2020 年，人文中心教师在国内各级学术刊物公开发表学术论文 9 篇，参编教材 1 部，魏建军任主编、杨斌任副主编的《大学体育》，由西北工业大学出版社于 2020 年 1 月出版；李秀萍老师的专著《罔谈集：新时期文学中的青年形象研究》获 2020 年度院级科研成果二等奖。

（三）学术交流

人文中心累计 18 人次参加各类学术会议 14 次，其中，张靖华老师在香港中文大学参加"第十六届中华美德教育行动师资培训班"，提交学术论文 1 篇。张靖华老师先后两次受聘外出讲学，分别赴香港中文大学新亚书院、中国劳动关系学院讲授《儒家传统恕道思想的当代价值》和《应用文写作基础》，反响热烈，扩大了人文中心及学院影响。为积极弘扬中华优秀传统文化，杨茂义、李秀萍两位老师与图书馆合作，先后为本部学生开办"诗意红楼""千古文人侠客梦"等文学讲座，反响良好。此外，中心各位老师还积极参加各级各类进修学习，通过面授、网络等多种渠道，不断学习，专业能力实现明显提升。

四、师资队伍建设

人文中心自成立以来，广泛开展课程调研、师资队伍培训，积极推进师资队伍建设工作。每年暑假，根据学校教育教学工作的整体部署，人文中心会安排教研室整体规划暑期课程调研工作，全力支持教师"走出去"开阔视野，积极了解兄弟院校相关课程建设情况；全力支持教师"融进去"拓展本领，深入参与相关课程调研、业务培训、专题会议等，了解、把握相关课程建设情况、学术前沿信息等。在广泛调研、培训的基础上，教师结合各自课程教育教学实际，消化、吸收有益、有用成分，融入学校教育教学实际，不断提高教育教学能力和水平。两年来，人文中心共支持 31 人次外出调研、参会、培训等，收效颇丰。

人文中心全力支持相关教师助力、服务国家女子足球队的日常训练、国际比赛等；参与教育部学生体质健康测试巡查工作；参与《中国诗词大会》等综合文化素质评审等工作。教师在实践中了解业务工作，拓展思维领域，扩大学校影响力、美誉度，提升教育教学水平、能力和质量，人文中心共支持 5 人次服务社会，效果良好。

囿于学院教育教学综合改革实际，在"十三五"期间，人文中心依然无法突破引进新教师的困境。虽然通过多方努力协调，引进非在编合同制体育教学器械管理员 1 名，但教师年龄结构偏高、各课程师资梯队建设不太理想。

五、特色工作：弘道明德，文以化人——北京青年政治学院文化育人的理论与实践模式

2019 年 1 月，"弘道明德 文以化人——北京青年政治学院文化育人的理论与实践模式"成功入选"教育部思想政治工作司第二批高校思想政治工作精品项目名单"，成为全国 200 所、北京市 22 所入选学校之一，也是北京市唯一一所入选的高职院校。依托文化育人项目，学校进行顶层设计、全面展开、逐项塑造、精心完善、有序建设，"弘道明德 文以化人——北京青年政治学院文化育人的理论与实践模式"初具模型，某些典型案例已经并持续产生一定的社会影响力。

（一）传承学校文化育人传统优势，建章立制、顶层设计

北京青年政治学院是由国家教委批准、北京市委市政府同意设立的市属普通高等学校，北京市市级示范性高职院校。1986 年，邓小平同志亲笔题写校名。时任北京市委副书记金鉴、汪家镠、李志坚等同志先后担任学院院务指导委员会一、二、三届主任。

1. 坚持立德树人根本任务，文化育人特色鲜明

1986 年学校成立之初，创业者们提出"我们学校的师生要有一点文气"的朴素理念；1994 年创建"北京东方道德研究所"，开启此后 20 多年中华优秀传统文化的传承传播历程；2009 年以示范校建设为契机，确立"人文素养、一技之长、社会责任感"三位一体人才培养模式；在"十二五"期间，立足北京经济建设和社会发展实际，提出"文化兴校"办学理念，积极探索人文素质教育与职业教育的融合之路；2016 年颁布和实施《北京青年政治学院"十三五"人文素质教育专项规划》；2017 年第一次党员代表大会，将"实施人文素质教育工程"确定为学校未来 5 年建设的"十大工程"之一；2019 年《北京青年政治学院章程》明确学院党委的主要职权之一是"加强文化建设，发挥文化育人作用"。经过 30 多年的办学实践，以文化人、以文育人，已经成为铸造学院精神、凝聚师生共识、提升办学品位、优化育人环境的重要抓手；经过 30 多年的持续建设，文化育人、文化兴校已积淀成北京青年政治学院人才培养的核心理念，也必将成为学院薪火相传的宝贵财富和改革创新的动力源泉。

2. "弘道明德、文化育人"理论研究与实践探索持续近 30 年

自"八五"规划课题立项以来，北京青年政治学院研究、实践"弘道明德、文化育人模式"已持续近 30 年。尤其是 1994 年北京东方道德研究所成立以来，这一模式的内涵、活动形式也更加丰富、拓展，其辐射效应日趋凸显。

截至目前，学校依托"弘道明德 文以化人——北京青年政治学院文化育人的理论与实践模式"项目，积极开展了多方面的科学研究、学术交流及道德教育实验与培训，先后承担了 20 多项国家、省、市级课题，主办和参与举办了 40 多次国际、国内学术研讨会，出版和发表了 40 余部著作教材和 200 余篇论文及研究报告，定期编辑出版了在学术界有较大影响的研究所所刊《东方道德研究》，累计培训近 1 500 名全国各地中小学教师，包括本校学生在内的近 500 万名学生间接接受中华优秀传统文化教育、中华美德教育实验成果的熏陶，面向韩国、日本招收多名中国文化专业的进修生与访问学者，对北京各区、县、局、乡镇、街道、社区 50 000 余名干部和群众进行公民道德及人文奥运建设培训，对 5 000 余名企业员工进行了职业道德培训，为我国青少年道德教育和社会主义精神文明建设作出了重要贡献，在国内外产生了良好的影响。

（二）统筹推进五大平台建设，促进文化育人有项目、成系统、铸品牌、见成效

1．打造人文导向引领平台

2018 年 10 月 21 日在《中国教育报》发表《融入办学目标，培植特色精品——北京青年政治学院文化育人三十多年不断线》，总结、凝练学院文化育人实践措施、精神内涵；"思政课程"与"课程思政"携手文化价值引领，充分挖掘专业课、人文素质通识课、公共选修课、网络课的德育元素、育人功能，构建全员、全课程、大思政"课程思政"教育体系；以"四史"教育为抓手，深度打造原创音乐剧《燧石》，邀请孔庙、国子监博物馆开展"中国礼乐文化展演"等，借助各种形式，讲好中国文化故事、传播中华文明价值。

2．健全人文素质课堂教育平台

将"大学语文""国学经典诵读"等人文素质教育类课程纳入人才培养方案，建设人文素质教育示范课程，构建"大学语文读、写、讲、演、赛'五位一体'教育教学改革模式"；直面新冠肺炎疫情，多措并举、精心设计"生命·美"网络课堂，通过《平凡的世界》《我的梦想》《鼠疫》《雁丘词》等中外文学经典，引导学生充分汲取文学作品中的力量与信心，致敬白衣天使、"逆行"英雄，反思责任担当、坚守精神家园；积极整合人文领域教育教学力量，构建"三层次、多模块"通识教育课程体系，开设了"中外文学名著欣赏""书法概论与练习""中华茶艺""音乐欣赏"等一批特色课程；引入优质网络课程教学资源，提供中华文化与历史传承、自我认知与人生发展、艺术鉴赏与审美体验等网络在线课程，丰富了学生人文素质课程体系；以"王岳川传统文化教育与推广工作室"建设为契机，以书法、茶艺为抓手，开发"情境式代入、案例式习得和项目式迁移"的传统文化教育退关模块化课程体系，打造"国内一流、职教标准、文化引领、产教融合"的青少年传统文化教育推广人才培养基地。

3．建设人文实践养成平台

"三年一贯制"育人模式"树人计划"将人文素养教育贯穿三个年级，积极开展"生命·生存·生活'三生'"主题教育活动，规范学生养成良好行为习惯；以第二课堂为抓手，坚持青年、政治、人文特色主线，统筹推进"北青蓝"志愿服务工程，培养学生人文情怀、社会责任感，纳入人才培养方案。师生连续志愿服务天安门地区、毛主席纪念堂、宋庆龄故居等场馆 12 年之久。2019 年国庆 70 周年庆典，我校800 多名师生"全程全要素"参加群众游行、群众联欢、志愿服务。

4．构建人文环境培育平台

对标对表《关于全面加强和改进新时代学校体育工作的意见》《关于全面加强和改进新时代学校美育工作的意见》，五育并举、统筹推进专业教师面向全校学生开设声乐、合唱、话剧、歌剧与音乐剧赏析等多门选修课程，打造"4+N"社团架构，为学生搭建了解美、感受美、欣赏美、表现美、创造美的美育平台；以"大学体育"课程建设为抓手，以"大学生体育文化节"为平台，深入挖掘中华传统体育文化内涵，为学生搭建强健体魄、健全人格体育锻炼养成平台；办好实体和虚拟校史馆，加大校史研究整理展示，发挥校史在人文与政治素质教育过程中的重要作用；以"中华经典诵读工程"为抓手，坚持"书香校园"建设，面向全校师生（包括留学生）积极开展"《中国诗词大会》选手遴选、推荐"，《中华经典诵写讲大赛》等活动，增强学院文化育人氛围。

5. 培育人文传承传播平台

坚持"礼敬中华优秀传统文化"，将"《诗经》吟诵"与"实地寻访"结合起来，传承中华礼乐文化，擦亮师生中华文明坐标；将学术研究与中华美德的普推广紧密联系在一起，组织编写《中华伦理》《儒家伦理与公民道德》《修身、立业、治国——中华德治思想录》《文化、道德、德育》《寻求学校德育新定位》《寻求中国德育之根》《21世纪学校德育初探》等多层次、成系列的中华优秀传统文化德育研究和普及读物近百本；录制"十德树人"（孝、礼、勤、诚、耻、忠、信、义、宽、廉）国学系列教育光盘一套；依托北京市首批新时代文明实践基地"北京青年政治学院'燧石工程'爱国主义教育基地"，深入挖掘、精心锻造丰富内涵的多样化形式。

（三）项目建设典型经验

1. 制度保障、持续建设

文化是需要长期积淀，文化育人贵在持之以恒、重在润物无声。北京青年政治学院从创办之初就关注文化，持续推进人文素质教育、文化育人工作。北京东方道德研究所持续近30年开展"中华美德教育与社区道德建设互动""中华美德教育行动"等项目；学院针对文化育人、人文素质教育工作，党委制定人文素质教育专项规划，纳入党委建设项目"十大工程"，从制度层面做好规划，从人力物力财力等方面做好保障。

2. 重点锻造、辐射引领

自1988年学院开设大学语文课以来，大学语文课程建设与时俱进、持续推进。截至2019年，学院先后自编、出版《大学语文》教材共计5版7本，夯实了课程思政的文本基础；在学院30多年文化育人的基础上，大学语文立足课堂，不断丰富课程教学内容，初步确定了家国情怀、文化传承、人生况味、情感世界、职场生涯、命运交响、自然魅力、感悟生命八大专题教育模块，深入开掘其中的"德育元素"，凸显价值引领；大学语文以爱岗敬业、拼搏奋斗晕染学生情感底色，用自强不息、服务奉献构筑学生精神堤坝，课程思政润物无声、隐性渗透，初步形成了与思政课程同向同行的育人格局，也有效破解了思政课程"孤岛化"、思政教师"单兵作战"的窘境。

3. 以"四史"教育为切入点

历时三年，学院重点锻造原创音乐剧《燧石》，以艺术形式谱写共青团创建诗篇，用音乐语言表达人物内心情感，凭工匠精神铸造文化精品，献礼"五四运动"100周年；围绕《燧石》音乐剧，学院深度开掘、不断丰富，总结凝练"'燧石工程'12370爱国主义教育模式"，深耕革命故事、厚植家国情怀、弘扬先进文化，成功入选北京市首批新时代文明实践基地。

截至目前，北京青年政治学院原创团史音乐剧《燧石》在学院礼堂、北京剧院、首都图书馆剧场完成三轮十数场演出，并应邀亮相第十四届中国北京国际文化创意产业博览会、北京市"青春心向党·建功新时代"特别主题团日等活动现场。音乐剧《燧石》的演出，引起了社会各界的广泛关注和艺术界强烈反响，先后被人民网、光明日报、北京青年报、北京卫视、北广传媒等多家媒体报道。未来，音乐剧还将启动高校巡演计划，作为团课的舞台实践走进各大高校校园，用艺术形式实现思想政治教育、用舞台表演感染当代青年、用亲身参与重回历史思考未来。

（四）项目建设主要成果

1．文化育人项目夯实"三层次、多模块"人文素养类课程体系，影响广泛

大学语文是北京青年政治学院人文素质教育类课程的核心课程，是实现学院"人文素养、一技之长、社会责任感"三位一体人才培养理念"人文素养"的重要支点和有力抓手。以大学语文课程为核心，积极整合人文领域教育教学力量，逐步形成包括"中国文化概论""中华茶艺""汉字文化""国学经典诵读""中外文学名著欣赏""书法概论与练习""音乐欣赏"等一批特色课程在内的公共基础课、专业核心课、公共选修课"三层次、多模块"人文素质类课程思政教育体系，启迪学生理性思维，根植学生理想信念。学院专门以"奏响'大学语文'的网络课堂"为题，报道大学语文教研室凝聚温情力量、挖掘爱与责任、持续推进文化育人工作落小落细落实；《人民日报》新媒体平台进行公开报道；中国消防救援学院基础部专程调研学院大学语文课程建设。

2．文化育人项目助力扎实"书香校园、文化育人"系列活动，品牌成效突出

在课堂教学的基础上，学院不断创新教育教学模式，扎实开展"书香校园、文化育人"系列实践活动，持续推进、打造品牌、完善人格。"大学语文""应用文写作"等课程，紧扣社会主义核心价值观主题；每学期联合开展"大语杯"演讲比赛实践训练，推进"课程思政"和教学综合改革；已连续开展十多年的人文演绎实训（文学经典情景剧自编自导自演），通过文学名著阅读改编，培养学生的创新精神，训练学生基础写作、文稿规范编辑实务能力。通过情景剧表演，培养学生团队合作精神，训练学生表演表现能力、口语礼仪能力、综合协调能力；持续开展的《中国诗词大会》北京青年政治学院选手遴选、推荐"《中华经典诵写讲大赛》"礼敬中华优秀传统文化""文学经典寻访吟诵"等活动，已然成为学院文化育人的重要品牌，成为师生广泛参与、同台竞技的文化风景；在文化的浸润下，北京青年政治学院学子投笔从戎、奉献祖国人数逐年升高。2019年，张雷从69所大学、近万名退役在校

学生中脱颖而出，被评为北京市优秀大学生退役士兵。

3．文化育人项目展示，提升学院良好社会形象

十八大以来，校园红色文化与传统文化、社会主义文化共同构成了朝气蓬勃的新时期校园文化，为三十年不断线的文化育人注入新活力。音乐剧《燧石》向五四运动 100 周年献礼，在全市公演近 10 场，入选中国北京国际文化创意产业博览会、登上各大报纸网媒，掀起了红色文化传承热潮；《中国教育报》专题报道学院"三十年不断线"文化育人工作；《光明日报》专题报道学院团史音乐剧"铸魂育人"讲好中国故事的方法；《北京日报》专题报道学院爱国主义教育"燧石工程"12370 模式，弘扬红色文化做法；《中国教育报》报道学院做好青年学生思想引领，将文化育人工作融入教学工作全过程做法；中央电视台数字频道录制专题片《文化育人不断线》，全方位报道学院的文化育人工作；《人民日报》新媒体平台全面报道学院大学语文课程建设成果。

4．学院文化影响力辐射华语地区，传承中华文明

学院北京东方道德研究所连续 26 年在全国各地 1 000 余所大、中、小学以及尼山书院等开展中华美德普及教育，1 万余名教师受益，千余所学校德育面貌一新，150 万名学生道德受益成长，数百万名家长认同。活动声名远播东南亚等地；连续16 年与香港中文大学新亚书院合作举办"中华美德教育行动计划师资培训班"，累计约有 800 余所学校、900 余名学员参加了培训，500 多万名学生间接接受中华优秀传统文化教育，并产生内省力。中华美德教育行动计划，是继承中华美德、弘扬中华文化、延续精神命脉、落实立德树人的前期探索和试验。

第三篇 "一院一策一品"建设

第一章 青年工作学院①

一院：青年工作学院。

一品：青年、政治特色。

一策：培养"四有"青少年工作人才。

"四有"：有信仰、有文化、有技能、有视野。

一、建设方案制订依据

第一，国务院《国家职业教育改革实施方案》（职教 20 条）。坚持以习近平新时代中国特色社会主义思想为指导；落实好立德树人根本任务，健全德技并修；完善"文化素质＋职业技能"；推进职业教育领域"三全育人"综合改革试点工作，使各类课程与思想政治理论课同向同行，努力实现职业技能和职业精神培养高度融合。

第二，《北京市教育委员会北京市发展和改革委员会北京市人力资源和社会保障局北京市财政局关于深化职业教育改革的若干意见》。紧密围绕首都"四个中心"建设和经济社会高质量发展的人才需求；实现首都职业教育的"高质量、有特色、国际化"发展；以习近平新时代中国特色社会主义思想为指导，加强党对职业教育工作的全面领导，坚持党领导下的社会主义办学方向；继续完善"文化素质＋职业技能"；健全德技并修的育人机制，着力培养学生的创新精神和实践动手能力；积极参与"一带一路"倡议和国际产能合作，开展国际职业教育服务；培养国际化技术技能人才，促进中外人文交流。

二、支持与合作单位

第一，中国青少年研究会以及青年学研究专业委员会、北京青少年研究所等。

第二，北京市青少年传统文化教育与推广大师工作室、学校党委宣传部与学校

---

① 本章由袁光亮、田梦编写。

团委等。

第三，共青团北京市委中少部、北京市志愿者联合会、北京市 12355 青少年法律与心理咨询中心、北京市青少年社会工作协会、共青团朝阳区委、望京街道办事处等。

第四，北京东方道德研究所、学校外事处等。

三、实施途径

第一，依托中国青少年研究会以及青年学研究专业委员会，联合北京青少年研究所，深入学习习近平新时代中国特色社会主义思想，全面开展课程思政；积极开展青少年相关研究，以前沿研究成果带领青少年教学。落实立德树人根本任务，引导学生树立正确的人生观、价值观。

第二，建设北京市青少年传统文化教育与推广大师工作室，联合学校党委宣传部和团委，以青少年书法为抓手，开展青少年传统文化教育与推广。贯彻"文化素质 + 职业技能"精神，提升学生的文化素养和文化自信。

第三，根据自身特点和人才培养需要，主动与具备条件的企业在人才培养、技术创新、就业创业、社会服务、文化传承等方面开展合作。深化产教融合，创新体制机制，激发企业参与职业教育活力，联合共青团北京市委中少部、北京市志愿者联合会、北京市 12355 青少年法律与心理咨询中心、北京市青少年社会工作协会、共青团朝阳区委、望京街道办事处建设一批资源共享，集实践教学、社会培训、企业真实生产和社会技术服务于一体的高水平职业教育实训基地和爱国主义实践教育基地。健全德技并修的育人机制，着力培养学生的创新精神和实践动手能力，培养学生的职业技能和社会能力。

第四，积极培养中华优秀传统文化教育与推广人才，自觉参与"一带一路"倡议，联合北京东方道德研究所、学校外事处，认真组织海外交流项目，促进中外人文交流，开阔学生的国际化视野。

四、实施思路

第一，创新招生就业。坚持青年特色与政治特色，立足时代特色，以需求为导向开展招生就业工作。

主要面向产业：青少年教育产业和文化产业。

面向的职业岗位群：青少年工作岗，基层共青团，少先队工作岗，青少年教育机构培训岗，青少年社会工作岗，青少年心理健康教育岗，青少年文化教育岗，青少年权益保护岗。

第二，加强师资队伍建设。提高专任教师业务水平，强化专任教师的技能培训，加强"双师型"教师队伍建设；按需设岗、因岗聘人、以课程需要配备合适的教师，优化专任教师整体结构。

第三，推进专业群建设。坚持"政治引领、需求导向、职教路径"策略，依托青年工作学院平台，以青少年工作与管理专业为龙头，整合社会工作、心理咨询、文秘、法律事务专业，在招生、就业、人才培养及师资建设等方面形成整体优势，凝聚合力，共同在青年工作领域形成影响力。建设"青年学原理与应用""青少年书法"等平台课程，培养学生青年工作基础知识和通用技能。采用"讲、训、证、赛"相结合的现代学徒制的教学组织形式，开展专业教学。各专业共同推动产教融合，建设专业群共享型校外实训基地。

第四，开展社会培训。坚持"请进来，走出去"思路，积极与专业群相关企业与单位建立合作关系，利用专业群长期积累的教学及科研成果，推进相关标准和培训模式的开发，推进青少年工作者培训、青少年传统文化教育培训等社会培训项目。通过教师带领学生共同开发青少年主题冬夏令营、青少年传统文化教育项目、青少年科技教育项目、青少年社会工作项目、青少年心理健康教育项目、青少年权益保护项目等，推进产、学、研一体化。

第五，提升教师研究能力。以青年学研究为根本，鼓励专业教师与全国专家学者共同开展侧重于对专业群建设具有实践应用价值的相关研究，以科研带动专业发展与人才培养。以北京市青少年传统文化教育与推广大师工作室为依托，开展青少年传统文化教育相关培训标准、教育课程的研究和开发，确保相关成果能够为专业群建设、人才培养、师资培训、社会培训、国际交流等工作提供依据和资源。

第六，探索国际交流：依托北京市青少年传统文化教育与推广大师工作室，开发面向国际青少年（尤其是"一带一路"沿线国家青少年）的文化教育产品；加强与国际青少年工作相关专业与机构的交流与沟通，扩大汉字书法等在国内外青少年群体中的传播。

五、建设预期效果

第一，学校发挥青年学研究专业委员会和市团校的优势，加大与相关部门的沟通，争取为青少年工作人才建立职业证书或职业技能证书制度。

第二，学校进一步协助加强师资队伍建设。学校支持加强"双师型"教师的培养，支持制定有利于"双师型"教师的政策和制度，对"双师型"教师在课时认定、进修培训、课题立项、职称晋级等方面有政策倾斜；能为教师深入企业调查研究、挂职顶岗提供政策和资源支持，确保教师由单一教学型向教学、科研、生产实践一体化的一专多能型教学人才转变。

学校支持加强兼职教师队伍建设，积极协助聘请专业基础扎实，有丰富实践经验或操作技能，并熟悉专业领域的企业专业技术人员和管理人员担任兼职教师或实习指导教师。

第三，学校为本专业群提供一个能够同时承担专业教学实训和社会培训任务的专业实训场地。

第二章　学前教育学院 [①]

学前教育学院是北京青年政治学院为适应职业教育发展新形势，于2018年6月新成立的二级学院，目前下设学前教育、早期教育两个专业，有在校生693名。学前教育学院拥有一支师德高尚、实践技能强、业务精湛、结构较为合理的师资队伍，现有教职工23人，其中专任教师21人，高级职称比例占60%以上，有1名市级职教名师、4名市级青年骨干教师，1个市级优秀教学团队。

学前教育专业是北京市2018年新审批的高职师范专业，2018年首批入选北京市特色高水平骨干专业建设名单，2019年入选教育部学前教育专业"双师型"教师培养培训基地、教育部学前教育骨干专业，与北京市40余家市级、区级示范幼儿园建立了合作关系，为培养合格的幼教人才奠定了基础；在校学生享受北京市公费"师范生"待遇。早期教育专业2019年首次招生专业，致力于服务北京高品质托育需求。

学前教育和托育服务是"办好人民满意的教育"的重要组成部分。作为北京学前教育职业教育集团理事长单位的专业落脚点，学前教育学院立足首都北京"四个中心"的功能定位，积极落实《国家职业教育改革实施方案》（"职教20条"）和北京市《关于深化职业教育改革的若干意见》（"京10条"），定位于服务首都高品质托育民生需求，以"教育部双师型教师培养培训基地"和骨干专业项目认定、北京市特高项目骨干专业建设、北京学前教育职教集团和北京青年政治学院附属幼儿园为依托，以学生高质量发展为主题，以工学结合为突破口，深化产教融合与校企合作，推进"政-校-园"三方合作、校内外"五环交替"、全学程四阶递进、职前职后双向贯通，创新人才培养模式。深化课程思政和综合化改革，启动"1+1+X"证书制度试点工作，打造"院园"融合的教师发展共同体，开展幼儿教师培养培训，发挥职教优势，分别通过"濯师德、卓才艺、琢技能"等一系列措施，促进学生德、智、体三方面卓越发展，最终形成"花开学前，卓越幼师"的"三卓"幼师培养品牌。

为了落实北京市《关于深化职业教育改革的若干意见》提出的目标和任务，形成符合新时代北京市高职托育专业人才培养的新模式、新机制，贯彻落实《国家职

[①] 本章由厉育纲编写。

业教育改革实施方案》(国发〔2019〕4 号)、《国务院办公厅关于印发职业技能提升行动方案(2019—2021 年)的通知》和教育部《关于实施中国特色高水平高职学校和专业建设计划的意见》《教育部关于职业院校专业人才培养方案制订与实施工作的指导意见》等职教改革新精神、新要求,结合学院实际,特制定方案。

一、建设基础

学前教育专业开办以来,以师德建设为根本,以教学工作为中心,以"政 – 校 – 园"合作为支撑,深化教学改革,创新教学模式,培养道德品行高尚、文化基础扎实、幼教理念先进、教学技能精湛、具有创新思维和实践能力的合格幼儿教师,为北京市输送了大批优秀的应用型人才,逐步形成了独具特色的专业人才培养模式,积累了丰富的幼儿师资培养经验。

(一)优势与特色

1. 产教融合和专业联动发展,彰显职业教育的改革典范

学前教育学院坚持开门办学,开创了基地、招生、教学、研究、就业"五位一体"育人模式,为北京青年政治学院附属幼儿园办学方面提供"智力支持",使专业建设与附属幼儿园发展紧密联系,积极探索"校内基地生产化、校外基地教学化",探索共享基地型、集团联盟型、校地合作型等不同类型的产教融合模式,完成北京市学前教育专业布局与幼教行业需求契合度调研,为学校获批北京学前教育职业教育集团理事长单位做出贡献。

以专业内涵建设为主线,打造"特色专业",学前教育专业入选教育部《高等职业教育创新发展行动计划(2015—2018 年)》认定的"教育部双师型教师培养培训基地""骨干专业",北京市首批"特高计划骨干专业"项目、北京市优秀教学创新团队。

2. 课程建设和教学创新持续深化,彰显人才培养的领先水平

围绕立德树人根本任务,强化工学结合、德技并修,积极探索培养方式改革,深入推进教学创新,开展职业导向的课程改革,实施"三有"课堂教学创新,推进"1+1+X"证书认证试点工作和赛教融合工作,提升学生岗位能力。五年来学生在各类技能大赛中获国家级奖项 4 项、市赛一等奖 3 项、二等奖 12 项;教师资格证通过率、专升本录取率在同类院校中遥遥领先。

3. 社会服务和国际合作质量并重,彰显地方高职的重大贡献

先后服务世行项目云南学前教育师资培训专家、国侨办海外华裔子女"寻根之旅"夏令营活动,"一带一路"学前教育专业论坛和"丝路工匠"杯学前教育专业技能大赛等,推动社会服务专业化、国际化;探索学前教育专业和早期教育专业 TAFE 教学模式改革,推动学前教育职业标准与国际接轨。

在学校成立附属幼儿园后,派出两名教师担任主要领导职务,发挥学前教育教学团队社会培训优势，彰显专业服务地方民生需求的担当。

（二）机遇与挑战

1. 服务国家重大战略和北京城市发展，需要担当新使命

十八大报告提出要"办好学前教育"，办好学前教育成为"办好人民满意的教育"的重要部分。十九大报告将"幼有所育"排在七项民生需求之首，婴幼儿照护服务和教育是我国一项重大民生生计。2018 年《中共中央国务院关于学前教育深化改革规范发展的若干意见》指出，办好学前教育、实现幼有所育，是党的十九大做出的重大决策部署，是党和政府为老百姓办实事的重大民生工程。2019 年 5 月《国务院办公厅关于促进 3 岁以下婴幼儿照护服务发展的指导意见》指出，将婴幼儿照护纳入经济社会发展规划。2020 年 5 月北京市《关于深化职业教育改革的若干意见》把学前教育和托育服务列为六大高品质民生需求之一，进一步为学前教育专业群高质量发展提供了良好的政策环境。

面对新的机遇和挑战，学前教育学院需紧扣国家经济社会发展需求的时代脉搏，以问题为导向，通过持续深化改革，探索新机制新办法，努力使特色更特、优势更优，在服务国家战略和北京城市发展上"更上一层楼"。

2. 助推打通职教通道，需要谋求新作为

学前教育是北京市整个教育体系的短板，发展不平衡不充分问题较为突出，"入园难""入园贵"依然是困扰老百姓的烦心事之一，教师队伍建设滞后，保教质量有待提高，这一切问题的解决需要高素质学前和早教工作者。面对新的机遇与挑战，学前教育学院在推进"职教高考"改革，完善"文化素质 + 职业技能"的考试招生办法，推进学前教育人才贯通培养，尝试开展职业本科人才培养项目试点方面要有新作为。

3. 引领学前教育职教改革，需要再攀新高峰

学前教育团队坚持将立德树人贯穿人才培养的全过程，培养出一批又一批社会责任感强、人文素质高、热爱学前教育事业，具有良好的教师职业道德，掌握系统的学前教育专业知识，才艺兼备、擅长保教，能从事幼儿教育工作的高素质应用型人才。面对首都职业教育的"高质量、有特色、国际化"发展的新形势，需要在深化产教融合、创新人才培养模式、服务终身学习、职教标准开发等重要领域改革方面大胆探索率先形成"北青经验"和"北青特色"，并在吸收、创新、融合以及提高基础上，努力贡献具有北京青年政治学院特色的学前"职教方案"。

二、建设目标

（一）指导思想

以习近平新时代中国特色社会主义思想为指导，坚持党的教育方针，深入贯彻

党的十九大精神，落实全国教育大会和国务院《国家职业教育改革实施方案》、北京市《关于深化职业教育改革的若干意见》等要求，紧密围绕首都"四个中心"建设和经济社会高质量发展的人才需求，坚持立德树人根本任务，以服务首都高品质民生需求为定位，以培养适应北京市高素质幼儿教师需要为目标，以学生发展为中心，以就业创业为导向，立足市民终身学习需求，完善学前教育职教和培训体系，深化产教融合、校企合作，做优做特学前教育，做精早期教育专业，实现学前教育学院"高质量、有特色、国际化"发展。

（二）建设思路

（1）加强党的领导，坚持立德树人。坚持党的教育方针，深入贯彻党的十九大精神，坚定社会主义办学方向，深化德技并修、育训并举的人才培养改革，培养一支热爱学前教育事业、师德高尚、幼儿为本、才艺兼备、擅长保教的高水平幼儿教师队伍。

（2）着力标准引领，聚力关键突破。从标准建设切入，推动学前与早教专业人才培养和教育教学适应国家战略、托育产业需求；重点在课程标准以及"1+X"证书制度实施、人才培养模式改革等方面实现突破。

（3）打造一流实力，办出一流特色。对接首都婴幼儿托育事业发展需求，以学前教育职教集团为依托，联合行业龙头和市、区级示范园，建设多功能产教综合体，完善二级管理，建立现代院校治理体系，打造一流专业水平、塑造"花开学前"特色品牌。

（三）建设目标

以教育部认定的"双师型教师培养培训基地"和骨干专业项目、北京市特高项目骨干专业、北京市学前教育职教集团和学院附属幼儿园等为基础，以立德树人为根本，以师德弘扬为引领，以院园融合发展为主线，以提高儿童教育师资培养质量为核心，从标准、平台、队伍、服务等关键要素破题和提升，打造高水平专业群人才培养高地，为满足首都高品质民生需求提供教育服务。

三、建设任务与实施举措

（一）创新人才培养模式

以当今时代发展以及北京市对学前教育专业人才需求的变化为背景，根据学前教育的服务范围不断扩大、岗位多样化的发展现状和趋势，主动应对挑战，突出创新精神和实践能力的培养，打造"花开学前，卓越幼师"培养计划，全面落实立德树人根本任务，从人才培养方案、标准建设、课程体系与教学模式改革、实训体系建设、教学质量保障机制构建、与教学团队建设等方面进行改革实践，构建学前教育专业人才培养的新模式，促进学生发展。

1. 落实"立德树人"根本任务，培养"卓越幼师"

注重学生核心价值观与专业理念双认同、双融合教育，自觉把培养社会主义建设者和接班人作为学前教育的纲和魂，坚持将立德树人贯穿人才培养的全过程，树立"幼儿为本，师德为先，能力为重，终身学习"的专业理念，坚持以社会主义核心价值观为统领，把政治素质作为学前教育人才培养的首要素质，以理想信念、爱国主义为核心，以师德师风为重点，进行教书育人。在"学前教育学""幼儿园教育活动设计与指导"等课程教学中挖掘教育功能，渗透职业理想信念教育和幼儿教师职业道德教育，发挥课堂教学的育人主渠道作用；健全完善《学前教育专业师范生日常行为规范》，注重思想道德教育与日常行为养成相结合；积极开展"阳光学前"志愿服务、"花开学前"宿舍文化节、趣味运动会等系列文体活动，举办职业技能竞赛、"学前之花"评选表彰等系列活动，创新实践育人新形式。注重课堂教学、社团活动、社会实践协同育人，培养出认同中国特色社会主义主流价值观、主流审美观，社会责任感强、人文素质高、热爱学前教育事业，具有良好的教师职业道德，掌握系统的学前教育专业知识，才艺兼备、擅长保教，能从事幼儿教育工作的"卓越幼师"，使其成为幼儿健康成长的启蒙者和引路人。

2. 依托职教集团和附属幼儿园，创新人才培养模式

按照公费师范生培养规定，依托职教集团和各区教委建立长线联系，利用职教集团幼儿园成员单位和附属幼儿园，以就业和职业岗位为导向，以学生的职业素养和职业能力培养为目标，以工学结合为突破口，"政—校—园"三方合作，校内外"五环交替"、全学程四阶递进、职前职后双向贯通，如图3-2-1所示。

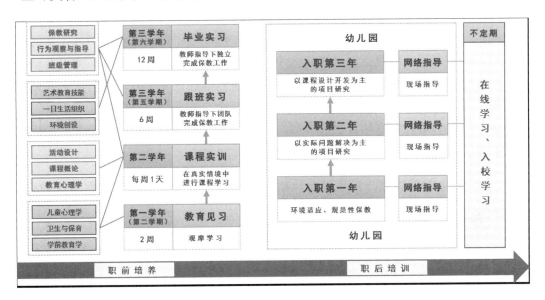

图3-2-1 "政—校—园"协同创新引领下的人才培养模式

深化"走园、驻园"实践教学。学前教育与早期教育专业完善以"走园"为特征的实践浸润式人才培养模式，构建"教育见习—课程实训—跟班实习—毕业实习"螺旋上升的实践教学模式。"走园"实践中配备教师指导团队、实训手册及数字化管理平台，确保实践教学质量。积极探索"驻园"专业成长引导模式，以毕业生所在幼儿园为主体，协同幼儿园做好毕业生入职后三年规划，第一年开展科学保教为主的培训或教育，第二年开展问题解决为主要内容的培训，第三年开展园本课程的项目研究型培训，在实践中实现卓越幼儿园教师的培养，如图3-2-2所示。

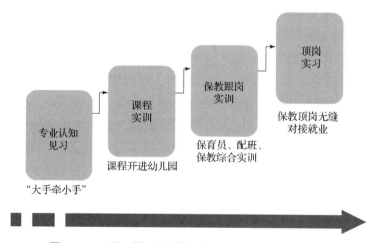

图 3-2-2 "院—园"深度融合的四阶梯适岗能力锻炼体系

通过学习，学生主动设计、规划自己的职业生涯，最终完成从学生向职业人，再从职业人向社会人的转换，从而显著提高人才培养质量和毕业生就业质量。

3．推行"1+1+X"证书制度，创新评价方式

创建"毕业证书+幼儿教师资格证+保育员证（奥尔夫音乐证、蒙氏教育证书等）"的"1+1+X"证书制度，将职业资格证书的取证教学与实训内容纳入正常的教学计划，相应课程标准覆盖取证考核大纲，实行取证考试可替代学院的课程考试制度，以强化学生职业能力的培养；对职业资格证书单独设立学分，将毕业生取得职业资格证书作为取得毕业证书的必备条件。根据幼儿教师职业岗位的任职要求，进一步将学历证书与职业资格证书相互融合与衔接，形成符合职业岗位要求的课程标准，实现"一教双证"。

（二）深化课程思政与课程综合化改革，打造课程改革与资源建用示范中心

1．深化"三融入"的课程思政改革

以"德育典范融入通识教育+专业伦理融入专业课程+师德元素融入第二课堂"为路径构建师德养成教育体系，研制并实施学前教育专业群"学生仪容仪表与日常规范"标准。师德典范融入通识课程，突出优秀楷模的榜样作用，引领新时期师范生思想成长；专业伦理融入专业课程，重视学生自我修养的专业伦理，编制《专业

课程思政教育操作手册》,将专业伦理养成纳入专业课程目标,有机渗透在专业教学过程;师德元素融入第二课堂,开展"儿童教育经典影片赏析""儿童教育经典名著选读""十佳文明之星"等系列学生主题活动,发挥学生活动的教育功能。

2. 深化面向工作任务的课程综合化改革

基于幼儿园教师岗位典型工作任务,开展课程模块化、综合化改革。

以幼儿园教师所需要的能力及典型工作任务为依据,建设职业性和专业性突出的"三融合"课程,即主干课程设置与职业岗位工作内容相融合,实践教学标准与职业资格标准相融合,人才培养过程与实际工作过程相融合,由通识教育课程、教师教育课程、保教能力课程、艺术教育能力课程、职业能力拓展选修和实习实践课六个模块组成的课程体系,如图 3-2-3 所示。引入相关职业证书标准,进行系统化设计,形成以职业能力培养为主线的"专通结合、五环交替、四阶递进、双向贯通"的课程教学过程,如图 3-2-4、图 3-2-5 所示。

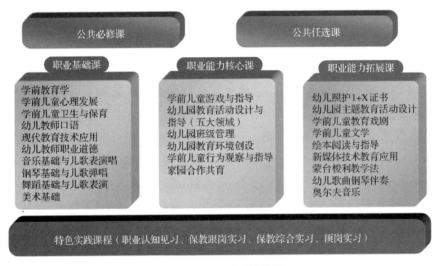

图 3-2-3 六大模块课程

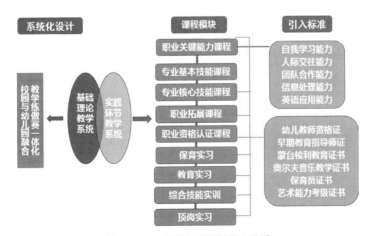

图 3-2-4 模块化课程与能力体系

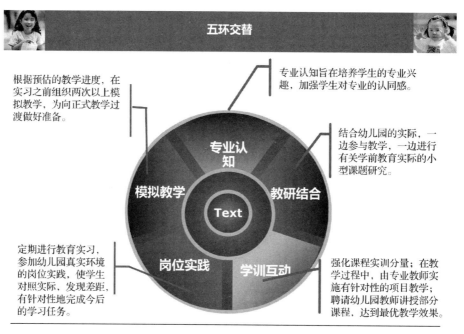

图3-2-5　五环交替的课程教学过程

3．推进"互联网＋学前教育"，建设立体化的课程资源库和专业信息库

（1）建设系统化、多元化的教学资源库。收集来自教学团队、一线教师和幼儿园丰富的教学及研究案例，进行筛选、提炼、整合，建成具有针对性的教学资源库，拓展数字教学资源的容量，促进资源共享。形成有丰富的文本、微课、音视频、动画等教与学多媒体课程资源库，涵盖国家教育法规、国内外学前教育研究与发展、学前专业教育改革与发展、名师资源、优秀教育设计、教学课件和学生专业成长档案等方面内容，形成交互式开放共享的运行机制。按照职业岗位能力需求，开发"幼儿园教育活动设计与指导""学前儿童游戏"等2门精品在线实训课程，建设"学前教师信息化能力提升""家园合作""幼儿园教育环境创设""幼儿教师歌表演能力提升"等系列培训课程。

（2）推动信息化教学常态化。将信息化教学要求纳入课程标准，完善构建"学、训、评、管"一体化的专业群教学新生态，如图3-2-6所示。重点推动精品SPOC和MOOC建设，加强基于问题、基于项目、基于现象、基于案例的线上线下混合教学。

（3）打造"三有课堂"。以提升学生专业能力、方法能力及社会能力为目标，借鉴澳大利亚TAFE体系的先进教学理念和模式，进行课堂模式的探索与创新，采用混合式教学模式，致力于打造具有北京青年政治学院学前特色的有趣、有用、有效的"三有"课堂，如图3-2-7所示。

（4）建设幼儿教育信息资源平台，开发学前教育数据分析决策系统，每年向市区提供学前教育事业发展报告，为幼儿教育发展提供支撑。

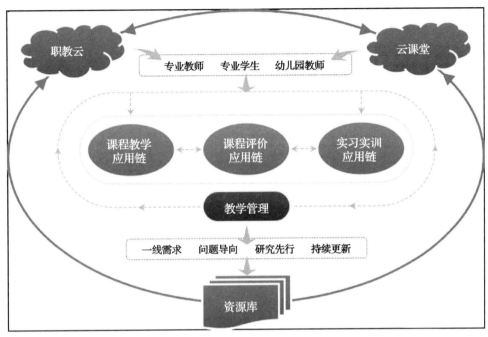

图 3-2-6 "学、训、评、管"一体化的学前教育专业群教学新生态示意

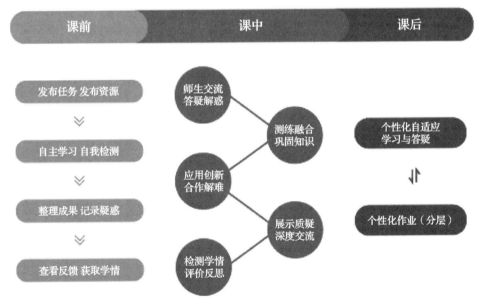

图 3-2-7 混合式教学模式示意

4.基于岗位典型工作任务,校企合作开发特色教材和活页式工作手册

明确学前教育专业的基本技能和专业技能,校企合作开发、编写特色教材《幼儿园社会教育活动设计》《幼儿园科学教育活动设计》《幼儿园班级管理实务》《幼儿教师职业道德与礼仪》《幼儿歌曲弹唱 100 首》等 6 本;活页式工作手册《学前教育专业保育实习手册》《学前教育专业教育实习手册》《学前教育专业顶岗实习手册》《幼

儿园班级管理工作手册》《幼儿行为观察与指导工作手册》等 5 本。

5．专通结合，培养身心健康、心态阳光的幼教工作者

通过"大学体育""大学生心理健康"等通识课程，与"舞蹈基础""幼儿舞蹈创编"等专业技能课程，以及幼师民族韵律操、舞蹈团等学生文体活动，茁壮学生体魄，康健学生心灵，培养身心健康、心态阳光的幼教工作者。

（三）建设"院园"融合的教师发展共同体，打造国家级教学创新团队

1．成立"院园"融合教师发展共同体

依托附属幼儿园，成立"院园"融合的教师发展共同体。实施"院园"教师互聘制度，在职教集团内部开展"名园长助教""名师助教"项目，制定专业高水平兼职教师任职资格标准，将幼教一线教师聘任为专业群相应的兼职教师，从事专业课程教学工作；将专业教师聘任到托幼机构，从事顶岗工作或开展课题研究，专兼职教师队伍达到 1∶1，促进专业教师与幼教教师共同成长、提升专业水平。

2．实施多层次师资队伍人才的培养计划

加大师资队伍建设支持力度，设立专项基金，实施"一人一策"，引进或培养高层次学术人才，以 0～6 岁学前儿童为主要研究对象，开展基础性、前瞻性、创新性研究，提升团队研究能力，形成专业学术梯队。

（1）教学名师培养计划：建设期内，遴选 1～2 名师德高尚、事业心强、有较大的发展潜力的具有副教授以上职务或硕士以上学位的中青年教师作为教学名师培养对象，申报成立"名师工作室"，联合北京市名幼儿园园长，面向北京市一线幼儿教师和职业院校在校生开展培训。

（2）专业带头人培养计划：建设期内，在团队成员中遴选 1～2 名师德高尚、事业心强、创新意识突出的教师作为专业带头人培养对象，在学历和职称上有所提升，切实达到专业带头人的学术水平。

（3）中青年骨干教师培养计划：建设期内，遴选 2～3 名师德高尚、事业心强、有较大的发展潜力的具有副教授以上职务或硕士以上学位的中青年教师作为骨干教师培养对象，帮助中青年教师制定职业生涯发展规划，打通"年轻教师—熟手教师—优秀教师"的发展路径，深化"校政企（幼儿园）"合作，加大青年教师到行业的实践力度，提升解决行业实际问题的能力。

（4）"双师型"教师建设计划：积极创造条件培养一批"双师型"教师队伍。建设期内，每年选派 2～3 名教师参加知名培训机构组织的特色培训，以培养和加强教师的实践操作能力；每年选派 3 名教师到附属幼儿园挂职锻炼，其他教师一律以小组形式到幼儿园观摩教学活动，参与教改研究；每年选派 1 名教师到国内外著名大学、幼儿园学习研修，了解学前教育专业的前沿动态与实践。

（5）兼职教师队伍建设计划：从国内本专业聘请 3～4 位知名教授作为客座教授，从学前教育工作一线聘请 20 位学有所长、经验丰富的园长或主任担任兼职教师，指

导保教实践。

（四）建设附属幼儿园，打造"院园"融合发展的教师培养培训新平台

在产教融合、协同育人方面发力，建立健全教育链、人才链、产业链、创新链的"双对接、双促进"机制，着重拓展产教融合项目。

1. 完善院园融合发展机制，共建育人平台

发挥学前教育职教集团资源共享优势，主动对接首都幼教人才需求，与教育行政部门和幼儿园建立权责明晰、合作共赢的"政—校—园"三位一体协同培养机制，共同制定培养目标、设计课程体系、建设课程资源、组织教学团队，开展教学研究，评价培养质量，形成"人才共育、过程共管、成果共享、责任共担、文化互补"的合作运行机制。

2. 成立双师学习共同体，建设名师工作室

聘请来自幼教一线、具有行业影响力的名师入驻工作室；选派学校的专业带头人、骨干教师帮助解决幼儿园的教学实际问题，引导幼儿教师专业成长、指导示范幼儿园创建，指导学生综合实践，开设"园长大讲堂"，形成"共同分享资源、共同组织教学、共同评价学生、共同促进就业"的"四共同"的人才培养新机制。

3. 高标准建设附属幼儿园，打造卓越幼师培训中心

改建和扩建项目包括幼儿园仿真实训室、美工实训室、奥尔夫音乐实训室、学前信息技术实训室、绘本教学、早期教育仿真实训室等，建设配套虚拟仿真实训系统，深度整合专业群、附属幼儿园、职教集团和"双师型"教师培养培训基地等资源，完善附属幼儿园的校内实训与科学研究基地的功能，将附属幼儿园打造成知名的幼教品牌，以儿童保教研究为先导、以协同创新为路径、以附属幼儿园及幼教集团为基地，开展科学研究、人才培养和社会服务，新建家长学院或亲子学苑，为各类家长提供培训、指导、咨询等科学养育服务。建设学前教育"双师型"教师培训基地，年培训人数不少于500人次，打造卓越幼师培训中心品牌。

（五）开展国内外交流与合作，提升国际影响力和竞争力

积极服务首都"国际交往中心"建设，响应"一带一路"倡议，结合专业建设、教科研工作和人才培养规划，有目的、有重点地推进对外交流与合作。

（1）开展与发达国家、"一带一路"沿线国家高校的学前教育专业交流，持续组织团队成员参加OMEP等学前教育国际会议与国际论坛，与国际同行开展交流学习。

（2）邀请国内外学前教育专家、学者来校讲学、授课，介绍学前教育发展的最新动态和研究成果，借鉴国内外先进的学前教育理念指导专业建设。计划每年邀请国内外知名专家、学者、行业领军人物讲学2~3次。选派专业带头人和骨干教师参加由国内知名学术团体及国内重点大学组织的相关研讨会与技能培训，到其他院校

进行观摩、学习,提高教师的专业能力和教学水平。创造条件积极开展国内外学术交流活动,不断提高团队在国内外的影响力。

(3)每年承办市级高职院校学前教育职业教育技能大赛,组织学生参加全国学前教育专业教育技能大赛;参加或承办"一带一路"国家"丝路工匠"杯学前教育专业技能大赛。

(4)借鉴澳大利亚 TAFE 职业教育模式,开办学前教育专业和早期教育专业 TAFE 模式教学实验班。派遣骨干教师和专任教师前往澳大利亚墨尔本理工大学学习 TAFE 教学模式,改革学前教育专业。

(5)与国外高校学前教育专业开展交换生项目。与新加坡智源学院、加拿大汤普森河大学、澳大利亚墨尔本理工大学等学前教育专业开展交换生项目,推动学分互认。

四、建设预期效果

经过建设,学前教育学院通过打造示范性人才的培养高地、服务平台、系列标准和师资团队,形成可借鉴的幼教领域人才培养的"北青方案"。

(1)建成师德高、能力强的幼教师资培养高地。

(2)建成机制灵活、深度融合的"双师型"教师培养培训服务平台。

(3)建成可借鉴性高、特色鲜明的专业群建设系列标准。

(4)建成专业素养突出、社会服务能力强的高水平结构化师资团队。

第三章　信息传媒艺术学院[①]

为了深入贯彻落实北京市《关于深化职业教育改革的若干意见》文件精神，信息传媒艺术学院贯彻教学、科研、培训、服务、招生就业"五位一体"的发展思路，整合优质资源、打造品牌项目、创新特色资源，实现职业教育的"高质量、有特色、国际化"发展的建设目标。

一、专业建设优势

信息传媒艺术学院现有信息、传媒、艺术三大专业群，开设 6 大专业。经过多年建设与发展，各专业群形成了团队、企业、服务等品牌优势。

（一）信息类专业（"1+X"试点、市级创新团队、国赛一等奖）——团队优势

软件与信息服务专业立足国家重点发展的战略性新兴产业，创建于 2012 年。计算机应用技术专业立足于大数据与移动智能开发产业，在首都具有巨大的人才需求，创建于 2001 年。软件与信息服务、计算机应用技术专业均为教育部首批"1+X"证书制度试点专业，获批"北京市专业创新团队"，拥有"北京市职教名师""北京市高等学校青年英才"等，连续多年获得全国职业院校技能大赛一等奖、北京市职业技能竞赛一等奖。

（二）传媒类专业（市场新热点、供需两旺、校企真题真做）——企业优势

新闻采编与制作专业与首都传媒与文化产业发展高度契合，创建于 2002 年。在全国高职院校中首家创办网络编辑专业方向，并开发拓展网络编辑、影视制作、媒体资产管理等专业方向，形成融媒体特色专业建设思路。该专业"互联网+"人才培养模式两次被评为全国高职院校专业建设典型案例，连续多年招生就业良好。校企深度融合，企业真实项目带动学生创新创业，学生账号签约公司——在校生实践运营账号成功与企业签约。

[①] 本章由张瑞芬、师静、王红霞、林巧琴、申树斌、周同、齐爱琴编写。

（三）艺术类专业（教学标准、墙绘品牌、扶贫项目）——服务优势

美术、数字媒体艺术设计专业适应具有北京特色媒体艺术设计广阔的市场需求，创建于 2000 年。牵头制定高职院校艺术设计类专业教学标准，牵头制定游戏设计专业教学标准。打造了"北青墙绘"特色文化品牌，为首都多个社区开展文化景观墙绘、形象标识等设计，获得中国创意设计大赛一等奖，助力扶贫攻坚，师生承接完成朝阳区花家地南里公园改造方案和怀柔大地村形象标识、党员教育基地（村史馆）内外墙面、室内展馆空间、环境改造全套设计项目。

二、对接"京 10 条"发展思路

（一）专业建设与招生就业

1．专业群建设思路

根据现有专业群建设特色优势以及市场发展需求，立足于现有专业融合发展、资源整合、突出特色的思路，结合目前招生就业形势，打造"融媒体"重点专业群，发展"艺术教育"类特色专业，培育建设 1~2 个新专业。

融媒体专业群紧密对接云计算、大数据技术支持下的新媒体产业发展需求，以融媒体行业岗位需求为出发点，对应融媒体平台架构与技术开发、融媒体内容生产与运营、融媒体产品创意设计等核心业务模块，整合软件与信息服务、计算机应用技术、新闻采编与制作、数字媒体艺术设计等专业资源，其中，软件与信息服务、计算机应用技术专业从事信息技术与数据模型开发、融媒体架构与系统开发；新闻采编与制作专业从事新媒体内容生产与矩阵管理评估，实现采编 + 数据精准分析；数字媒体艺术设计专业用视觉之美做好媒体平面信息传达、视频内容题材创作包装、运用 AR、VR 等技术手段讲好新闻故事，如图 3-3-1 所示。

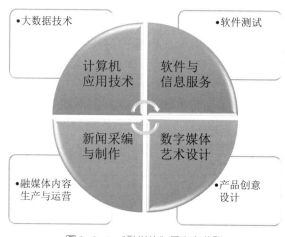

图 3-3-1　"融媒体"重点专业群

艺术教育类特色专业旨在针对未来教育发展的最新趋势和需求,在现有游戏设计专业建设的基础上,进一步聚焦游戏化教育方向,重点开发设计教育类游戏,实现基于游戏的学习。在现有美术专业建设的基础上,进一步聚焦美术教育方向,以适应北京市大力发展文化创业产业背景下对美术教育类人才的大量需求。

2.新专业建设计划

分析近年来专业招生中存在的优势和劣势,拟培育建设影视多媒体技术专业、动画制作专业。

北京青年政治学院于2018年前开设影视多媒体制作专业方向,年招生规模80人。市场需求广泛,学生认可度较高,也具备相关师资团队。为了更好地适应融媒体时代对音视频专门人才的强劲需求,拟培育建设影视多媒体技术专业,专业代码660208,此专业旨在培养具有一定影视鉴赏与音视频节目策划能力,掌握图形图像处理、影视与动画制作的基本方法和技巧,熟悉摄影摄像技术和影视后期编辑应用技术的实用型人才。

随着影视多媒体技术、数字技术、网络技术、新型音视频技术的广泛应用,短视频及视频直播等应用方兴未艾,掌握摄影摄像技术和影视后期制作应用技能,熟悉图形图像处理、影视及动画制作的基本方法和技巧的实用型技术人才,成为当前融媒体传播行业发展的迫切需要的人才资源。

随着影视多媒体技术在宣传片、纪录片、效果图等方面发挥出来的独特价值,企事业单位在进行品牌宣传的时候,因为缺少摄影摄像技术和后期制作应用技能的技术人才,往往需要通过聘请外部人员或直接选用未经过专业培训的业余爱好者完成节目的策划和制作,一方面耗资过大,同时拍摄的作品比较随意,缺乏专业的技术处理,难以满足宣传工作的需要。因此,该专业有广泛的就业市场。

综合考虑师资队伍结构和课程主要模块结构,拟培育建设动漫制作技术专业,招生时可免艺考证。

3.校企深度合作

结合行业企业用人需求特点和专业人才培养特色,开展真实项目实训,并重点选取传媒类专业开展订单式培养,探索开展信息类、艺术教育类准订单培养,如表3-3-1所示。

表3-3-1 校企深入合作人才培养计划表

序号	合作企业	对应专业
1	亦庄控股	信息类
2	北京中软国际	信息类
3	北京微梦酷娱广告有限公司	传媒类
4	凤凰数媒北京教育科技有限公司	传媒类
5	亿和影视制作基地	传媒类、艺术类

续表

序号	合作企业	对应专业
6	798 桥画廊	艺术类
7	丽贝亚装饰设计院	艺术类
8	水晶石数字科技有限公司	艺术类
9	完美世界	艺术类

4. 推进创新创业

（1）以教师课堂创新启迪学生创新意识。不断更新授课内容，把融媒体行业新技术、新标准及时引入课堂，并运用现代化信息途径传授给学生，以教师的授课内容创新、载体途径启发，培养学生创新意识。由教师牵头、学生参与，成立工作室，如图文采编工作室、摄影摄像工作室、后期合成工作室、新媒体运营工作室等。

（2）以业界知名人士及校友创新讲座明晰学生创新路径。邀请校外专家、创业成功校友进校开展创新创业讲座，让在校学生了解社会发展对大学生创新能力素质的迫切需求，明晰大学生创新创业的起点、路径、关键节点、重要事项。

（3）以实践创新作为学生创新主要方向。成立创新社团，配备指导老师，围绕实践探索尝试创新创业。实践创新结合专业，提升效率，开展新媒体与短视频创意与运营实践，以 IP 账号和系列创意作品（如短视频、H5）等为主要成果形式。

（4）以项目建设专题比赛深化创新成果。每年组织学生参加"互联网+"大学生创新创业比赛，开展大学生创新创业训练计划项目等系列活动，让学生创新创业有教师指导，有展示平台，确保创新成果能够深化、固化下来。

（5）校企共建"融媒体研发创新工程坊"，开展项目产品研发和技术服务，推广研究成果，实现校企深度融合。

（二）师资队伍建设

结合专业建设发展计划和职业院校"双师型"教师认定工作标准，拟实施师资队伍建设"3 个 1"计划，即"双师"培训计划、科研攻关计划、企业实践计划，实现五年内全体专任教师达到"双师"认定标准。

"双师"培训计划，如表 3-3-2 所示。

表 3-3-2 "双师"培训计划

计划	培训重点		
"双师"培训计划	融媒体矩阵规划、融媒体运营、短视频拍摄与制作、音视频节目制作、数据新闻制作、数据可视化	游戏角色设计、游戏场景设计、游戏人物建模、游戏场景建模、游戏引擎基础、美术教育理论、儿童美术教学法	云计算、大数据、新型网络技术、软件测试与开发、BIM 技术培训

科研攻关计划，如表3-3-3所示。

表3-3-3 科研攻关计划

计划	研究重点		
科研攻关计划	媒介融合深化、全媒体报道与新闻生产方式变革、短视频及直播运营与媒介营销等	美术教育专业课程建设、儿童画创作教学研究、儿童水彩画创作研究	人工智能程序开发项目、"1+X"证书认定课程建设

企业实践计划，如表3-3-4所示。

表3-3-4 企业实践计划

计划	企业	岗位
企业实践计划	完美世界	游戏原画、游戏建模、游戏策划
	汉威艺术中心	艺术副总监、学术顾问
	北京清博大数据科技有限公司	新媒体运营
	北京酷娱传播机构	短视频制作、新媒体运营
	北京谷武科技有限公司	融媒体运营
	新华三技术有限公司	大数据技术

（三）课程建设

1. 分类课程建设（优质在线课程、校内研讨式课程、企业实训课程）

根据分类课程建设思路，拟选取24%适合进行在线教育且教学资源建设初步取得成果的课程，建设成优质在线课程；其他46%课程采取灵活教学方式，建设成校内研讨式课程；选取30%课程依托校企合作，承接企业真实项目，建设成企业实训类课程，如表3-3-5所示。

表3-3-5 信息传媒艺术学院分类课程建设计划表

序号	课程类别	课程名
1	优质在线课程（36门）	数字图像处理、三维软件基础、游戏角色设计、游戏三维装备建模、游戏三维人物建模、游戏场景设计、游戏建筑建模、UI设计基础、游戏三维场景制作、次时代模型制作、游戏UI设计应用、游戏动作设计、HTML5基础、游戏引擎基础 艺术设计史、设计素描、设计色彩、AutoCAD计算机辅助设计、PPT信息可视设计、PhotoShop数字图形处理、3DMAX模型搭建、SKETCH UP平面建模及渲染 艺术概论、艺术解剖、绘画透视、中外美术史（一）、中外美术史（二）、素描造型基础、综合材料研究、素描语言方式探索、PhotoShop图像处理 融媒体实务、音频制作与应用、图形图像处理、微剧本写作、面向对象程序设计

序号	课程类别	课程名
2	校内研讨式课程（69门）	设计素描、游戏概论、数字图像处理、视听语言、设计艺术史、设计色彩、构成设计、游戏赏析、游戏剧本创作、影视后期 创意思维构成、透视及手绘、工程制图、三维后期制作、VARY渲染实训、Illustrator字体图形设计、Indesign装帧设计与应用、剪辑和特效合成、CG数字化插画、CG数字化插画、沙盘模型制作 素描肖像、水彩画基础技法、油画静物写生、白描、室内外速写、油画肖像、水彩画、石膏像写生、创作构图与创作实践 新闻实务、传播原理与应用、新闻采访与写作、创意文案写作、摄影技术应用、视频制作实务、视频剪辑技术、影视特效合成、融媒体策划、数据新闻报道、新媒体创新创业、同期拾音实务 计算机应用数学、程序设计基础、数据库技术、网络系统基础、UI设计技术、WEB前端开发、Java Web开发实训、J2EE框架技术、J2EE项目实训、Web前端框架技术、HTML5应用开发、移动互联应用开发、软件测试技术、Python程序设计、数据库技术、网络系统基础、Java Web开发及测试、J2EE及Junit测试框架、性能测试技术、自动化测试技术、软件测试实训
3	企业实训课程（46门）	手机游戏设计与开发、游戏角色制作实训、游戏场景制作实训、功能性游戏制作实训 UI设计与制作、BIM建筑信息模型、综合实训课程、产品模型虚拟化设计、数字化居住场景设计、数字化商业场景设计、数字化展示设计、广告设计与制作、网站美术设计与制作 儿童美术教学研究、美术教学设计、风景写生、室内外速写、综合绘画（一）、综合绘画（二）、艺术展览、色彩写生与表现、国画花鸟画基础 数字编辑实务、文创传播实务、摄像技术应用、短视频策划与制作、新媒体运营、可视化报道、视频节目制作、新媒体内容运营训练、数据新闻报道 Web前端开发实训、J2EE项目开发实训、软件项目综合实训、Java项目开发、移动互联开发、Python编程技术 Selenium自动化测试、LoadRunner性能测试、游戏化设计与测试、软件项目开发实训、软件测试综合实训、开发与测试综合实训、移动App开发实训、移动互联及App测试

2. 特色课程建设（校企合作、课赛结合、课证融合、"1+X"证书）

打造核心课程和特色课程建设，重点建设校企合作、课证融合、课赛融合以及教育部"1+X"职业技能等级证书融合类课程，拟建设17门校企合作开发课程、11门课程融合课程、7门课证融合课程、4门"1+X"认证课程，如表3-3-6所示。

表 3-3-6 特色课程建设

校企合作开发课程	课赛融合课程	课证融合课程	1+X 特色课程
数字编辑实务、融媒体策划、融媒体实务、新媒体运营、数据新闻、摄影摄像、音频节目制作、短视频制作、视频剪辑技术、软件测试、UI 设计、程序设计、数据库管理、儿童美术教学研究、美术教学设计、视觉传达项目综合实训、人居环境项目综合实训	融媒体实务、新媒体创新创业、新媒体运营、摄影技术应用、短视频制作实务、图形图像处理、综合材料研究、水彩画、风景写生、数字媒体策划与制作、数字化展示设计	融媒体实务、图形图像处理、儿童美术教学研究、美术教学设计、创作构图与创作实践、PhotoShop 数字图形处理、AutoCAD 计算机辅助设计	软件测试、UI 设计、程序设计、数据库管理

3. 教学资源建设

建设游戏设计专业在线教育资源库，建设 8 门核心课程在内的教学视频、教学案例、实训素材等，加工整理成系统的教学资源，建设教学资源网站，建设大师作品临摹教学资源库，资源库根据各课程模块的课程特点，制作临摹范本，应用于各专业课程的教学环节中。

开展活页式新型教材开发。校企合作开发的《融媒体实务》教材与清博、方正合作共同编写，《可视化报道》《微剧本写作》《家具设计与制图》教材正在计划编写中。

（四）职业培训项目

根据专业教学资源及社会热点需求分析，信息传媒艺术学院拟面向儿童、企事业单位宣传人员、社区工作人员、创新创业团队、周边居民、幼小中学师资等六类重点群体开展职业培训项目共计 13 项，如表 3-3-7 所示。

表 3-3-7 信息传媒艺术学院社会培训项目计划表

序号	培训项目	培训内容	培训课时	面向人群	任课教师（团队）
1	儿童画创作	儿童画技法、儿童画创作	60	12 岁以下儿童	美术专业教学团队
2	儿童水彩画	水彩画技法、水彩画写生	30	12 岁以下儿童	班学俭、申树斌
3	数字图像处理	Photoshop 基本操作、图层、选区、通道、路径的应用	48	具有一定电脑操作基础，对数字图像处理、平面设计、照片修复等内容感兴趣的人群	马映红

续表

序号	培训项目	培训内容	培训课时	面向人群	任课教师（团队）
4	游戏剧本创作	游戏剧本故事主题的确立、游戏人物的刻画、游戏情节的展开	48	具有一定文学修养，对游戏剧本创作感兴趣的人群	陈小英
5	游戏三维装备建模	3ds max 基本操作、多边形建模、材质的编辑、模型渲染	48	具有一定三维软件操作基础，对游戏装备建模感兴趣的人群	夏磊
6	次时代模型制作	Zbrush 基本操作、笔触的使用、材质的编辑、贴图、模型渲染	48	具有三维软件操作基础，对高精度三维模型、贴图、渲染感兴趣的人群	周同
7	新媒体采编发与运营培训	图文采编与处理、微信排版、H5 制作等	32	企事业单位及社区等非专业宣传与营销人员	师静、雷丽平、胡蕊、宋爽
8	视觉整合能力培训	视频拍摄、剪辑、后期合成技术培训	32	企事业单位及社区等非专业宣传与营销人员	黄添水、管波、宋鹏
9	同期拾音实务	在现场拍摄过程中的同期录音	16	各个企业、社区等负责拍摄宣传的工作人员	李瀛
10	普及型媒介技能培训	摄影、剪辑、新媒体使用	16	社区、街道无相关媒介专业背景的市民	新闻专业教师团队
11	媒介素养、媒介基本技能培训	媒介素养常识与媒介基本技能	16	幼儿园与中小学教师	新闻专业教师团队
12	美与生活	家居空间陈设、照明、色彩艺术	72	热爱生活的人	空间方向教师团队
13	品牌形象设计	品牌 VI 系统、宣传册等	72	创新创业团队	平面方向教师团队

（五）国际化发展

积极开拓国外资源，重点开拓"一带一路"沿线国家专业办学合作机会，选送优秀骨干教师开展访学、实践学习等；支持优秀教师赴国外参加作品竞赛、作品展览，提升专业竞争力。选派各类竞赛获奖优秀学生参加国外访学、实习实训活动，激励更多学生参加国家、世界级技能大赛，开阔眼界，用优秀作品提升专业的国际影响力。

三、品牌项目工程

信息传媒艺术学院打造国家级、市级、校级三级品牌项目工程，深化产教融合，以融媒体内容生产为重点，聚焦教育领域，通过强技能、重创新、出优品，实现服务首都社会建设的特色发展之路。

（一）三级品牌项目

1. 国家级品牌项目（生产性实训基地）

依托教育部认定的国家级生产性实训基地，加强校企合作，优化实训基地软硬件设施，通过真题真做、打造参赛优秀作品、孵化创新成果，保证技能训练、项目实施、成果转化的重要实践平台，实现强技能、重创新、出优品的建设目标。

2. 北京市品牌项目（工程师学院）

依托拟建设的北京市特色高水平实训基地建设项目——融媒体工程师学院，聚焦融媒体内容生产与运营，发挥专业在音视频作品制作、剪辑方面的优势与广阔的市场需求，在融媒体产业链与工作岗位中，着重培养新媒体与短视频运营人才。在引入企业真实项目的基础上，遴选优秀项目与企业签约（2020年上半年已有16个新媒体运营账号与企业签约）。充分发挥企业主体作用，实现人才培养全程双主体建设。

3. 校内创新品牌项目（产教融合创新实践基地）

与北京清博大数据科技有限公司合作，共建校内产教融合型创新创业实践基地。基地将整合信息类、传媒类、艺术类专业教学资源，组建专业工作室和校企双导师团队，实行跨专业、协作式项目工作制，共同完成企业项目、各类大赛参赛作品、学生创新创业作品孵化等，将教学与产品生产有机结合。

（二）社会服务品牌项目

充分发挥艺术类专业优势，关注社区、教育领域，继续实施"北青墙绘"特色品牌系列活动。以将艺术设计类课程教学与项目开发有机结合为特色的怀柔大地村党员教育基地改造为模本，打造"北青设计"服务品牌，项目成果直接服务贫困农村建设发展。以美术专业课程思政教学改革为目标，开拓"魅力首都"墙画绘制项目。积极服务首都社会文化建设。

第四章　现代管理学院 ①

一、现代管理学院在"十三五"期间取得的成绩及存在的问题

以 2018 年二级学院现代管理学院正式成立为标志，学院在专业建设方面取得了一系列重大成果。在"十三五"期间，根据北京青年政治学院党委的部署，原管理系的工商企业管理、电子商务、会计、证券与期货 4 个专业与原社工系养老服务与管理专业共同组建二级学院——现代管理学院。现代管理学院明确改革方向，勇于创新，积极适应北京市老龄人口发展趋势，将办学重心全面转向智慧养老。经过不懈努力，现代管理学院平稳过渡，两年来教学运转、专业建设、教学科研成果丰硕。

（一）取得的标志性成果

1.2018 年成立现代管理学院

2018 年 6 月，按照学院党委的统一部署，整合原管理系的会计、工商企业管理、证券与期货和原社工系的老年服务与管理专业，成立了现代管理学院，服务首都国际一流和谐宜居之都建设，聚焦民生养老，整合相关资源，全面开展"一老"特色建设。

2.专业影响力

（1）老年服务与管理专业 2016 年度被教育部、民政部、国家卫生计生委（现卫健委）评为首批国家级示范专业点；电子商务专业名列"2017 年中国职业院校物流 & 电商专业竞争力排行榜"百强单位第 6 名。

（2）智慧养老专业群教师团队 2020 年度被评为"北京市职业院校专业创新团队"。

（3）老年服务与管理专业获批教育部首批"1+X"老年人照护、第二批"1+X"失智老年人照护试点专业，北京青年政治学院获批上述两类证书的考评点资质。

---

① 本章由张海丰编写。

（4）2017—2019年连续三年成功承办北京市职业院校技术技能大赛"京港澳职业院校投资理财"赛项。

（5）参加市级以上技术技能大赛40余项，获得各级各类奖项30余项，老年服务与管理专业2019年参加全国职业院校技能大赛养老服务技能赛项并取得北京市最好成绩。

3．师资队伍影响力

（1）截至2020年7月，共有教师30名，"双师型"教师占比近90%。

（2）张红琴于2016年度被评为"第十二届北京市教学名师"，江洁于2018年度被评为"第十四届北京市教学名师"。现代管理学院教学名师占学校"十三五"期间总数的50%。

（3）2018年度，张国芝被评为"北京市职业院校专业带头人"，韩文琰被评为"北京市职业院校优秀骨干教师"。

（4）会计专业团队获得教学能力比赛市级二等奖、基本功比赛二等奖。

4．教学资源影响力

杨英梅主编的《网络广告设计（第3版）》被评为教育部"十二五"规划教材。

5．产教融合影响力

稳定合作的企业有20余家，其中包括泰康·燕园、首厚·大家、万科·随园等旗舰型养老机构，从事养老行业的校友40余人，覆盖北京养老机构30多家，校友积极参与人才培养全过程。

以老年服务与管理专业师生为主体的北京青年政治学院，是老年服务志愿服务团，坚持十年接力跑，作为北京市唯一院校入选2019年中国红十字总会和中央电视台联合举办的"守护夕阳——为老服务志愿者荣耀盛典"表彰名单。

6．标准制订

（1）参与电商直播带货专业标准、电子商务师认证考试命题工作。

（2）参与教育部第四批"1+X"证书：身心活化、音乐照顾、智慧养老机构运营与管理等证书的标准制订工作。

（二）专业建设和发展中面临的问题和挑战

1．产教融合深度不够

尽管与多家合作单位签订了合作协议，稳定合作单位已有20多家，但产教融合仍停留在学生实习层面，还没有实现联合办专业，产教融合、工学结合距离"上学即上岗、毕业即就业"的最终目标仍有差距。

2．专业特色不够鲜明

现代管理学院自成立以来，在学校领导的高度重视和领导下，对突出学校的"一老"特色开展了大量的探索，逐步形成了"智慧养老"专业群的建设和发展思路。一是2019年是"智慧养老"的政策元年，如何抓住机遇，促进传统经管类专业围绕养老产业进行转型发展，突出"一老"特色，永远在路上。二是在北京地区生源紧缩的三年中，如何提升老年服务与管理专业的吸引力，改变招生中的尴尬局面；如何紧跟时代步伐，打特色牌，差异化建设既有本专业特点又有养老特色的经管类专业，仍在探索中。

3．标志性成果不多

在"十三五"期间，现代管理学院虽然在国家级示范专业、专业影响力、教材和师资等方面取得了一些标志性成果，但是，国家教学指导委员会、行业指导委员会专家人数、专业标准制定、市级以上教学成果奖、全国职业院校技能大赛获奖、教学资源库建设、教学能力比赛获奖等方面的成果欠缺。

4．教育教学手段和方法现代化程度有待提升

尽管课程均能如期开出，在新冠肺炎疫情期间教师均进行了教学方式转换，也取得了一些实际效果，但是，在落实《北京教育信息化三年行动计划（2018—2020）》，以学生为中心的"有用、有趣、有效"的"三有"课堂打造仍有很长的路要走。

5．职业技能培训领域关注不够

对全日制学生关注较多，对于开展社会职业技能培训关注度不够，针对北京市《关于深化职业教育改革的若干意见》要求的"发挥职教优势，服务终身学习，全面开展职业技能提升行动"需要花大力气做好。

除上述存在问题外，还存在教师专业实践和教学体系设计能力仍需提升，学生的创新就业能力及实践技能有待加强等方面的问题。

二、在"十四五"期间打造"一老"特色品牌方案

（一）指导思想

以习近平新时代中国特色社会主义思想为指导，牢固树立新发展理念，全面落实《国家职业教育改革实施方案》《国务院关于大力推进大众创业万众创新若干政策措施的意见》《职业技能提升行动方案（2019—2021年）》，以及北京市《关于深化职业教育改革的若干意见》等文件精神，加强党对人才培养的领导，聚焦北京高品质民生需求和更高质量更充分就业需要，突出中华民族优秀传统孝文化建设，促进全面"三全育人"改革，强力推进产教融合、校企合作，聚焦养老高端产业和产业高端，服务国家和北京养老战略、融入区域发展、促进产业升级，服务建设教育强国、人才强国。

（二）总体目标

通过五年左右的时间，努力打造国内一流的智慧养老专业群、北京特色高水平智慧养老工程师学院和"产、教、学、研、创"深度融合的示范性康养高水平联合体。

（三）具体目标及策略

品牌 1：国内一流的智慧养老专业群

服务国家积极应对人口老龄化战略、京津冀协同发展战略和北京"四个中心"建设，以国际视角聚焦高品质民生养老，建成国内一流、世界领先的智慧养老人才培育高地；服务终身学习，以建成国内领先的"双师型"教师培养培训基地为目标，全面开展职业技能培训体系建设，建成智慧养老领域的职业技能培训高地。

建设策略：

1. 全面对接养老产业链，优化专业布局

（1）联合望京医院申报"康复治疗技术"医学类专业。围绕突出学校的"一老"办学特色，根据北京养老行业的总体规划，补齐"康、护"短板，落实"京 10 条"中"优化布局，协同培养，增强北京产业转型升级和经济社会发展的人才供给"要求，联合望京医院申报"康复治疗技术"医学类专业，有效对接智慧养老产业链中的医养和康养产业。

（2）"智慧养老"专业群的"一体三翼"布局。专业群以老年服务与管理专业为核心、康复治疗技术专业为医学支撑、电子商务（智慧养老）为互联网推广与服务支撑、工商企业管理专业为管理运营支撑，面向智慧养老新业态，人工智能、大数据、云计算和 5G 等新一代信息技术与健康养老、商务、管理深度融合，对接智慧养老产业链的"前端、中端、后端"，形成"一体三翼"专业群格局。

（3）证券与期货专业向养老金融领域转型。科研引领，以校级金融研究所为依托，针对国内外养老金融发展的实践，深入各类养老机构进行系统调研，充分结合北京养老产业发展对金融服务的需求，开展促进京津冀养老产业特色化发展的金融服务与创新创业研究，进一步明确北京地区对高职养老金融人才的具体需求，筹备投资与理财（康养金融规划）专业方向。

（4）会计专业完成澳大利亚职业教育体系的本土化。进一步完成市教委国际化办学试点项目，推动课程与国际标准接轨，完成本土化国际标准课程开发，形成会计（澳大利亚国际合作）方向。

2. "上学即上岗 毕业即就业"产教深度融合"双元"育人

以"上学即上岗、毕业即就业"为主要目标，进一步梳理合作单位，每类专业确定典型合作单位，360 度人才需求研判，从专业定位、课程体系建设和人才培养模式全方位入手，深度开展合作，从服务望京地区起步，走向京津冀地区乃至全国。

（1）拓宽拓深合作领域。以花家地 9 号院为原点，覆盖望京、酒仙桥和将台地区，树朝阳品牌，遍布全京城。重点合作单位包括政府（市民政局养老处、朝阳区民政局等）、医疗机构（望京医院等）、养老机构（泰康之家·燕园、首厚·康健、寸草春晖、君康年华、诚和敬、慈爱家、汇晨养老、长友集团、上海福祉实业有限公司等）、行业协会（中国老年学和老年医学学会、中国老年保健协会、中国老龄产业协会等）、传统经管类企业（公瑾科技（慧算账）、前程无忧、江苏银行、浦发银行、京东集团、阿里巴巴等）、智慧养老企业（东华软件、普天集团、爱侬养老等）。在"十四五"期间，形成北京青年政治学院主导的产教联盟。

（2）主要合作方式。联合培养、订单培养、定向培养等。

（3）教学模式。1/3 线上学习、1/3 现场一体化教学、1/3 岗位实践。

3．以学生为中心，构建"1+N"课程体系

构建"基础共享 + 岗位核心 + 拓展互选"的书证融通模块化课程体系。以学生为中心，依托综合素质课和智慧养老专业群平台课，构建"基础平台课模块"（第 1~3 学期）。

岗位实践前移，根据各专业岗位核心能力培养要求，对接 X 证书设置"岗位核心模块"，体现不同专业之间差异（第 4 学期）。

按照就业、创业和升本、留学方向设置"拓展互选模块"（第 5 学期），满足学生个性化发展需求，实现"1+N"出口。探索实施第二专业认证。

结合成长学堂、燧石工程和创新创业示范校优势，实行德技融合、专创融合，课程思政与思政课程同向同行。

依托课程体系和培养模式申报教育教学成果奖 1 项。

4．以"三能"为重点，锻造"三高""双师型"教师队伍

在"十四五"期间，确保每位教师的岗位实践不少于 1 年。以智慧养老专业群的市级专业创新团队为基础，建成能教学、能岗位实践、能服务企业技术研发的高学历、高技能、高素质"双师型"专职教师团队。

引进或培育养老、康复、经管领域的行业领军人物 2~3 人，市级专业带头人 2 人，青年骨干教师 2 人，打入专业核心圈的中青年教师 8 人；获教学能力比赛市级二等奖以上成果 2 项。采用"一对一"结对等方式，促进形成稳定的校外兼职教师团队。

5．以智慧养老云综合服务平台为依托，打造立体化教学资源

利用已经建成的"智慧养老云综合服务平台"，开展在线课程开发，针对课内教学、职业技能培训，实务导向，分初、中、高级，联合合作企业重点开发"老年中医保健与照护""老年中医康复治疗""身心活化""音乐照顾""智慧养老技术""康复辅具运用""养老机构运营与管理""老年人心理与沟通"8 门课程，完成配套的活页式教材、案例资源和试题等资源开发，形成立体化、多维度、适用于多群体的立体化教学资源。

6．建国内一流"双师型"教师基地，广泛开展职业技能培训

以建成国内一流"双师型"教师培养培训基地为总目标，与合作企业建立联合开展培训的团队，积极主动承接北京市教委、北京市民政局、北京市人社局、企业、

行业的各级各类培训项目,力争在"十四五"期间开展职业技能培训5万人次,形成独特的培训模式并向其他地区乃至国外推广。

7.积极拓展国际合作项目,服务高端人才培养

完成会计TAFE项目的本土化,形成可推广模式,开办中澳合作试验班;依托合作企业积极拓展日本、马来西亚、德国的康养类合作资源,推动学分互认,力争建立日本和德国的海外实践站点或研修学院;进一步优化加拿大汤普森河的学分互认机制。

8.推动实务研究,引领智慧养老领域教学标准

把握机遇,及时总结智慧养老专业群建设中的经验,依托合作企业深度开展智慧养老人才需求调研,力争牵头制定国内首个智慧养老专业教学标准、实训基地标准、顶岗实习标准,智慧养老机构管理与运营团体标准、X证书标准、考评点标准和职业技能等级标准,引领国内智慧养老类专业发展。

在"十四五"期间,力争取得国家级教学成果奖1项,国家级技能大赛获奖2~3项,具有影响力的科研教研课题6~8项。

品牌2:北京特色高水平智慧养老工程师学院

依托1号楼1层,建成集校内实训、资源共享、技术创新、社会服务和创业就业功能"五位一体"的智慧养老工程师学院,打造智慧养老服务的旗舰窗口、社会服务领域双创带动就业的示范性基地。

建设策略:

1.市场化运作"智慧养老云综合服务平台"构建全真环境

突出"智慧"特色。依托东华软件市场化运营"智慧养老云综合服务平台",从周边做起,广泛推广,积极聚合资源,在全真工作岗位、全真工作任务、全真工作对象、全真工作环境的"四全真"智慧养老服务场景下开展项目化专业教学。在"十四五"期间,力争让使用该平台的社区、机构达到30家。

2.打造北京市智慧养老服务旗舰窗口

(1)承接政府委托老年人评估项目的窗口。建成后的"互联网+老年人评估"模块完全符合《老年人能力综合评估规范》北京地方标准,力争成功获批北京市民政局老年人能力综合评估机构和培训机构。

(2)发挥学校特长面向机构社区推广老年康乐类服务项目的窗口。成立身心活化和音乐照顾两个学生社团,配备4名指导教师,在"十四五"期间,力争将两类项目推广至40家以上机构、社区,进一步焕发"北青为老服务"品牌活力和影响力。

(3)承接智慧康养、管理类政府培训和社会培训的窗口。

(4)承接中小学生中华优秀传统孝文化教育的窗口。

(5)建立北京青年政治学院虚拟老年人大学线下窗口。

3.形成全方位精准化服务师生创新就业的孵化器

(1)组建创新创业校友导师团。梳理老年服务与管理、工行企业管理、会计、电子商务开办专业以来的优质校友资源，挖掘校友创业意向和特长，在提供就业岗位的基础上，形成创新创业校友导师团。

（2）参加及举办各级各类涉老主题创新创业大赛。联合企业，面向全校师生、校友、合作企业员工开办自主品牌的养老行业创新创业大赛。在学生处指导与支持下，在企业方、投资商的配合下，健全获奖作品的路演、培育和孵化机制。

（3）引导学生通过社会服务项目积蓄资源产生创意，孵化创业实体。通过学生社团活动，组织学生参加"北京智慧养老服务旗舰窗口"中的各项工作，扎扎实实做好传帮带，积蓄资源，启发学生，做好引导和孵化。

（4）引企入校，实习实训和创业就业多元并举。设计入校企业遴选规则、校企双方的权利与义务，将实际的养老服务项目引进工程师学院，开展新型企业学徒制教学，入学即上岗，毕业即就业。学生的创新创业思路被企业支持，企业可以帮助学生进行创意孵化，将产生子公司、成立子公司的过程作为学生、校友创新创业的过程。

（5）形成教师创业面向社会开展服务的平台。通过完善相关机制措施，明确师生的权利和义务，为教师创业提供便利条件，形成教师发挥专业特长开展岗位实践、创新创业指导、服务小微企业管理流程、服务项目拓展的平台。

在"十四五"期间，力争获得国家级创新创业奖项 3 项，举办自主品牌创新创业大赛 4 场，孵化有一定代表性的创业成果（实体）3 项，申报实用型专利或软件著作权 2~3 项。

品牌 3："产、教、学、研、创"深度融合的康养联合体

服务北京高品质民生需求，聚焦康复、养老和"冬奥"主题，从大健康的视角出发，力争在"十四五"期间，建成学院主体运营，"产、教、学、研、创"深度融合的高水平实体，形成健康养老人才培养"北京模式"。

建设策略：

1. 探索混合所有制，成立产教深度融合综合体

全面落实《"健康中国 2030"规划纲要》，用足职业教育、养老产业和大健康产业政策，探索成立由政府出地、企业注资、学校及合作单位管理运营、人力资源入股，师生、校友采用技术、劳动、资金、管理等方式参股的具有"冬奥""康复""养老"特色的混合所有制大健康产教融合型综合体。

2. 形成"产教学研创"融合培养大健康领域人才的北京模式

共建共享，联合医疗类、养老类、信息类机构，不断健全大健康产教融合型综合体的各项运行机制，形成学校主导的"康复""养老"领域的一线运营服务实体，依托实体深度开展康复、养老、中医养生保健、健康教育等领域的服务、教学、培训、实务研究和创新创业孵化，聚焦北京高品质民生需求，全方位服务"健康中国 2030"人才需求，形成大健康领域人才培养的北京模式。

三、所需政策支持与保障

（一）组织保障

在学院党委领导下，发挥党总支的政治核心作用，全面加强党对教育工作的领导，保证办学方向。

在校教学指导委员会的指导下，发挥二级学院教学指导委员会和专业建设委员会职能，确保人才培养方向和内容符合标准。

成立现代管理学院"一院一策一品"专班。

针对不同的项目成立专项工作小组。

定期检查项目实施进度和情况，分析研究问题。

在产学合作领域资源方面需要校领导一如既往的深度支持。

依托组织统一二级学院教师思想。

（二）人员保障

现代管理学院"一院一策一品"共由17个大项目构成，每个项目包括的建设内容都很庞大，具体实施过程中会交替分步落实。在未来专业发展目标上，引进强有力的专业带头人2~3人、医学及康复背景的教师3~4人。

（三）经费保障

现代管理学院"一院一策一品"经学校研究通过，未来五年在项目申报、日常运行经费安排上，学校能有所侧重安排，保证足额足量。

（四）制度保障

现代管理学院"一院一策一品"是否能够成功实现，关键看教师，因此，学校应在职称评聘、薪酬体系设计、教育教学成果奖励、外聘专家管理、学生创业孵化等方面有配套的总体制度（依据），能够激励更多的教师、学生和企业人员参与到专业建设和品牌打造工作中，共同描绘美好的明天。

第五章　国际学院 ①

以习近平新时代中国特色社会主义思想为指导，全面贯彻党的教育方针，落实立德树人根本任务，推进三全育人，服务学生全面发展，立足服务北京"国际交往中心"战略定位，瞄准专业人才培养国家标准，夯实"三位一体"人才培养模式，深化教师教材教法"三教"改革，创新职教联盟产教研创协同发展，提升社会服务水平和国际影响力，在建设北京职业教育英语类一流专业的基础上，翻开创设北京职业教育国际化特色专业群的新篇章。

一、创新国家职业教育"英语 +"顶层引领品牌

（一）品牌目标

聚焦职业教育国家英语类教学标准体系建设，树立高等职业教育英语教育教学的"北京典范"。

（二）主要任务

（1）根据教育部职业教育与成人教育司相关文件精神，在教育部行业职业教育教学指导委员会和教育部职业院校外语类专业教学指导委员会的指导下，以高等职业学校英语课程标准修（制）订、高等职业教育旅游英语专业教学标准修订、高等职业院校旅游英语专业目录动态调整和旅游英语专业本科层次职业教育试点专业设置相关论证等标准体系内涵建设的任务为契机，立足标准体系建设首席执笔单位定位，引领高职英语教育教学顶层设计与高质发展，发挥高等职业教育类型发展中英语课程和英语类专业建标对标达标的示范效应。

（2）以北京市教育科学"十三五"规划重点课题"中国高等职业教育外语教育改革和发展研究"（研究时限 2019—2022 年）为契机，立足"高等职业教育英语类专业教育教学改革与发展报告""高等职业教育旅游英语专业毕业生社会需求与培养

---

① 本章由老青编写。

质量跟踪评价报告""高等职业教育英语教育专业毕业生社会需求与培养质量跟踪评价报告"等研究成果，总结反思高职英语教育教学改革经验，为北京高职英语类专业影响力不断提升奠定扎实的基础。

（3）以"十二五"职业教育国家规划教材《新航标职业英语》《旅游职业英语》等先期系列成果为基础，立足行业企业共建共享平台，优化配套数字化资源，创新改编，优质引进，深化拓展，力争教材成果入选"十三五"职业教育国家规划教材，或入选首届国家级教材成果奖，为北京高职英语课程教材或英语类专业教材及教学资源建设增光添彩。

二、创建北京高职特高英语类专业品牌

（一）品牌目标

立足北京市特色高水平骨干专业建设，锻造高等职业教育旅游英语专业的"北京硬核"。

（二）主要任务

1. 在高职旅游英语专业人才培养模式创新中发挥品牌示范作用，打造北京名片

对标解读高等职业教育旅游英语专业国家教学标准（修订），深化人才培养模式的创新内涵，优化校本旅游英语专业人才培养方案与课程标准（力争参与专业核心课程国家标准体系建设）。

高标准执行高等职业教育旅游英语专业国家教学标准，夯实立德树人和产教融合"双元"育人的内涵，形成对表贯标示范成果，带动国际化办学特色专业群，为专业规模发展和方向拓展（国际研学旅行方向）、推进专业本科试点申报奠定基础。

2. 在高职旅游英语专业文旅教育资源建设中发挥特色创新作用，铸造北京精品

以真实、实用、实际的"三实"语料为基础，搭建"英语+"和"旅游+"并轨贯通的课程教学资源框架。校行校际共建"旅游英语"慕课课程共享平台教学资源；校本开发 SPOC 课程"旅游英语口笔译实务"并应用推广，聚焦跨文化交际（含更新国情文化）和职场英语（含更新数字商旅），创建引进并举，构建优质共享在线课程体系。

以原型定向、原型操作、原型内化的"三原"实训为模型，拓展服务行企社政人才培养和职业培训的课程教学资源建设。以"英语+"视角为切入点，校行校际共建职场英语类慕课课程共享平台教学资源；校本开发实用型 SPOC 课程，如"听说实务""读写实务"等。

以职场工作文化、工业企业文化、跨文化交流的"三化"环创为视角，重构

服务专业拓展延伸和专业群建设的课程教学资源体系，为探索专业课程学分银行"三三制"（网课 30%+ 学徒制核心课 30%+ 企业实践模块 30%）奠定基础。

3．在高职旅游英语专业教学方法改革实践中发挥骨干带头作用，打造北京样板

坚持以课程思政、课网同行、课证融合、课赛结合、课业互认、课创并举的"六课"教改实践探索为抓手，推进以立德树人为根本、以学生成长为核心、以成果产出为导向、以对口就业为驱动的教学方法创新。

全面落实党的教育方针，落实立德树人根本任务，全员全过程全方位全课程落实"课程思政"。根据旅游英语专业特点，设计合理的教学活动，引导学生拓宽国际视野、坚定文化自信，形成正确的世界观、价值观、人生观，培养学生爱国主义情怀和民族自豪感。秉承以服务学生发展为导向的教学理念，将学生的职场涉外沟通、多元文化交流、语言思维提升和自主学习完善等核心素养的培养贯穿专业教育教学活动的全过程。

注重现代信息技术在英语教学中的应用，努力实现英语教学与信息技术的深度融合，提高英语教学的实效。以多媒体、网络、人工智能、大数据、5G+、虚拟仿真等技术为核心，依托慕课、微课、云教学平台等网络教学手段，提高课程教学信息化程度。利用翻转课堂、混合教学模式构建真实、开放、交互、合作的环境，开展有趣、有用、有效的课堂教学。

在深化产教融合、校企合作的背景下，聚焦职业特色，遵循语言学习规律，灵活运用任务教学法、项目教学法、产出导向型教学法等多种教学方法和手段，引导学生做中学、学中做，增强专业学生对职业理念、职业责任和职业使命的认识与理解，推进创新创业。

4．在高职旅游英语专业师资队伍建设发展中发挥领军作用，塑造北京英才

以京津冀出入境服务领域产教联盟和北京市旅游行业协会等行企龙头单位为主体，以名师匠人工作坊项目为契机，加强专业带头人后备、专业教学名师和优秀青年骨干教师的培养，提升"双师"结构与"双师"素质。

以国际文旅教育大师工作坊项目为契机，加强行企从教者的教育教学技能培训，创办"英语 +"实践教学能力比赛，整体提高英语类专业服务行企的实践教学水平，形成市级及以上教学创新团队雏形；合作举办全国旅游类专业英语教师"双师"培训项目。

三、创设高职产教融合国际化特色品牌

（一）品牌目标

服务北京"国际交往中心"战略定位，高举产教融合国际化特色的"北京标杆"。

（二）主要任务

1. 在校企合作命运共同体和产教深度融合实践中发挥联盟协同作用，形成北京蓝本

新建青少年国际研学旅游双语实训室（含名师匠人工作坊），拓展面向社会职业培训；以京津冀出入境服务领域产教联盟和北京市旅游行业协会等平台为依托，深化专业核心岗位校外实践基地内涵，力求达到保规模、提质量的效果。

新建跨境电子商旅职场测训双语实训室，开展服务校外行企相关培训活动；以京津冀出入境服务领域产教联盟和北京学前教育职教集团等平台为依托，深化专业（方向）拓展岗位校外实践基地内涵，力求实现规模递增、质量不降的效果。

以京津冀出入境服务领域产教联盟和北京市旅游行业协会等行企单位为主体，在"一带一路"沿线国家签证服务中心合作项目、涉外文旅教育行企"英语+"相关规范标准制定（中英双语版）、面向行企的英语类专业学历提升培训、北京外语导游比赛等方面，提供相关技术服务；此外，继续保持公共英语课程的品牌优势，协助中国职业外语教育发展研究中心成立首个北京"职业英语等级考试"站点，搭建职业英语技能测训服务与管理平台，为高等职业教育英语类"1+X"证书制破冰奠定基础。

搭建国际化特色专业群雏形，聚焦旅游英语专业（本科）、中外合作办学学前教育专业（本科）、学前教育（双语师范本科）或英语教育（本科），创新服务北京高职国际化技术技能复合型人才培养模式，力促国际学院各专业招就两旺，发挥高职国际化特色专业群建设与拓展的急先锋作用。

2. 在社会服务中发挥精准互促急先锋作用，塑造北京榜样

参与首都重要任务（活动）志愿服务，投身首都国际语言环境建设，助力北京对外服务窗口行业，服务北京国际化人才培训，用英语和行动，展现新北京，讲好中国故事。

协助北京市出入境管理局、北京市外办侨办（含区县）、北京市文旅局、北京公园管理中心等完成各类相关任务。保持英语类专业师生参与"英语+"社会服务人均时长位居北京独立设置高职院校首位。

3. 在国际合作交流中发挥主体首创作用，创造北京方案

拓展境外实训基地，探索职场英语（"1+X"证书）对接国际标准；协助开展北京职教"丝路工匠"杯国际比赛相关赛项（境内/境外）；举办第二届北京职业教育中外合作办学论坛（境内）。

打开职教国际教育服务技术窗口，探索与周边国家开展专业学历教育、境外职业院校师资培训项目（含留学生项目，境内/境外），培训"一带一路"沿线国家本土职教师资。

面向未来，国际学院坚持以习近平新时代中国特色社会主义思想为指导，在国家职业教育改革与发展中践行"不忘初心，牢记使命"，潜心打造国际北京青年政治学院，凝心聚力培育红色青院，积极主动构建文旅北京青年政治学院，独具匠心建设产教北京青年政治学院，为全面实现国际学院"一院一品"建设目标，同心同德，团结奋斗，共同创造北京青年政治学院更加美好的明天。